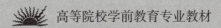

高等院校学前教育专业教材

幼儿园语言教育与活动指导

You'eryuan Yuyan Jiaoyu yu
Huodong Zhidao

主　编　王　萍
副主编　王　菠　于　浩　郗　倩　李　飒
编写者　王　乐　王炜楠　王迦霖　兰雨欣
　　　　吕佳佳　朱禹桥　刘　欢　李浩楠
　　　　张　帆　张金果　张思齐　张　娇
　　　　张雅倩　郝荣华　姜　旭　袁　梦
　　　　唐艺铭　程嘉禾　鲍婷婷

中国教育出版传媒集团
高等教育出版社·北京

内容提要

本书以幼儿语言发展特点、语言发展理论以及教育理论为依据，以幼儿园教师岗位能力要求为目标，以项目式学习为主线，将理论与实践相结合，对幼儿园语言教育进行了具体而深入的探索。

全书共分八个项目，分别为幼儿语言发展概述，幼儿园语言教育概述，幼儿园语言教育中的幼儿与教师，幼儿园语言教育的目标与内容，幼儿园语言教育的原则、方法与途径，幼儿园倾听与表达活动的设计，幼儿园阅读与书写活动的设计，幼儿园语言教育评价。各项目前设有内容导读、思维导图、项目目标、情境导入，帮助学习者快速了解本项目内容；任务中包括任务目标、学习内容、案例、走进幼儿园，以及二维码资源，帮助学习者深化知识学习，提供实践指导，促进实践能力转化；各项目后设有项目小结、思考与实训、推荐阅读，帮助学习者对已学内容进行归纳思考，引领自主学习。

本教材主要供高等院校学前教育专业学生使用，也可用于幼儿园教师在职培训和继续教育参考。

图书在版编目（CIP）数据

幼儿园语言教育与活动指导 / 王萍主编 . -- 北京 ：高等教育出版社，2023.12
　　ISBN 978-7-04-059864-3

Ⅰ．①幼… Ⅱ．①王… Ⅲ．①学前教育 - 语言教学
Ⅳ．①G613.2

中国国家版本馆CIP数据核字（2023）第022666号

策划编辑　何　淼	责任编辑　刘晓静	封面设计　裴一丹	版式设计　于　婕
责任绘图　李沛蓉	责任校对　刘俊艳　刘丽娴	责任印制　朱　琦	

出版发行	高等教育出版社	网　　址	http://www.hep.edu.cn
社　　址	北京市西城区德外大街4号		http://www.hep.com.cn
邮政编码	100120	网上订购	http://www.hepmall.com.cn
印　　刷	唐山市润丰印务有限公司		http://www.hepmall.com
开　　本	787 mm×1092 mm　1/16		http://www.hepmall.cn
印　　张	15.5		
字　　数	210 千字	版　　次	2023 年 12 月第 1 版
购书热线	010-58581118	印　　次	2023 年 12 月第 1 次印刷
咨询电话	400-810-0598	定　　价	32.00 元

本书如有缺页、倒页、脱页等质量问题，请到所购图书销售部门联系调换
版权所有　侵权必究
物　料　号　59864-00

前言

听、说、阅读和书写是 3—6 岁儿童重要的发展领域，如果发展得不好会影响其终身的思维和学习能力。因此，在幼儿园中，教师把握语言关键期对幼儿进行科学的语言教育至关重要。

本教材以幼儿语言发展特点、语言发展理论以及教育理论为依据，以幼儿园教师岗位能力要求为目标，以项目式学习为主线，将理论与实践相结合，注重对师范生学习心理和幼儿园语言教育实践的研究，对幼儿园语言教育进行了具体而深入的探索。全书体例和内容在遵循科学先进性、学生主体性、实践指导性等编写原则的基础上，力求做到理论知识与实践项目紧密结合，能力培养与专业精神协调一致，课程思政元素与优秀传统文化相辅相成，体现出以下特点：

1. 开展项目式学习，促进能力发展

本教材以"项目导向，任务驱动"为编写思路，旨在让学生进行体验式学习，对幼儿园真实问题进行剖析、深度探究，以此获得语言教育的核心概念和原理，促进专业能力发展。

2. 突出学生主体，体现实践应用

本教材每个项目均设有"内容导读""思维导图""项目目标""情境导入""项目小结""思考与实训""推荐阅读"栏目，符合学生学习经验的逻辑顺序与心理顺序，符合成人学习者的学习特点与认知规律。内容编排突出实践应用，能够促进学生主动与教材内容积极互动，确保学生的自主学习、课堂学习和实操训练相互结合、相互转化，从而强化学生的专业意识，深化学生的知识学习，提高学生设计与实施语言教育活动的能力。

3. 聚焦立德树人，融合思政教育

本教材以党的二十大精神为指引，根据《幼儿园教师专业标准（试行）》《幼儿园教育指导纲要（试行）》《3—6 岁儿童学习与发展指南》等文件的精神，参考国家培养新时代高素质专业化创新型教师的要求和高校学前教育专业学生的需求，以"立德树人"为根本任务。在教材内容选择上严格把关，既涵盖了幼儿语言发展特点、语言发展理论、语言教育基本观念以及语言教育理论与实践方面的专业知识，也融合了思政教育，使教学全过程能够涵养学生的教育情怀，培养学生的正确价值取向，树立社会主义核心价值观。

4. 落实学前教育改革精神，关注领域教学知识

本教材的内容编排重点指向幼儿的语言学习与发展，将《3—6岁儿童学习与发展指南》的精神贯穿于各项目内容中，以引导学生更好地理解和领会《3—6岁儿童学习与发展指南》精神，思考在语言领域中如何更好地关注幼儿学习与发展的整体性，尊重幼儿发展的个体差异，理解幼儿的学习方式和特点，重视幼儿的学习品质等，以更好地实现语言领域的目标期望。同时，关注领域教学知识、教学方法、教学对象等专业教学知识，帮助学生掌握幼儿语言领域学习和发展的特点和规律，重视教材内容的纵向深入和横向统整，将语言教育渗透于生活活动、游戏活动、集体教学活动中，强调领域间的整合与渗透。

5. 推进"互联网+"，赋能师范生专业成长

在"互联网+"背景下，教材充分融合信息化教学手段，加入数字化学习资源，将重点的、抽象的理论知识用微课形式进行形象、鲜活的解读，注重信息化技术与教材开发的深度融合，促进教育教学改革。为培养未来教师，赋能师范生专业成长，学习资源均以二维码的形式在教材中呈现，以帮助师范生方便快捷地利用数字化资源进行自主学习。

本教材由东北师范大学王萍教授主编，多所高校的教师和一线幼儿园教师参与编写，各项目分工如下：

绪论由王菠编写；项目一由王菠、张帆、王炜楠编写；项目二由王菠、鲍婷婷、李浩楠编写；项目三由于浩、程嘉禾、郝荣华编写；项目四由郗倩、刘欢、王菠编写；项目五由昌佳佳、王乐、张思齐、王菠编写；项目六由王萍、张娇、王迦霖、兰雨欣编写；项目七由王萍、姜旭、张金果、袁梦编写；项目八由张雅倩、唐艺铭、朱禹桥编写。本教材由王萍、王菠、于浩、郗倩、李飒负责统稿，对全书的内容编排、关键术语、表达规范等进行修改与完善。

在编写过程中，我们学习和参考了一些专家、学者的著作、教材和相关研究成果，同时使用了部分幼儿园语言活动的案例、图片等，在此一并表示衷心的感谢！由于本教材涉及内容较广，加之编者学识和能力水平有限，难免存有不足和疏漏之处，敬请广大读者提出宝贵意见，以臻完善！

编者

2023年5月

目录

绪　　论

幼儿期（3—6 岁）是个体语言发展的关键时期，幼儿时期的语言教育日益受到全社会，特别是学前教育工作者的重视，注重语言教育对幼儿认知、情感态度、思维和想象能力、沟通能力等方面的发展价值，重视幼儿语言学习关键经验的掌握，通过专门的语言教育和让幼儿在生活中运用语言来学习语言，可以提高幼儿语言方面的基本素质。

一、幼儿园语言教育的研究对象

长期以来，学前儿童语言教育存在着广义和狭义之分。广义的学前儿童语言教育把 0—6 岁儿童所有语言获得的现象、规律以及教育与训练作为主要研究对象，强调对 0—6 岁儿童听、说、读、写全方位的训练。狭义的学前儿童语言教育是 3—6 岁儿童掌握母语口语的过程，特别是把 3—6 岁儿童掌握母语的听说训练和教育作为主要的研究对象，主要强调对 3—6 岁儿童口语听说能力的训练。

本书所讨论的幼儿园语言教育是专门研究 3—6 岁儿童语言发生发展的现象、规律及其教育和训练的一门应用性科目，是学前教育工作者尤其是幼儿园一线教师需要学习的必修课程。它通过探索和发现 3—6 岁儿童语言学习中的现象，揭示其中蕴含的特点和规律，并运用这些规律对 3—6 岁儿童实施科学的语言教育，以促进其语言能力全面、可持续地发展。

二、幼儿园语言教育的研究任务

幼儿园语言教育的研究任务与幼儿园语言教育的基本任务密不可分。幼儿园语言教育的基本任务是：学说普通话；培养幼儿的语言交往能力；发展幼儿的语言理解能力和表达能力；提高幼儿的文学欣赏能力和早期阅读能力。要更好地完成幼儿园语言教育的基本任务，必须开展和深化幼儿园语言教育的研究，为完成幼儿园语言教育的基本任务提供科学的理论依据和有效的操作方法。幼儿园语言教育的研究任务主要有以下方面：

（一）探讨幼儿园语言教育的作用

幼儿园语言教育与活动指导的目的是让学前教育专业学生在掌握有关幼儿语

言发生、发展规律的基础上，促进幼儿语言能力的发展。"幼儿园语言教育能不能促进幼儿语言的发展？"对这个问题的回答需要从幼儿园语言教育的作用入手进行分析。学者通过不断研究，总结出幼儿园语言教育具有三个作用：第一，幼儿园语言教育能够促进幼儿语言表达能力和交往能力的发展。第二，语言是人们进行沟通的工具，任何学科的学习都离不开语言的参与。因此，幼儿园语言教育能够促进幼儿学习能力的发展。第三，人们在用语言交流的过程中能够加深感情、促进理解，了解过去，预知未来，从而促进自身的发展。

（二）探究 3—6 岁儿童语言发生发展的现象及规律

3—6 岁儿童语言发生发展现象及规律是幼儿园语言教育活动设计的前提和基础，是确定幼儿园语言教育活动目标、内容、方法和途径的依据。幼儿园教师只有不断加强对 3—6 岁儿童语言发生发展现象及规律的理解，才能准确把握语言发展关键期特点及规律，采取科学合理的干预措施，促进 3—6 岁儿童语言能力更好地发展。

（三）确定幼儿园语言教育活动的目标、内容、方法和途径

在幼儿园语言教育活动中，教师应对幼儿语言发展进行观察与描述，揭示其发展特点、常见问题，总结幼儿园语言教育的一般规律，并依据这些特点与规律确定幼儿园语言教育活动的目标、内容、方法和途径，以反映幼儿语言发展的关键经验，加强活动与幼儿生活的关联性，保证活动的连续性等。

（四）研究幼儿园语言教育实践应用的理论和方法

作为应用性课程的"幼儿园语言教育与活动指导"，既要解决应用中的具体实践问题，又要进行理论与方法的相互对应和转换的探讨。对理论的深入分析和探讨有助于人们了解幼儿园语言教育发展的现状及最新研究成果，从而将研究成果运用于具体实践中。目前，人们对幼儿园语言教育研究成果的应用基本持"拿来主义"的态度，忽略了本园幼儿的特点和发展现状，缺乏本土化思考。因此，要从根本上改变这一现象，就必须时刻注意幼儿园语言教育的研究动向，从对相关理论的研究中寻找突破口，构建真正适合我国国情的语言教育理论和实践体系。

三、幼儿园语言教育的研究方法

当前，实证研究在幼儿园语言教育中十分常见，实证研究是基于事实和证据的研究，是指研究者通过收集资料，运用可观察的数据来解答教育问题。这种数据可以分为定量数据和质性数据两种，定量数据以测量值的形式存在，质性数据以语言表达的形式而非数字化形式存在。由此可见，实证研究包括定量研究与质性研究。在幼儿园语言教育研究中，定量研究主要采用调查法和实验法，质性研究主要采用个案研究与行动研究。

（一）定量研究

定量研究是指确定事物某方面量的规定性的科学研究，强调研究者对事物可观测的部分及其相互关系进行测量、计算和分析，以达到对事物本质的把握。简言之就是将问题与现象用数量表示，进而去分析、解释，从而获得意义的研究过程。

1. 调查法

调查法是通过问卷、访谈等科学方式，收集问题的资料，从而做出科学的分析、推理或预测其发展变化的一整套实践活动。调查法在幼儿园语言教育研究中被广泛采用并发挥着重要作用。调查法以现实情况作为研究对象，避免了被文献资料所限制；调查法是研究者主动收集有关资料，避免了观察法被动等待的弊病；通过调查法收集的资料是自然状态下反映出的实际情况，对研究对象不加任何干涉，克服了实验法需控制条件的局限。幼儿园语言教育调查研究可分为描述性调查研究和解释性调查研究。描述性调查研究是了解某一事物或问题的全貌或发生过程的调查研究，其目的是要解决研究对象是什么的问题。[①] 比如"教学媒体在幼儿园语言教育活动中的应用状况研究""农村 3—4 岁幼儿口语表达能力的调查研究""幼儿语言入学准备城乡差异研究""上海流动幼儿语言发展的现状研究"，这类研究有助于我们更好地掌握幼儿语言发展中某些方面的发展状况，促进幼儿园语言教育改革。解释性调查研究是探讨现象之间关系的研究，其目的是要解决某些教育现象或心理现象为什么会发生的问题，有助于我们了解现象之间的因果关系或者相关关系。比如"家庭人口学特征对幼儿语言能力发展的影响"就属于此类研究。

在具体的操作方面，调查法可遵循以下操作步骤：

（1）确定调查课题。考虑调查要了解什么情况、探究什么问题、达到什么目的、是否具有理论或现实意义。

（2）选择调查对象。界定调查对象的范围和属性，即"选取多少幼儿""选取什么样的幼儿"。

（3）确定调查方法和手段，编制和选用调查工具。在确定调查课题和选择调查对象后，需要考虑用什么方式收集资料。如采用问卷调查法，就需要编制问卷。

（4）制订调查计划。让调查依据计划进行，做好时间的协调。

（5）实施调查。运用调查工具，展开调查。

（6）整理、分析调查资料，撰写调查报告。

---

① 刘电芝. 现代学前教育研究方法 [M]. 重庆：西南师范大学出版社，1999：162-165.

2. 实验法

实验法是从某种理论或假设出发，有计划地控制某些条件，以促使某种或某些现象产生，进而对其结果进行分析研究的一种方法。例如，研究年龄因素对幼儿交往语言发展的影响，就需要把影响幼儿交往语言的其他因素，如教师、儿童性别、教学内容、教法、活动材料、家庭背景等进行有效的控制，保持其稳定性，这样，通过观察实验结果才可以得出具有统计学意义的结论。实验法包括实验室实验和自然实验两种。实验室实验是指在人为创造的高度控制的环境中进行实验，它能有效地控制无关变量，获得精确的实验结果。但是实验室实验的环境与自然情境相差甚远，其结果的推广会受到限制。自然实验是在实际的自然情境中进行的，持续的时间较长，对无关变量的控制较为有限。对幼儿园语言教育活动的实验研究属于自然实验，如"在排图讲述中发展幼儿语言表达能力的实验研究"就是在真实的教学活动中进行的教育实验。自然实验由于是在自然情境中进行的，其结果便于推广，因此自然实验在幼儿园语言教育中得到了广泛的应用。[①]

（二）质性研究

陈向明认为，质性研究是以研究者本人作为研究工具，在自然情境下采用多种资料收集方法，对社会现象进行整体性探究，主要使用归纳法分析资料和形成理论，通过与研究对象互动对其行为和意义建构获得解释性理解的一种活动。质性研究强调研究者与被研究者之间的互动，研究者通过对事物长期、细致的体验，继而对事物的现象进行整体性探究，从而得到较为全面的解释性理解。

1. 个案研究

个案研究是对某个个人、某一事件、某一群体或某一组织进行深入全面的研究与分析，以解决相关问题的研究方法。个案研究具有以下特点：第一，在研究对象的选择上重视典型性，如在某方面是否具有典型的行为表现。第二，在自然情境下探讨问题。个案研究中的研究者需要在自然情境下，站在被研究者的立场观察他们，同时运用他们的语言和概念与其进行互动。第三，对个案进行深入性的研究。个案研究所涉及的研究内容较为深入，如个案的基本信息、历史资料等研究者都要进行收集。一项个案研究包括了大量资料的汇集，呈现的方式有文字陈述、图像、实物等。幼儿园语言教育中通常也会采用个案研究的方法，如"幼儿园语言课程实施的个案研究——以重庆市 A 幼儿园为个案""小班幼儿语言能力培养的个案研究""临汾民间童谣融入幼儿园教育活动的个案研究"等。尽管幼儿园语言教育中经常采用个案研究的方法，但个案研究具有一定的局限性。由于研究对象具有典型性以及研究的深入性，个案研究的研究结果不具有普遍性，

---

① 陈瑶.学前儿童语言教育［M］.北京：北京师范大学出版社，2014：8-9.

难以覆盖整体，不具有推广性，其研究所得的结果很难有效地作用于规律性的结论，因此不适合理论构建。

2. 行动研究

行动研究是指在自然、真实的教育环境中，教育实践工作者密切结合其工作内容，综合运用多种研究方法与技术，以解决教育实际问题为目标的研究方法。行动研究实践性强，以实际问题的解决为主要任务；在研究过程中研究者与教育实际操作人员相互合作渗透，有效地缩短了理论研究与实际应用之间的距离；研究所得出的积极成果能够马上反馈到教育体系中，影响教育的实际进展。综合以上行动研究的特点，不难看出行动研究特别适用于改进幼儿园语言教育的教学方法和程序、教师教育行为的管理和控制等诸多方面的研究。

近年来，行动研究在教育领域中运用得非常广泛，常用作对教师或幼儿自身行为的研究，强调行为过程与研究相结合。例如，"家园合作促进幼儿语言表达能力的行动研究"就是以推进教育行为和方法改革为目的、具有较强实践意义的研究课题，通过行动研究可以直接推进教学的改革。行动研究通常包括制订方案—实施—反思总结—修订方案—再实施等环节，是一个不断循环、改进教学的研究过程。

项目一　幼儿语言发展概述

内容导读

语言是人类在社会实践中逐渐形成和发展起来的交际工具，是一种社会上约定俗成的符号系统。[①] 语言是用词汇和句子表达观点的工具，与认知密切相关。社会性和情感的发展同样高度依赖语言的发展，如口语表达会增加同伴互动，有利于促进同伴关系的发展。幼儿只有学好语言，才能有效地了解世界，才能进入人类文化的思想库，智慧潜能才能得以充分发挥。本项目主要阐述幼儿语言的本质和功能、幼儿语言发展的特点、幼儿语言发生及获得理论、影响幼儿语言发展的因素等内容。

思维导图

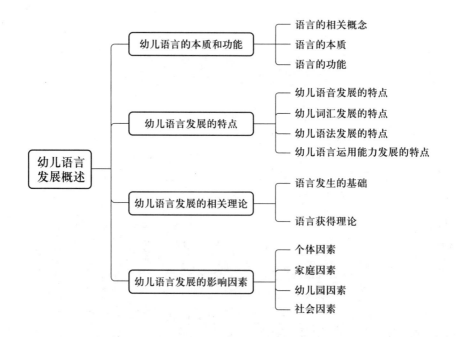

---

① 张明红.学前儿童语言教育［M］.上海：华东师范大学出版社，2001：49.

📝 项目目标

1. 了解幼儿语言的本质及功能，掌握幼儿语言发展的特点，理解语言的发生及获得理论，明晰影响幼儿语言发展的因素。

2. 能够运用幼儿语言发展的相关理论分析现实中幼儿语言发展的特点。

3. 愿意主动观察、发现现实中幼儿出现的语言问题，并运用幼儿语言发展的相关理论分析其原因。

🎞 情境导入

牛牛是幼儿园中班的小朋友，父母因工作原因没有时间照顾他，4 岁前牛牛一直由爷爷奶奶照顾。牛牛经常一个人在家玩耍，很少与别人接触，因为他说话不清楚，怕被人嘲笑。在班里他不爱说话，不爱玩游戏，一个人默默地坐在小椅子上。当有小朋友靠近他时，他会选择不理会或者推开他们。牛牛有时候也会静静地注视老师和小朋友的举动，时而哈哈大笑……

讨论：案例中的牛牛为什么会有如此表现？究竟哪些因素影响着幼儿语言的发展？幼儿语言的发展又有哪些特点？

任务一　幼儿语言的本质和功能

【任务目标】

1. 了解幼儿语言的本质。

2. 理解幼儿语言的功能。

3. 学会分析语言在交流、思维以及文化中的作用。

对于"语言是什么"这个问题，不同的学科、不同的角度，会给出不同的回答。下面从语言的本质和功能两个方面阐释"什么是语言"这一问题。

一、语言的相关概念

语言是人类认知世界及进行表述的方式和过程。语言是人类社会最基本的信息载体，是人类表达思想的重要手段，是人们相互交流最重要的工具，它对人类而言至关重要。要想清楚了解语言的本质以及语言的功能，就要先掌握语言的相关概念。

（一）语言、言语与言语体系

对语言和言语进行区分，是索绪尔在《普通语言学教程》中提出来的，它是现代语言学的一个基本的立足点。

语言指一个社会共同体中每个说话人和听话人共同运用和遵守的规则。这种规则是抽象的、一般的、相对稳定的。语言作为一套规则包括个别民族语言的规则和普遍语法的规则。[①] 索绪尔认为，语言是言语体系的一个主要部分。它是一种机能，这种机能具有个人生理遗传的基础，即它"首先是由器官赋予我们的，其次是通过我们使用器官所进行的活动获得的"[②]。但这种机能的"激活"，需要社会的参与，即"由外部给予个人的语言"，因此，语言的个人机能的基础不是本质的，它的"社会获得性"是本质的。"社会性"是"最确切地区分言语和语言的方法。语言一定是社会的，而言语则不一定是社会的"[③]。具体地说，语言是一种"社会产品"[④]。它"既是言语体系官能的社会产物"，即整个人类言语活动的社会性抽象，"又是社会主体为了让个人能够运用这一官能

---

① 申小龙.索绪尔"语言"和"言语"概念研究［J］.中国海洋大学学报（社会科学版），2004（6）：65-74.

② 索绪尔.普通语言学教程［M］.张绍杰，译注.长沙：湖南教育出版社，2001：7.

③ 索绪尔.普通语言学教程［M］.张绍杰，译注.长沙：湖南教育出版社，2001：7.

④ 索绪尔.普通语言学教程［M］.张绍杰，译注.长沙：湖南教育出版社，2001：9.

而采用的必要规约的总和"，即一套系统的"分类原则"，"一个自然的秩序"[①]。索绪尔将语言看作一种"社会事实"，即语言只凭借社会成员之间的契约而存在。这里所说的"社会"，不是指语言的社会文化内涵，而是指"社会集体意识"。这种集体意识超越了社会中的个体成员，在每一个成员的意识中只有不完整的反映。当我们分析语言时，我们分析的是"社会事实"。所以当我们说到语言的时候，我们总是指具体的语言，个别的语言，民族、部落或氏族的语言。

言语指说话的总和，它既是动态的说话行为的总和，又是静态的说话结果的总和；既是个人言语行为的总和，也是社会言语行为的总和。[②] 在这个意义上，言语是经验现象的东西。如果说语言在某种意义上是被动的，即它是社团引导的一套社会代码，是将言语组织化，将人的言语机能现实化的工具，那么言语就是主动的和充分个性化的，[③] 所以也有人将它译为"个体言语"。个体言语生动地传达着个人的特征，但同时也使个人言语不像作为社会惯例的语言那样具有同质性。索绪尔将异质状态和同质状态在理论上截然区别开来，尽管在交际实践中个人言语必然遵循社会的语言惯例，将作为社会事实的语言内化在个人言语中。

言语体系包含语言和言语，是一个总属概念，又译为言语行为、言语活动、群体言语、泛言语活动以及语言机能。[④] 言语体系是一个庞大的范畴，从属性看，它既是社会的，又是个人的；从范围看，它横跨物理学、生理学、心理学等多学科领域，因而不具有规则性和统一性，相反它是异质的，不能作为任何人文科学研究的对象。语言学的任务，就是要确立语言在言语体系中的首要位置，将语言这个"自然的秩序"介入到这个庞杂的"不适合于其他任何分类的整体之中"[⑤]。

☞语言与言语的区别

（二）第一语言、第二语言、外语

第一语言、第二语言是从获得语言的顺序，即从个人的角度定义的。第一语言是指一个人出生之后最先接触并获得的语言，它可以从最亲近的人身上习得，也可以从最熟悉的周围环境中自然学到并用于日常生活交流。例如，个体出生后首先接触并获得了汉语，汉语就成为他的第一语言。

第二语言一般有广义和狭义之分。广义的第二语言是指人们在获得第一语言

① 索绪尔.普通语言学教程［M］.裴文，译.南京：江苏教育出版社，2002：10.
② 申小龙.索绪尔"语言"和"言语"概念研究［J］.中国海洋大学学报（社会科学版），2004（6）：65-74.
③ 索绪尔.普通语言学教程［M］.张绍杰，译注.长沙：湖南教育出版社，2001：77.
④ 申小龙.索绪尔"语言"和"言语"概念研究［J］.中国海洋大学学报（社会科学版），2004（6）：65-74.
⑤ 索绪尔.普通语言学教程［M］.裴文，译.南京：江苏教育出版社，2002：11.

以后再学习和使用的另一种语言。如果所学的第二语言是外国人的语言，则可称为外语。狭义的第二语言则指除母语之外，在社会生活、活动中广泛应用的语言。通常表现为在多民族聚居的国家或地区，每个民族都有自己的语言，在这种复杂的环境里，为了进行有效交流，往往还需要使用一种非本族语的语言，这种语言就是第二语言。

外语是从国家角度定义的，是指某一地区的本土居民不使用的语言，是人们用于与外国人进行交流的语言。例如，英语在我国就是一种外语。更多的时候，外语和第一语言、第二语言相连。例如，阿拉伯语在英国是外语，但对阿拉伯裔英国人来说，则可能是他们的第一语言。如果一个人学习了好几种外语，则可以有第一外语（一外）、第二外语（二外）等。在国际化程度日益提高的今天，外语被人们看作一种非常有用且必要的语言工具，不仅可以提高自我的知识水平、科研水平，还可以提升自我的生活品质。

二、语言的本质

语言是什么，即语言的本质是语言学的核心问题之一，也是幼儿园语言教育首先要回答的问题。语言的本质与其使用者、语言存在的环境（社会）以及诸多学科的研究对象之间存在着千丝万缕的联系，研究者从不同的角度、用不同的方法观察和解释语言，对语言的理解也往往不同。下面从三个方面阐述"语言的本质"。

（一）语言是一种符号系统

语言是由语音、语义、词汇和语法四个要素构成的复杂系统。语音是语言符号的形式，语义是语言符号的意义，词汇是语言中所有词和固定短语的总和，语法是语言的行文法则。这四个要素相互联系、相互制约，并且各要素又包括各自大大小小的单位，构成四个子系统。

1. 语音

语音是指人类通过发音器官发出来的、具有一定意义的、用来进行社会交际的声音。它是语言的物质外壳，是语言的外部形式，是最直接地记录人的思维活动的符号体系，包括音素、音位、音节等语音单位。音素是从音质角度划分出来的最小的语音单位；音位是语言中能够区别意义的最小语音类型单位；音节是人的听觉能够分辨出来的最小语音单位，也是语音结构的最小单位。

2. 语义

语义是指信息包含的概念和意义。语义不仅表述事物本质，还表述事物之间的因果、上下位、施事等各种逻辑关系。① 换言之，语义是对事物的描述和逻辑表示。语义系统作为语言系统的内容部分，包括义素、义项等要素。义素是语义构成的最小单位，具有共同义素的词可以形成一个类；义项是对词的意义的分项说明，一个词往往有几个意义，每一个意义就是一个义项。

3. 词汇

词汇系统由一种语言中所有的词和固定短语构成，包括语素、词和固定短语。语素是语言中最小的语言和语义的结合体，如"高、兴"；词是由语素构成的、能独立运用的语音和语义的结合体，如"高兴"；固定短语是由词构成的结构凝固化、有特定意义的语音和语义的结合体，如"出类拔萃、开小差"等。

4. 语法

语法是语言的行文规则，包括语素组合成词的规则、词组合成短语的规则以及词和短语构成句子的规则等。语法单位包括语素、词、短语和句子，都是音和义的结合体。语法规则存在于语法单位的相互关系中，语法单位之间有两种最基本的关系：一种是组合关系，如"电"、"脑"可以构成"电脑"；另一种是替换关系，如"看书"中的"书"可用"小说""电影"等替换。

（二）语言是一种交际工具

生活在社会中的每一个成员既需要表达自己的思想，也需要理解他人的思想。因此，交际是每一个社会成员的基本活动，而语言就是人类最重要的交际工具。

语言是传递信息的代码，交际是不同成员之间交流信息的过程，语言交际就是通过语言表达意义以及通过语言理解意义的过程。运用语言进行交际，就是说话人通过语言发送信息，听话人通过语言接收信息，达到交流思想、互相了解的目的。具体而言，运用语言进行交际的过程，就是信息编码、发送、传递、接收和解码的过程。

人们交流思想、传递信息所使用的交际工具，除语言以外还有文字、数学符号、电报代码、红绿灯以及手势、表情等辅助交际工具，它们在交际中各自发挥着一定的作用。文字是记录语言的书写符号系统，它的产生克服了有声语言交际中的时间、空间限制，在社会生活中起着重大作用。但文字必须在语言的基础上才能产生，而且要随着语言的演变而演变。电报代码、红绿灯等均在特定领域内为社会服务，使用的范围相当狭窄，仅适用于特定领域的辅助性交际。体态语，如表情、动作、姿势等，有时可以脱离语言而独立完成特定的交际任务。如交通警察指挥交通时的手势、聋哑人使用的手语等，也是一种作用有限的辅助性交际工具。

---

① 秦春秀，祝婷，赵捧未，等.自然语言语义分析研究进展［J］.图书情报工作，2014，58（22）：130-137.

总之，只有语言才是与人类社会生活的各个方面关系最深，最能充分交流思想、传递信息的交际工具。

（三）语言是一种思维工具

语言不仅是人类最重要的交际工具，还是人类重要的思维工具。思维是人脑的机能，是人类特有的一种高级心理活动，是对作用于人脑的客观事物进行分析、综合、比较、分类、抽象、概括的复杂心理过程。而语言则是思维本身的要素，是实现思维、巩固和传达思维成果的工具。

1. 语言是实现思维过程的工具

语言是人们在社会劳动过程中，为满足交流思想、传递信息的需要而产生的。语言一经产生，便成为思维活动的必要条件。人们对任何一种客观事物较为完整的认识，都要经历一定的思维过程。这样的过程又必须借助概念、句子才能明确地展开。同时，科学研究的实验表明，头脑中的思维活动是凭借简化的内部言语进行的。例如，我们在遇到一些复杂问题时，会有一个默默自语的过程，而且动脑筋时所运用的语言与日常说话时使用的语言是一致的。

没有语言，没有句子，概念就无所依托，推理进程也难以进行，间接的、概括的抽象思维活动也就不能正常进行。换言之，语言是思维过程得以实现的工具，是思维存在的形式，也是思维表达的形式。

2. 语言是传达思维结果的工具

思维活动的结果是思想。语言的职能是参与思维并把思维活动的结果用词语和句子记载下来，使思想成为可以感知、可以理解的东西。人类对客观事物的认识以及对万事万物的思想体现在语言之中。离开了语言的概括和巩固作用，人们对客观事物的抽象概括就难以捉摸、无法理解。也就是说，语言能够把人们思维活动、认识活动的结果用词和句子的形式记载和巩固下来，使交际和交流思想成为可能。

在人类社会的发展史上，每一次文明进步和无数项科技发明都是借助语言才得以保留和流传。正因为有流传广远的民间传说，我们才知道祖先曾经历过什么样的生活；正因为有文字的记载，我们才可能了解几千年的人类文明史，在较短的时间内，掌握经过几代科学家坚持不懈的研究而取得的科学成就。

☞ 语言的起源

三、语言的功能

要正确认识语言这种复杂现象，不仅要从语言的相关概念及本质入手，还要关注语言的功能。不同学者对语言的功能有不同的描述，但共同认为语言具有交流功能、思维功能和文化功能。

（一）语言的交流功能

语言伴随着人类社会的产生而产生，随着社会生活的变化而发展。社会生活的任何变化，都会或多或少地在语言中有所反映。语言作为社会生活中进行交际活动最重要的手段，具备了信息传递以及人际互动的功能。

1. 信息传递功能

自从有了人类便有了文化和语言。人总是生活在一定的社会文化中，总是用特定的语言来表达文化生活。文化的传承主要有书面文字和口口相传两种形式。但无论借助何种形式，都离不开语言的表达与传递。文字的记载离不开语言，语言是记录的载体，记录的目的在于传递信息。通过语言，信息得以传递、思想得以交流，人类文化也得以传承。

2. 人际互动功能

语言的一个重要功能是建立和保持某种社会关系，即语言的人际互动功能。这里的互动包括两层含义：一是指说话者在说话的过程中表达自己的观点、看法、意图等；二是指说话者的语言对受话者产生影响，使受话者做出相应的语言或者动作反应，从而达到人际互动的实际效果。受话者在接收到客观信息后，会根据自己的生活经验以及主观判断，做出相应的回应，这样语言就实现了人际互动功能。

（二）语言的思维功能

语言是思维的承担者，也是思维的表达者。维果茨基（Vygotsky）将心理机能划分为低级心理机能和高级心理机能两类。其中高级心理机能是人类特有的，其核心特征是人类能够利用符号工具完成相互之间的交流，而且用符号工具指引、掌握自己的心理过程，即人能够用语言进行思维活动。幼儿经常会出现这样的情况：在绘画时嘴里不停地说"我先画小猫的脑袋，再画小猫的眼睛，然后是嘴巴、鼻子，最后要给小猫画上长长的胡子"。这种自言自语的现象在幼儿时期是非常普遍的，说明幼儿在利用语言进行思考。由于身心发展的程度不同，成人在遇到问题时更多会运用一种"不出声的内部语言"进行思考。但无论是"出声的外部语言"还是"不出声的内部语言"，都能促进人们的思维发展，加深人们对事物的理解。

在交际过程中，语言使思维成果外化和物质化。概念、判断、推理是人类思维最基本的形式，这些形式的实现是靠词语、句子完成的。在人类思维中，有些抽象的概念，如"时空""光阴"等的理解和传播，必须依靠语言。不单抽象思维离不开语言，在形象思维中语言也同样重要。

（三）语言的文化功能

语言不仅是能够反映文化内容与特点的载体，更是文化传承的主要工具。

1. 反映地域文化的功能

语言能够反映不同地域的文化内容与特点。例如，中国长期是一个农业国家，牛是人们日常生活中最常见的一种动物，所以在中文中，有很多词汇是用与"牛"相关的词语来表达的，如"牛车""牛饮""牛脾气"等。而英国是个岛国，所以英语中有很多词与"鱼"相关，如"teach fish to swim（班门弄斧）"等。

2. 文化传承功能

语言具有文化传承功能，这种功能主要体现在语言文字对文化的记录和传播上。文化记录有多种方式，如图片、实物、语言文字等，在所有这些方式中，以语言文字记录的材料最容易保存、理解和传播。我们可以利用文字记录社会文化并代代相传，使文化得以继续发展。语言也是文化传播最有效的工具，例如在教育活动中，人们利用各种语言形式为学生讲解历史、文化、科学等知识，使学生对文化内容有更深刻的理解。在现代社会中，文化品种的繁多和总量的激增，更需要通过教育对其进行过滤和重组，使其中对幼儿个体发展有价值的内容得到高质量和高效率的传递。

【案例 1-1】

关于棍子的故事

在一次户外活动中，佳佳和阳阳为了一根棍子产生了争执，阳阳抢了佳佳的棍子，佳佳反复说："阳阳，快把棍子给我，这是我的。"阳阳执意不给。佳佳无奈，站在一旁哭了起来。这时候，依依朝阳阳走了过去，对阳阳说："阳阳，只要你把棍子还给佳佳，我就给你叠纸飞机。"阳阳说："纸飞机有什么了不起，我有很多纸飞机。"依依接着说："那我送给你玩具吧。"阳阳似乎有点心动了。这时候，教师走到佳佳身边："佳佳，棍子是你的，你有权利把它要回来，依依，你能够想办法帮助佳佳解决问题，老师要抱抱你，你很勇敢。"[①]

评析：

依依是一个社会性发展和语言发展比较好的孩子，她懂得用语言协商的方式来解决同伴之间的冲突，并且能够理解同伴话语的含义，做出正确的应答。而佳佳的语言水平较弱，只能用比较单一的语言和哭泣来解决问题。在这个过程中，教师鼓励幼儿积极地表达自己的想法，用协商的方式解决生活中的冲突。在自由游戏中，语言是幼儿与同伴进行交往、合作、分享的工具，也成为指导和调节幼儿选择游戏内容、游戏伙伴和游戏材料等行为的工具。

---

① 唐思群，屠荣生 . 师生沟通的艺术 [M]，北京：教育科学出版社，2001：88. 有改动。

【走进幼儿园】

4 岁的壮壮十分喜欢建构区，在区角活动时总喜欢到建构区搭建各式各样的"建筑"。但是壮壮在搭建作品时总是伴随着自言自语，例如："这个是墙，再搭一个房顶，这里要有个门……外面还要有条小路……"

请你运用语言的本质的相关知识解释壮壮为什么会出现这种情况。

任务二　幼儿语言发展的特点

【任务目标】

1. 掌握幼儿语言发展的特点。

2. 能够比较、分析不同年龄阶段幼儿语言发展的特点及其关系。

3. 能够运用幼儿语言发展特点的相关知识分析现实中幼儿语言发展的状态。

进入幼儿期，幼儿生活范围不断扩大，大脑机能不断完善，认知能力也有了很大的提高，这些都使幼儿的语言在语音、词汇、语法、语言运用等方面得到极大的发展。

一、幼儿语音发展的特点

语音是语言的物质外壳。只有正确掌握语音，才能真正掌握"语言"这个交际工具。幼儿期是掌握语音的关键时期，随着发音器官的成熟，语音听觉系统及大脑机能的发展，幼儿发音能力迅速加强，发音机制开始稳定和完善。

（一）发音正确率与年龄增长成正比

研究表明，随着年龄的增长，幼儿在语音意识任务上的正确率逐渐提高，错误率随年龄增长不断下降，且幼儿声调发音的正确率高于韵母和声母发音的正确率。[1]

（二）基本掌握本民族语言的全部语音

3—4 岁幼儿韵母发音的正确率较高，声母的发音正确率稍低。由于此阶段幼儿的发音器官没有得到充分的发展，所以发音不够准确。在发某些声母时，幼儿经常出现相互替代的错误，如"n"和"l"不分，把"小鹿"读成"小怒"；他们还比较难区分"zh""ch""sh"、"z""c""s"和舌面音"j""q""x"等，如幼儿经常把"老师"读成"老西"。4—5 岁幼儿发音器官逐渐成熟，通过反复练

---

[1] 徐宝良，李凤英.学前儿童汉语普通话语音意识发展特点及影响因素［J］.学前教育研究，2007（4）：14—19.

习，大多数幼儿能够发出全部语音。5—6 岁幼儿发音器官基本发育成熟，能在成人引导下听清楚和发清楚母语的全部语音，此阶段的幼儿也能够有感情地发出语音和声调。

（三）语音意识明显增强

语音意识是指语音的自我调节机制，当幼儿能够自觉辨别发音是否正确，自觉模仿正确发音，并抵制错误发音时，说明幼儿的语音意识开始发生并不断增强。4—5 岁的幼儿能够主动练习正确的发音，他们会模仿或纠正其他人的错误发音。语音意识的增强使幼儿能够主动、自觉地学习语言，这种变化对其语言发展有很大的促进作用。

二、幼儿词汇发展的特点

幼儿词汇的掌握情况可以从其掌握的词汇量、词的类型和理解词的深度来阐述。

（一）词汇数量迅速增加

幼儿期词汇量增长速度很快，几乎每年增长一倍：3 岁幼儿能够掌握大约 1 000 个词汇，4 岁幼儿能够掌握大约 1 700 个词汇，5 岁幼儿掌握的词汇量增至 2 600 个左右，6 岁幼儿则达到 3 500~4 000 个词汇。[①]

（二）词类范围不断扩大

词汇量从数量上显示了幼儿语言能力的进步，词类范围的扩大则从质量上说明了幼儿语言能力的不断发展。幼儿一般先掌握实词，后掌握虚词。在幼儿掌握的实词中，名词占主导地位，其次是动词、形容词。掌握名词的速度会随着年龄的增长逐渐变缓，4 岁以后掌握动词的比例开始超过名词。对其他实词，如形容词、数量词等，幼儿掌握得较晚。幼儿对形容词的运用往往不准确，如常常用"大、小"来代替"胖、瘦""长、短"等；数量词也是幼儿较难掌握的一种词汇，直到 5 岁以后才能逐步掌握。幼儿对虚词掌握得也比较晚，4—5 岁是幼儿掌握虚词比较迅速的阶段。

词类扩大也表现在词汇内容上，幼儿最初掌握的词多数是和自己密切相关的词，之后逐渐掌握一些与自己关系稍远或抽象的词汇，如"社会""勇敢"等。

（三）词义理解逐步深入

幼儿对一个词的理解往往从表面意义发展到深层意义，越年幼的幼儿理解词的含义越表面化。例如，3 岁前的幼儿常常用一个词代表多种事物，如用"狗"代表所有四条腿的小动物。4—5 岁幼儿在词汇数量和种类迅速增加的基础上逐

---

① 冯婉桢 . 学前儿童语言教育 [M] . 郑州：郑州大学出版社，2013：34.

渐形成一定的归纳能力，他们知道某些词是代表一类事物，这种能力和认知能力的发展密切相关。5—6岁幼儿开始掌握一些副词和连词，对词的理解水平也明显提高。但总体来说，幼儿对词的概括性还比较差，使用词时经常出现一些错误。成人应该在增加其词汇量和扩展其词类范围的基础上，加深幼儿对词义的理解。

☞低龄儿童词
义理解的策
略

三、幼儿语法发展的特点

语法即构词造句的规则，是语言最为抽象的要素。掌握一种语言，很大程度就是掌握了一种语言的规则。幼儿在学习语言过程中不仅习得了语音和词汇，同时也习得了本民族语言的语法规则。实际上，幼儿是同时学习语音、词汇和语法的。幼儿语法的发展由于受文化、教育、语种等条件的影响表现出不同程度的差异，但又有一个基本相同的发展过程。

（一）句型发展的特点

1. 从简单句到复合句

简单句是指句法结构完整的单句。我国近年来的许多研究都表明，幼儿主要使用简单句句型发展趋势是简单句所占比例逐渐减少，复合句逐渐发展。但总的来说，幼儿使用简单句的比例较大。幼儿使用简单句的主要类型有：主谓结构句，如"宝宝睡觉"；谓宾结构句，如"坐车车""找妈妈"；主谓宾结构句，如"宝宝坐车"；主谓双宾结构句，如"阿姨给宝宝糖"。

幼儿复合句的主要特点首先是数量较少。幼儿初期，复合句的比例相当小，虽然复合句的比例随着年龄的增长而增长，但到幼儿晚期，仍然在50%以下。其次是结构松散，缺乏连词，只是简单句意义上的结合。

2. 从陈述句到非陈述句

幼儿最初掌握的是陈述句。在整个学前期，简单的陈述句仍然是基本的句型，之后疑问句、祈使句、感叹句等会逐渐出现在幼儿的语言中。

3. 从无修饰句到修饰句

幼儿最初说的句子是没有修饰语的。如"宝宝画画""汽车走了"。2—3岁幼儿的语言有时出现一些修饰语的形式，如"大灰狼""小白兔"，但实际上他们是把修饰词和被修饰词作为一个词组来使用的，在他们心目中"大灰狼"就是"狼"。3岁幼儿的语言开始出现复杂修饰句，如"我玩的积木"。2岁幼儿运用修饰语的仅占20%；3—3.5岁是复杂修饰语句数量增长最快的时期；到了4岁，有修饰的语句开始占优势。

（二）句子结构发展的特点

1. 句子结构从混沌一体到逐步分化

首先，在幼儿早期，语句的表达情感、意动和指物三个方面的功能紧密结合而不分化，表现为同一句话，在不同语境中可以有不同的语义。2—2.5 岁幼儿经常是边做动作边说话，用动作补充语言没有表达完全的意思，后逐渐分化。

其次，幼儿早期的语词不分词性，表现为将名词与动词混用，例如，"滴滴滴"既可以当名词表示"汽车"，又可以当动词表示"开车"，之后才逐渐分化出名词和动词等词性。

最后，幼儿最初使用的是主谓不分的单词句、双词句，之后逐渐出现结构层次分明的句子。这主要是由于幼儿认知水平低下，其早期对客观世界的认知是混沌不分化的，不能细致地分析事物的特征和细节，所以不能掌握相应的描述事物特征和细节的话语，从而犯语法错误。随着年龄的增长，句子表达的内容、词性和结构层次逐渐分化。

2. 句子结构从松散到逐步严谨

幼儿最初的单双词句只是一个简单的词链，不是体现语法规则的结构。幼儿最初的句子不仅简单，而且常常不完整，漏缺句子成分或句子成分排列不当。随着年龄的增长，句子日趋完整和严谨。

3. 句子结构由压缩、呆板到逐步扩展、灵活

幼儿最初的句子结构不能分出核心部分和附加部分，只能说出形式上千篇一律的、由几个词组成的压缩句。稍后能加上简单的修饰语，再后来能加上复杂修饰语，最后达到简单修饰语和复杂修饰语的灵活运用和语句中各种成分的多种组合。幼儿句子结构的发展在 4—4.5 岁之间较为明显，5 岁时幼儿句子结构逐渐完善，6 岁时句子结构水平显著提高。

四、幼儿语言运用能力发展的特点

在幼儿语言发展的过程中，除掌握语音、句法、语义的规则外，幼儿语言运用能力的发展也是语言发展的重要方面。

（一）从情境性语言过渡到连贯性语言

3 岁左右幼儿的语言表达常常具有情境性，多使用一些不连贯、没头没尾的句子，说话断断续续，说话过程中夹杂着丰富的表情和手势，听者要边听边猜才会明白。研究发现，随着幼儿年龄的增长，情境性语言的比重逐渐下降，连贯性语言的比重逐渐上升，4 岁幼儿情境性语言占 66.5%，6 岁幼儿情境性语言占 51%；4 岁幼儿连贯性语言占 33.5%，6 岁幼儿连贯性语言占 49%。[①] 随着连贯性语言的发展，幼儿逐渐能够独立、完整、较清楚地表达自己的意思，甚至进行独白。

① 林崇德.发展心理学［M］.北京：人民教育出版社，1995：213-214.

（二）从对白言语发展到独白言语

口语可分为对白式和独白式，幼儿最初的语言是对白式的。3 岁幼儿与成人的言语交际往往只限于向成人打招呼、请求或回答成人的问题，有时也向成人提一些问题或要求。3 岁以后，随着独立性、思维的发展、活动的丰富，幼儿需要将自己的各种经验、想法表达出来，促进了独白言语的发展。

当然，幼儿期独白言语的发展还是很初步的，3 岁幼儿能够讲述自己生活中的事情，但是往往不能大胆、自然地在集体面前讲述，讲述时内容非常简单，由于词汇不够丰富，表达会显得不够流畅；4—5 岁幼儿能够独立地讲故事或描述自己看过或听过的事情，讲述以单句为主；5—6 岁幼儿不但能够大胆、自然地讲述，而且内容明显丰富且有情节，能够清楚、系统、有声有色地描述看过或听过的事件或故事。在讲述逻辑性方面，3—4 岁幼儿的讲述常常主题不够明确，层次不清。随年龄的增长，幼儿在独立讲述中，逻辑性水平逐渐提高，讲述的主题逐渐明确，层次逐渐清楚。[①]

（三）从弱语言环境感知能力进步到强语言环境感知能力

能感知语言环境（言语交际时间、地点及内容的变化等），根据听者的特点或反馈调节说话的内容和形式是语用能力强的表现。研究者们从不同角度研究幼儿语用能力的发展，例如，研究发现大班幼儿向不同的对象（教师、同龄伙伴、比自己小的幼儿等）介绍一种新玩具的名称和玩法时说的话是不同的。幼儿对教师介绍玩具时句数最少，向年龄小的幼儿介绍玩具时句数最多。他们对年龄小的幼儿常用补充说明来反复介绍和提醒以教会他们玩；而面对教师时，幼儿没有详细介绍玩具。他们常问年龄小的幼儿："你学会了没有？""听懂了没有？"除句数不同外，在语气上也有差别。[②]

语用能力还表现在幼儿能够利用语言获得信息并学习事物。桑标、缪小春研究了幼儿理解直接指令、常规性间接指令、非常规性间接指令的年龄特点，发现不同的指令形式对幼儿的理解有很大的影响。幼儿对三种指令的理解水平都随年龄的增长而提高，对间接指令的理解要晚于对直接指令的理解，4 岁幼儿基本上不能对间接指令做出正确反应，6 岁幼儿对着三种指令一般能做出正确的理解与反应。该研究还发现幼儿的认知发展水平及对语境的熟悉程度在一定程度上影响幼儿对不同指令的理解和反应。[③]

☞0—3 岁幼儿语言发展的特点

① 史慧中.3—6 岁儿童语言发展与教育［M］.北京：中国卓越出版社，1990：123-125.
② 张璟光，林菁.大班幼儿在游戏中运用语言能力的初步研究［J］.心理科学通讯，1989（3）：44-46.
③ 桑标，缪小春.儿童对直接指令与间接指令的理解［J］.心理科学，1992（6）：15-20.

【案例1-2】

猜猜他是谁（中班）

教师在中班开展了语言活动"猜猜他是谁"。活动开始，教师向幼儿们展示了班级幼儿的局部照片，引导幼儿描述照片呈现的"眉、眼、口、鼻、耳"的样子，使幼儿能够初步认识五官，并能够用"大大的""小小的""长长的""短短的"等词汇对五官进行描述。

评析：

中班幼儿的词汇量逐渐扩大，在掌握名词的基础上也逐渐发展了一些形容词、数量词等，但常常会出现使用混乱的情况。教师设计帮助幼儿掌握"大大的""小小的"等形容词的语言活动"猜猜他是谁"，不仅能促进幼儿形容词的发展，帮助幼儿加深对词义的理解，还能帮助幼儿更好地认识自己以及身边的教师、家人和同伴。

【走进幼儿园】

教师在小班开展了语言活动"我的妈妈"，薇薇在描述妈妈的发型时一直在重复说："我妈妈的头发、头发……我妈妈的头发……"教师继续引导"你妈妈的头发是不是卷卷的呀？"薇薇开心地点头说："我妈妈的头发卷卷的。"

另一名教师在大班同样开展了语言活动"我的妈妈"。乐乐在描述妈妈时说："我的妈妈很漂亮，不仅有着美丽的脸庞、漂亮的秀发，还有白皙的皮肤和高挑的身材，就连说话的声音也很温柔……"

请你运用幼儿语言发展特点的相关知识分析薇薇与乐乐语言发展的特点及其差异。

任务三　幼儿语言发展的相关理论

【任务目标】

1. 了解幼儿语言发生的生物及社会实践基础。

2. 掌握幼儿语言获得理论。

3. 能在幼儿语言教育实践中运用语言发展的相关理论，探讨幼儿语言发生与发展的现象及规律。

语言是人类特有的一种高级神经活动形式，是人类沟通交流的工具。语言的发生与发展是一个较为复杂的过程，包括语言现象的产生与后续一系列发展演变的过程。幼儿期是语言发展，尤其是口语发展的敏感期。幼儿语言发展是幼儿心理学的重要研究领域，也是幼儿园语言教育的热点话题。

一、语言发生的基础

（一）语言发生的生物基础

现代脑科学研究及神经心理研究成果表明，人类语言的发生需要一定的生物基础。大脑神经中枢、发音器官和语音听觉系统的成熟，是人类语言发生的先决条件。

1. 大脑语言神经中枢的成熟

大脑的语言神经中枢发育为幼儿语言发展提供生物学基础。随着对脑科学研究的逐渐深入，语言研究与其产生了学科交叉，其研究成果为婴幼儿语言教育更科学的开展提供了某种程度的支持。

刚出生的新生儿的平均脑重量为 390 g，3 岁时为 1 100 g，到 7 岁时可达到 1 280 g，基本接近成人的脑重量。在 1 岁半以后，脑生长主要表现为脑细胞体积的增加，轴突和树突的延长与分化，神经纤维形成髓鞘，使得神经传导的数量增多，速度加快，内在联系更加复杂。换言之，神经网络的复杂性不断增加，这是词形成概念的物质基础。个体言语活动产生生理机制的刺激物是词，它能够把直接刺激物的信号概括化，词概念的形成依赖大脑能否吸收并整合词所代表的全部信息，只有大脑神经网络才能将这些信息相互沟通，同时进行感知与加工，对词做出全面的理解。整个过程大致如下，个体在说话时，由大脑皮质发出指令，支配发音器官活动，发音器官活动时发出的声音刺激传输到大脑神经的活动中枢，对词进行加工，又同时发出神经指令调整言语器官的活动，使言语活动更加协调、准确。在这一过程中，若个体的语言神经中枢发育不成熟，将导致不能完整地接收和处理语言信息，也不能进行灵活的口语表达。因此个体能与他人进行无障碍语言交流的基础是完整、成熟的大脑生理结构。

2. 发音器官的成熟

发音器官的成熟是语言发生的重要生理前提，语言的发展必须以正常的发音器官作为基础条件。人的发音器官分为三大部分：呼吸器官，声带和喉头，口腔、鼻腔和咽腔。

（1）呼吸器官

呼吸器官包括口腔、鼻腔、咽喉以及肺支气管和气管。人类发音的原动力是呼吸时所产生的气流，肺脏是呼出和吸入气流的总机关。肺部呼出的气流通过支气管到达喉头，作用于声带、咽腔、口腔、鼻腔等发音器官。

胸腔扩大时，气流吸入；胸腔缩小时，气流呼出。当气流呼出或吸入时，它都会在通过的管道上（如鼻腔、口腔、咽腔、肺支气管和气管等）的某些部位发生冲击或摩擦，形成声音；语音一般都是在气流呼出时发出的。

（2）声带和喉头

语音的发声源是声带和喉头，喉头是由四块软骨组成的一个圆筒形的小室，小室的中央就是声带。声带是由两片附着在喉头上的带状黏膜构成的，左右各一且对称，两片声带之间有狭缝，叫作声门，通过肌肉的收缩，可以使声带放松或收紧，使声门打开或关闭，从肺部呼出的气流通过声门震动发出声音。因此声带的长短、松紧和声门的大小不同，发出的声音就不同。例如，幼儿的声带比成人短，所以幼儿的声音比成人的高。

人的喉头和声带是在不断地成熟发展的。新生儿只能发出声音，还不能学习说话，因为发音器官还没有发育到能说话的水平。新生儿的喉头是由很薄的软骨组成的，位置比成年人大约高 3 cm，软骨和膈的位置都比较高，膈的肌肉也不发达。随着年龄增长，在 1 岁左右，婴儿喉头向下移动，喉中的空间较大，声带便能发出可以辨别的声音。

（3）口腔、鼻腔和咽腔

人的口腔、鼻腔和咽腔可以对发出的声音进行调节，是人类发音的调音区，也是音色的三个共鸣器。口腔后面是咽腔，咽头上通口腔、鼻腔，下接喉头。鼻腔是固定的，而口腔中的舌、小舌、软腭等部位可以自由活动，使共鸣器的容积和形状发生变化，从而使声音具有不同的音色。一般来说，声音节奏的快慢和清晰度受到口腔内各部位活动程度的制约，如果婴幼儿这些部位发育不健全，就会影响其正确发音。

总而言之，只有保证发音器官功能及结构的完整，语言才会发生发展，否则就会出现口吃、吐字不清等语言障碍。概括地说，人的发音器官发出声音主要通过以下程序：空气在一定压力下由肺部发出，通过声带间的狭缝时使声带振动，产生声音。由于共鸣器的共鸣作用，大大增加了声音的响度，又由于口腔容积以及舌、小舌、软腭、唇、齿的相对位置的变化，形成各具风格的语音音色。

幼儿的发音器官尚未发育成熟，在语言教育过程中，成人要注意保护幼儿的发音器官。首先，培养幼儿良好的卫生习惯。幼儿的发音器官正处在生长发育时期，要注意保护并保持口腔、鼻腔和咽腔的卫生，以免影响幼儿发音的准确度。其次，注意保护幼儿的声带。日常生活中避免大声喊叫，以免拉伤声带。幼儿所处的环境，空气必须清新，应时常开窗通风换气。

3. 语音听觉系统的成熟

健全的听觉系统是语言发生的保障。个体在学会说话之前，首先要学会听懂周围人的语言。

语音听觉系统包括听觉器官、各级听觉神经中枢及其连接而成的网络。听觉器官的结构主要包括外耳、中耳和内耳，声波作用于听觉器官，使其感受细胞兴奋并引起听觉神经的冲动，发送传入信息，经各级听觉神经中枢分析后便产生听觉。在个体发育过程中，听觉系统的发育较早。已有研究表明，5个月大的胎儿就已经具备了听觉能力，6个月以上的胎儿已经能对外界的声音产生反应。随着年龄的增长，婴儿的听觉系统不断发展成熟。在第一个具有真正意义的词产生之前，婴儿已经能够听懂很多成人的语言。语言发展的基本规律是先听懂，后会说，因此准确发音及流畅说话的前提是要有良好的听觉能力。

☞宝宝护耳在行动

（二）语言发生的社会实践基础

1. 社会生活环境

语言的发生发展需要一定的社会基础。语言能力发展的程度受环境的影响，在充满语言交流的环境中，个体能够在潜移默化中进行语言学习。社会生活环境包括家庭环境、社区环境和幼儿园环境。

家庭是幼儿最先接触的环境，父母是幼儿语言学习的启蒙教师，对幼儿语言发展具有重要影响。家长首先要创设有利于幼儿表达的语言环境，宽松和谐的语言环境是幼儿有话敢说的必要条件。其次，丰富幼儿的生活经验，带领幼儿多多接触大自然，体验生活中的喜怒哀乐。最后，要为幼儿提供表达的机会，使幼儿有话愿说。

社区是由一个个家庭和社会机构组成的相对广阔的环境。在这个相对广阔的环境里，幼儿可以感受到更多的人文环境所带来的信息，与更多的人进行语言交流，形成最初的个体与群体的概念。在这个环境中，幼儿可以接触到更多的事物和信息，感受集体的力量，体验更多的情绪情感，形成最初的道德感。

幼儿进入幼儿园后，教师为其提供丰富多样的语言环境，创设语言交流的社交情境。幼儿园中有教师，有教学计划，有很多同年龄的同伴，给幼儿提供了一个全新的语言学习场所。教师可以由一个话题引导幼儿主动表达心中所想，或者在游戏中给幼儿创造"说"的条件；同时在一日生活中提供交流、互动的机会。在幼儿园中，幼儿正式开始了规范、系统、科学的语言训练，为他们进入小学学习书面语言打下了基础。

2. 成人的言语示范

新生儿虽然具备说话的物质条件，但是如果他们从来没有听到过周围人发出的语音，没有模仿的对象，就很难学会说话。模仿是幼儿的天性，幼儿学习语言的基本方法就是模仿大人的发音，因此，成人的言语质量在一定程度上决定着幼儿语言的发展水平。成人的言语示范作用主要表现在以下几个方面：发音正确，平时讲普通话；词汇丰富，用词准确；口语清楚，有文学修养，不说脏话；在表达方法上要适合幼儿的接受水平；讲话的态度要平静、自然；讲话的语调要使幼儿感到亲切。总之，从内容到形式，成人的言语都应该成为幼儿的榜样。

成人的言语要符合幼儿的接受水平，应以幼儿能理解或经解释能够理解为准则，但需要注意的是，不能为了"迁就"幼儿的语言发展水平而讲"小儿语"。例如，有的小班幼儿将牛奶称为"neinei"，将棒棒糖叫作"棒棒"，成人的责任是不断地扩充幼儿的新词，告诉他们事物的正确名称，逐步使他们能听懂成人的语言。因此，在培养幼儿语言能力的过程中，为了用正确的语言影响幼儿，成人在幼儿面前的言语不能太过随意，应注意不断提高个人的语言修养。

二、语言获得理论

（一）先天决定论

先天决定论强调人的先天语言能力，认为遗传因素对幼儿语言学习起着决定性作用。其中影响较深远的两大先天决定理论是先天语言能力说和自然成熟说。

1. 先天语言能力说

先天语言能力说是由美国语言学家乔姆斯基（Avram Noam Chomsky）在1957年提出的一种语言理论。先天语言能力说又称"转换生成语法说"，该理论提出后震撼了美国心理学界，掀起了研究语言获得理论的热潮。该理论认为决定幼儿能够说话的因素不是经验和学习，而主要依靠幼儿自身的内在因素，即先天遗传的语言能力。这里的语言能力指的是先天的普遍语法知识，它规定了各种人类语言的句子构造和对其的理解。因此，不同种族、不同语言环境的幼儿在掌握本族语言时异常迅速，都能按照基本相同的方式和顺序掌握本族语言，所用时间也大致相同。

据此，乔姆斯基提出了自己的理论假设：幼儿在大脑中生来就有一种语言获得装置（Language Acquisition Device，LAD），语言获得装置包括两个方面：一是包含若干范畴和规则的语法系统，二是先天的评价语言信息能力，为这套普遍的语言范畴和规则赋上各种具体语言的值。他认为语言习得的过程是通过先天语言获得装置进行的复杂加工，而不是后天学习的结果。格里森（Gleason）于1993年也指出："先天论认为语言发展的许多方面早就预设在个体之中，幼儿语言习得不需要明确的教导或经历。"[1]当幼儿接触到一定数量的成人语言后，就会利用语言获得装置对这些语言现象进行分析，即以生来就有的普遍语法为依据，对所接收的具体的原始语言素材进行处理，并逐步形成一种语法能力。幼儿语言获得过程就是由普遍语法向个别语法发展的过程。语言获得装置能够使幼儿尽快地学会选择词和句子，确定母语的深层结构，在日常的语言接触过程中能很快地转化为表层结构的语法规则，产生无限多的新句子，而不管这种词是以何种语言听到、说出和理解的，这样幼儿就学会了各种具体的语言。

---

[1] 刘晓峰. 儿童语言获得机制的研究［J］. 信阳师范学院学报（哲学社会科学版），2012，32（4）：21-25.

先天语言能力说虽然强调语言能力的先天性，但也承认外部语言环境对幼儿语言发展的作用。乔姆斯基认为，没有正常的语言环境，幼儿的语言学习是不可能的。虽然他不否认外部环境对于语言学习的作用，但是认为外部环境只是起促使语言系统成熟、激发语言获得装置的作用，并不是决定性的。

先天语言能力说的提出，引发了人们对于幼儿语言获得机制的思考，开始关注幼儿自身的内在因素在语言获得中的作用，但这一理论也存在一定的局限性：第一，乔姆斯基提出的语言获得装置只是一种假设，是思辨的产物，还没有研究证实此装置在大脑中确实存在。第二，对后天语言环境作用的重视程度不够。他认为语言环境只起到激发语言获得装置的作用，但许多研究已证明，语言环境在幼儿语言学习中发挥着重要作用。

☞儿童早期语言天赋：来自国际研究前沿的证据

2. 自然成熟说

自然成熟说是美国心理学家勒纳伯格（Lenneberg）于1967年提出的一种语言获得理论，该理论基础为生物学，否定环境和学习是语言获得的因素，强调天赋的作用。

勒纳伯格认为语言的发展取决于遗传素质的成熟程度。生物的遗传素质是人类语言获得的决定性因素，他将幼儿的语言发展看作一个受发音器官和大脑等神经机制制约的自然成熟的过程，只有人类大脑中才有专管语言的区域，所以语言是人类所特有的。语言是人类脑机能成熟的产物，当大脑机能的成熟达到一种语言准备状态时，只要受到适当外界条件的刺激，就能使潜在的语言结构状态转变为现实的语言结构，语言能力就会显露，因此幼儿的语言发展同生理发育一样，是一个自然成熟的过程。

勒纳伯格还认为语言发展具有关键期。他根据对获得性失语症病例的研究，提出了语言发展的关键期理论。勒纳伯格认为语言既然是大脑成熟的产物，语言的发展受到人的生理基础的严格制约，语言的获得必然有关键期。过了关键期，即使给予训练也很难获得语言，关键期大约从2岁开始到青春期。他指出幼儿在发育时期，语言能力受大脑右半球支配，语言能力在发展过程中从右半球转移到左半球，即大脑单侧化，大脑单侧化是在关键期内出现的。大脑单侧化之后，如果大脑左半球受损，就会造成严重的语言障碍，甚至会失去语言能力。在大脑单侧化之前左半球受损，语言能力就继续受大脑右半球支配，不受影响。

随着现代社会对脑科学以及心理学研究的逐渐深入，人类语言获得的生物学基础正在逐步被人们所认知，先天语言能力说与自然成熟说阐述了语言发展与生理基础成熟的关系，大脑加工语言的作用机制逐步被揭开。但有一部分研究者持有完全相反的观点，即后天环境论。他们认为语言是一种社会现象，语言获得离不开后天环境与学习的决定性作用。

（二）后天环境论

后天环境论以巴甫洛夫的经典条件反射实验、华生（Watson）的行为主义学说为依据，认为幼儿语言能力是后天获得的，是学习的结果，强调后天环境和学习对语言获得的决定性影响，忽视乃至否定幼儿在语言获得中的主动性及其先天因素的影响。后天环境论比较有影响的理论主要是模仿说、强化说和中介说。

1. 模仿说

模仿说是以模仿来解释幼儿语言获得及发展的理论，该理论的主要观点认为幼儿通过对成人语言的模仿而学会语言，成人的语言是刺激（S），幼儿的模仿是反应（R）。模仿说大致可分为机械模仿说和选择性模仿说。

早期的机械模仿说是由美国心理学家阿尔伯特（Albert）提出的，他认为幼儿掌握语言是在后天环境中通过学习获得语言习惯，是一系列"刺激－反应"（S–R）的结果，幼儿学习语言是对成人的模仿和临摹，幼儿的语言是其父母语言的简单翻版。机械模仿说在 20 世纪 50 年代非常流行，但它存在一些局限。例如，有研究者指出机械模仿说把幼儿的语言看成父母语言的翻版，忽略了幼儿的主动性和创造性。并且幼儿不能模仿与其现有语法结构水平相差太大的语法结构，他总是用自己已有的句法形式去改变示范句，或顽固地坚持自己原有的句型。近年来，不少研究者虽不赞同机械模仿说，但并非完全否定模仿在语言获得过程中的作用。

怀特赫斯特（Whitehurst）和瓦斯特（Vasta）等人对传统的机械模仿说进行了改造，并提出"选择性模仿"的新概念，他们认为幼儿对成人语言的模仿具有创造性和选择性。选择性模仿说认为，幼儿在学习语言时并非是对成人语言的机械模仿，而是选择性的模仿，是幼儿对成人语言结构的模仿，而不是对其具体内容的模仿。幼儿能够把范文的句法结构应用于新的情境以表达新的内容，或将模仿获得的结构重新组合成新的结构。与机械模仿说相比，选择性模仿说具有两个特点：第一，示范者的行为和模仿者的行为反应之间具有功能关系，即两者不仅在形式上，更重要的是在功能上相似。因此，模仿者对示范者的行为不必是一一对应的临摹。第二，选择性模仿不是在强化和训练的情况下发生的，而是在正常的自然情境中发生的语言获得模式。模仿者行为和示范者行为的关系，在时间上既不是即时的，在形式上又不是一对一的。这样获得的语言既有新颖性，又有学习和模仿的基础。

毋庸置疑，模仿在幼儿语言发展中有一定的甚至是比较重要的作用。因此在教育实践中，幼儿园教师要多为幼儿提供语言模仿的机会。在与幼儿交谈时，成人要成为他们的榜样，尽量使用规范的语言进行交谈。

【案例1-3】

爱说脏话的乐乐

中班的赵老师发现乐乐嘴里经常会冒出一些脏话，例如，乐乐不高兴时就会冲其他幼儿说："去你的！"赵老师提醒过他很多次，可总是纠正不过来，甚至赵老师越生气他就说得越来劲。赵老师与家长沟通后，决定共同为乐乐营造良好的语言环境。赵老师在班级内开展了"文明用语"语言活动，并在班级内与幼儿一起进行关于"文明用语"的环境创设。乐乐的家长也积极配合，除了注意自身的言行之外，还在日常生活中积极纠正乐乐的不良行为。一段时间之后，乐乐不仅不再说脏话，与人交流时还常常使用礼貌用语。

评析：

幼儿有很强的模仿能力。根据模仿说，幼儿学习语言往往是通过模仿。语言模仿是幼儿习得规范的语言，提高自身语言能力的一种重要方法。乐乐会出现这种情况往往是因为在生活中听到了一些不良的言语，从而模仿。案例中的教师深刻认识到：幼儿的语言发展并不仅仅依靠模仿，环境也是重要的影响因素之一。她积极与家长沟通，在日常生活中让家长为幼儿提供良好的语言氛围。此外，教师在班级内开展的礼貌用语语言活动也为乐乐树立了正确的交流典范。

2. 强化说

强化说的代表人物是美国心理学家、新行为主义学习理论的创始人斯金纳（Burrhus Frederic Skinner），该学说强调"强化"在幼儿语言学习中的作用，认为幼儿是通过不断地强化学会语言的。

斯金纳认为幼儿的语言是通过操作性条件反射，特别是通过选择性强化而获得的，即把幼儿的语言习得看成"刺激—反应—强化"的过程。在这一过程中，幼儿对一个刺激作出正确反应，就会得到成人的口头赞许或物质上的满足，这就增强了在类似情境中作出正确反应的可能性，这个过程就叫作强化。

语言的操作条件反射建立在由环境引起的、声音和声音联结的选择性强化的基础上。例如，幼儿在牙牙学语时，会自发地、无目的地发出各种声音，一旦有些声音近似成人的说话声，父母就将这些声音加以强化，使这些声音逐渐巩固下来，在幼儿的发声中占据优势。这里最重要的是"选择性强化"，即对接近成人说话的声音给予正强化，反之则给予负强化，这样就学到了正确的发音。由此可见，选择性强化是语言操作性条件反射中的核心问题，对幼儿语言行为的形成、巩固极其重要，通过这种强化，幼儿的语言逐渐变得有效和得体。

同时，幼儿学习说话还必须学会适应各种语言情境，使言语活动受到环境刺激的控制。例如，幼儿最初说"妈妈"一词，不论其母亲是否在场都会得到强化。之后，幼儿只有当母亲在场时叫"妈妈"才得到正强化，否则就得不到强化或得到负强化。这样，幼儿的言语逐渐获得了意义，逐渐变得有效。

语言学习强化说对语言学界和心理学界曾产生过很大的影响，但从 20 世纪 60 年代开始受到越来越多的批评。该理论过分强调幼儿无目的反应和狭隘的强化作用，忽视了幼儿自身在语言学习和语言活动中的作用，因此带有一定的局限性。

3. 中介说

中介说又称传递说，是为解决传统的刺激－反应论的简单化缺陷而提出的一种改良主张，其代表人物是美国心理学教授汤勒曼，他在 1935 年就提出了"中介变因"的概念。后来，一批有影响力的心理学家或心理语言学家把这一概念创造性地应用到幼儿语言的研究中，形成"中介说"。中介说强调在传统的模仿说"刺激－反应"的基础上，在中间增加一系列因联想而引起的隐含的"刺激与反应"。也就是说，中介说在行为主义传统的"刺激－反应"的链条中，又增加了"传递性刺激"和"传递性反应"的中介。例如，某人听到"他病了"，就会联想到"他躺在床上"或"他打了针、吃了药"以及猜想他生病的原因。这种隐含的反应又可以成为刺激，引起新的反应等。在外显的刺激和反应中间，有一系列因联想而引起的隐含的刺激和反应所构成的中介体系。这种中介体系说明了刺激和反应的传递性。

中介说在刺激与反应之间加上了传递性刺激和传递性反应的中介，以此来解释客观环境怎样通过语言作用于人、语言怎样表现当时当地的事物、新的语言怎样创造出来并被理解等，这些都是传统的刺激－反应论所不能解释的问题。并利用它进而解释幼儿是怎样通过一系列的刺激－反应链条学会语言的，这是一大进步，但其依然坚持刺激－反应的基本模式，仍存在着很多缺陷。传递性反应不一定是在刺激作用下产生的，传递性反应也不一定能够成为隐含的刺激或引起新的反应。

一般认为，以行为主义为基础的后天环境论，是一种过时的陈旧理论。但是这些理论中也包含许多合理的成分，不能对它们一概否定。而且后天环境论学派在研究语言发展的过程中，结合自己的研究和他人的批评，不断地修正、发展自身的理论。从机械模仿说到选择性模仿说，从强化说到中介说，都在不断增加和补充一些新的内容，不但为这一传统学说注入了新的活力，也为一些新理论、新学说的形成提供了很多借鉴。

（三）先天与后天交互作用论

无论是先天决定论还是后天环境论的观点，都带有一定的局限性。在此基础上衍生出了以皮亚杰（Piaget）为代表的认知学派提出的先天与后天相互作用论，主张遗传和环境都是语言获得不可缺少的因素，语言的发展源于生理的成熟、认知发展和外界环境之间复杂的相互作用。他们主张从认知结构的发展来说明语言发展，认为幼儿的语言能力仅仅是大脑一般认知能力的一个方面，而认知结构的形成和发展是主体和客体相互作用的结果。这方面较有影响的理论包括认知说、规则学习说和社会交往说。

1. 认知说

认知说是以皮亚杰的认知发展理论为基础的，它认为认知结构是语言发展的基础，语言结构随着认知结构的发展而发展，个体的认知结构既不是环境强加的，也不是人脑先天具有的，而是主体与客体相互作用的结果。认知说的主要观点如下：

第一，语言是符号功能的一种。所谓符号功能，是指幼儿应用象征或符号来代表某种事物的能力。语言作为一种符号功能，出现在感知运动阶段的末尾，一岁半到两岁之间。幼儿在开始发出语音时，是把事物的"名称"当作它不可分割的一部分来对待。随着认知结构的发展，幼儿逐步能用语词陈述那些不在眼前的事物，能把作为符号的语词与被标识的事物加以区分，再把它当作事物不可分割的一部分，就开始有了语言。

第二，认知结构是语言发展的基础，语言结构随着认知结构的发展而发展。换句话说，思维发展水平决定幼儿的语言发展水平。皮亚杰认为幼儿语言能力的发展受制于幼儿整体认知能力的提高，只有对某个事物有了认知后，才能用语言准确表达。

第三，个人的认知结构与认知能力是不断发展的，它源于主客体的相互作用。主体作用于客体的活动，一些基本的动作图式是认知发展的源泉，这些动作图式不断联合，形成了更为复杂的动作结构。例如，婴儿的一些本能动作（如吸吮、抓握等）协调起来，就出现了吃手指、抓衣角等新的动作。这种不用改变原有认知结构而产生的联系就叫作同化。遇到不能同化的情况，需要幼儿主动改变认知结构以适应外界环境的过程叫作顺应。幼儿就是在不断地同化与顺应的平衡中发展认知能力，进而发展其语言能力的。

2. 规则学习说

规则学习说是在乔姆斯基和行为主义的双重影响下形成的一种语言发展理论，代表人物有布朗（Brown）、弗拉瑟（Fraser）、伯格（Berger）等。该理论认为幼儿具有一种理解母语的先天处理机制，这种机制主要是一种学习和评价能力。规则学习说强调幼儿学习母语是一个归纳的过程，幼儿使用先天的语言处理机制，通过对语言输入的处理，归纳出母语的普遍特征和个别特点，根据这些特点又创造出新的语言形式。幼儿对规则的归纳，凭借的是工具性的条件反射，是刺激—概括的学习过程，是先天因素和后天因素的相互影响。该理论认为先天的语言学习能力和后天的语言规则概括同样重要，但其局限性在于忽视了社会环境对幼儿语言发展的影响，因此规则学习说还需要进一步完善与发展。

3. 社会交往说

社会交往说的代表人物是布鲁纳（Bruner）、贝茨（Bates）等，该理论是在对行为主义和先天决定论的批判继承中产生的，是在前人研究的基础上结合自己的观点而提出的新理论。社会交往说认为语言获得不仅需要先天的语言能力，以及一定的生理成熟和认知发展，还需要在真实的交流中发挥语言的实际交往功能。布鲁纳指出，幼儿不是在隔离环境中学习语言，而是在社会交往中学习语言。他们十分重视幼儿与成人语言交往的实践，认为幼儿与成人语言交往的实践，对幼儿语言的发展起关键性作用。

社会交往说还认为，社会交往几乎可以看作幼儿的一种天性。幼儿在会说话之前，就已经能用体态与成人交流，并听懂一些成人的话语；在单词句和双词句阶段，幼儿以语言、体态或体态语言相结合的方式作为交际手段，最后过渡到可以完全用语言进行交际。

综上所述，语言获得机制是一个十分复杂的过程，环境、遗传、教育等因素都会以各种方式作用于语言的发生与发展。总的来说，语言学习是具有一定遗传素质的个体在与社会环境的相互作用中，特别是在与周围人的语言交流中，以及在认知发展的基础上进行的。上述三类语言获得理论都有可取之处，但又各有其局限性与片面性，因此，语言获得理论还有待多学科研究的深入。

【走进幼儿园】

中班的李老师特别注重幼儿语言能力的培养，善于运用多种手段帮助幼儿发展语言能力。例如，用心营造良好的班级氛围，鼓励幼儿相互交往，将表达能力较好的幼儿与较差的幼儿进行配对，以此带动所有幼儿，并鼓励幼儿多多表达；在一日生活中她非常注重自己语言表达的规范性，以期为幼儿提供模仿的榜样；对语言表达规范的幼儿，或者语言表达进步大的幼儿，李老师还在班级中设置了"文明之星""进步之星"光荣榜，上榜的幼儿会得到她精心制作的手工礼物。

请运用语言获得理论分析李老师在培养幼儿语言发展过程中的可取之处。

任务四　幼儿语言发展的影响因素

【任务目标】

1. 了解影响幼儿语言发展的主要因素。

2. 能够根据幼儿语言发展的因素提供适宜的语言发展环境。

3. 学会运用幼儿语言发展的影响因素分析语言发展的个体差异。

幼儿的语言发展受到一系列因素的制约，探讨这些因素及其在幼儿语言发展中的作用，进而提供适宜的语言教育，是幼儿园语言教育的重要任务。影响幼儿语言发展的因素大致可分为四个方面：个体因素、家庭因素、幼儿园因素和社会因素。

一、个体因素

（一）生理因素

幼儿的语言发展深受生理因素的影响，生理因素为幼儿提供了一种发展的可能性与规定性。生理因素主要包括以下三个方面：

1. 发音系统

发音系统包括声带、喉头、气管、肺、口腔、鼻腔、咽腔等，这是发音必需的发音器官、动力部分和共鸣系统。发音器官结构的不断发展和功能的不断完善是幼儿语言发展的基础，如果这些器官不能发挥其正常的功能，就会出现不能发声、口齿不清、口吃等语言障碍。

2. 大脑神经系统

大脑神经系统涉及个体接收信息、分析信息和传递信息的能力。大脑是语言发展的物质基础，而语言是大脑的机能之一。只有大脑神经系统不断成熟，人类才能完成语言学习的任务。如果大脑受到损伤，幼儿就不能正常接收并处理语言信息，就会出现误听、误解等现象，从而影响幼儿与他人进行语言交流，幼儿的语言发展也会出现各类语言障碍。[①] 因此，健全的大脑神经系统是幼儿语言发展的必要条件。

3. 感知觉系统

感知觉系统包括视觉、嗅觉、味觉、触觉和听觉等。这些感觉器官（尤其是听觉系统）将环境中的信息反馈给大脑神经系统，大脑将信息进行记录、储存、分析，再运用到口语以至书面语上。例如，认识"苹果"这个词语，幼儿靠触觉感受苹果皮和肉的质感，靠视觉看到苹果的外观和颜色，靠味觉和嗅觉分辨苹果的味道，靠听觉听到别人对他说"苹果"这个名称。于是，当幼儿说"苹果"的时候，他可以把苹果的特征描述出来；看到符合上述特征的水果时，便能正确说出"苹果"这个名称。也就是说，感觉器官是否健全，会影响幼儿的语言学习和发展。

---

① 洪意婷，郑刚.学前儿童语言学习的影响因素探析：基于人类发展生态学理论［J］.河南教育（幼教），2020（6）：32-36.

除了上述生理因素会影响幼儿的语言学习外，运动技能对语言发展也有很大影响，运动技能发展得好，幼儿便有条件进行各类大小肌肉的游戏，增加与环境接触的机会，从而丰富自己的生活经验，在活动中增长见识。知识和语言学习起着相辅相成的作用：知识丰富了语言的内容，语言也促进了知识的掌握。

（二）心理因素

随着心理学研究的逐渐深入，心理因素对幼儿语言发展的影响，开始受到人们的重视。心理因素对语言发展的影响主要包括两个方面：一是大脑认知对语言发展的影响；二是个性品质对语言发展的影响。

1. 大脑认知对语言发展的影响

语言能力作为认知能力的一个方面，是幼儿运用自身的认知能力与现实语言环境和非语言环境相互作用产生的结果。幼儿的语言发展建立在他们对生活中的事物认识的基础上，他们最早说出的词多数是他们能够直接感受到的事物或是他们熟悉的人，不了解的事物他们一般不能准确描述。语言能力的发展一定程度上依赖认知能力的发展。语言能力发展包括听、说、读、写四个方面的发展，都建立在对语言内容理解的基础上。但并不是每个幼儿语言能力的发展速度都是相同的，一般来说，认知能力强的幼儿语言发展速度相对较快。因此家长及教师应该把幼儿语言发展与其认知发展相协调，在认知活动中促进语言能力的提升，在语言活动中加深幼儿对世界的认识。

幼儿语言发展建立在他们对生活中事物认识的基础上。例如，幼儿通过听觉器官能够分辨动物的声音与人声、乐音与噪音等；通过触觉器官能够感知不同物体的质地、温度等。当幼儿通过感觉器官对环境中事物的属性有了基本的概念，并掌握了相应的词汇时，就可以用语言交流了。如果幼儿对语言描述的事物完全没有概念，又不能理解词义，成人在与他交流时说出的具体事物名称或抽象概念会让他感到茫然，更不用提模仿和表达了。同样，他也不能运用语言或文字描述这些事物。因此，如果幼儿缺乏认知能力和概念知识，便很可能对周围人的语言产生理解错误，或者产生语言表达障碍。

2. 个性品质对语言发展的影响

一般来说，个性外向、正面情绪较多的幼儿比较自信，语言发展速度也会比个性内向的幼儿快，因为个性外向、善于交际、有表达欲望的幼儿更倾向于和别人分享自己的经验，更敢于表达自己，在与其他幼儿或周围人分享和交流的过程中，增加练习的机会。性格内向的幼儿由于缺乏自信、胆小害羞，会失去许多语言学习和表达的机会，缺少成功与失败的直接体验，缺乏吸收语言信息的主动性和有效性。

上述的生理因素和心理因素是幼儿语言发展的基础，其中任何部分受到损伤都会直接影响幼儿语言能力的发展。例如，中耳炎治疗不当、脑膜炎后遗症、化学有害物质的使用等都可能引发幼儿听觉功能障碍，影响幼儿语言信息的输入，使语言学习产生困难；当大脑发育受到损害时，智力便会受到影响，导致幼儿智力低下。智力低下幼儿认知水平低，生活经验有限，语言发展无法达到一般幼儿的水平。无论在家庭教育还是幼儿园教育中，家长和教师都应该重视对语言发展障碍幼儿的教育，认识融合教育的意义和作用，了解有特殊需要幼儿的身心发展特点及教育策略。

二、家庭因素

幼儿生活在充满语言的环境中，语言环境的好坏会影响其语言能力的发展。幼儿最先接触的环境是家庭，父母是孩子语言学习的启蒙者。

（一）家庭生活环境

家庭生活环境在幼儿语言学习过程中发挥着重大的作用。如果幼儿生活在轻松愉快的家庭环境中，一般会性格开朗，愿意与成人和同伴交往。家庭生活环境主要体现在两个方面：一是家庭素材条件，例如，家庭的图书、绘本和玩具的数量及其多样性，幼儿参加文化活动的次数等；二是家庭生活质量，例如，参与活动的多样性、社会性沟通和互动、在幼儿活动中成人的介入程度等。[①] 研究表明，父母创设多样化的活动形式，如玩游戏、讲故事、陪孩子一起读书或看电视节目等，对幼儿语言表达、解释、口语和书面语等方面的发展具有重要作用。

要创设有利于幼儿语言发展的家庭生活环境，父母应重视孩子生活内容的安排，使其生活内容尽量丰富多彩一些。首先，为孩子提供丰富且高质量的图书，有条件的家长尽量与孩子一起进行亲子阅读。图书可以开拓幼儿的视野，陶冶其心灵，在潜移默化中促进其语言发展。其次，父母应与孩子共同参与多样化的亲子活动。语言是对生活感受的表达，父母应带孩子参与各种形式的活动，尽可能增加孩子与自然、社会接触的机会。在与周围人交流的过程中，幼儿需要用更多的词命名事物和现象，需要有更强的表达能力来表达认识和体验，进而能够掌握更多、更规范的词汇。

（二）亲子沟通

亲子沟通是在家庭教育中，父母与孩子在生活中各方面的交流、沟通，积极、良好的亲子沟通对幼儿语言表达和语言理解的发展具有重要作用。通常来说，亲子沟通频率越高，幼儿的语言能力发展越好，反之亦然。良好的亲子沟通可以让幼儿感受到温暖和幸福，在这样的环境中，幼儿愿意表达内心的感受，愿意表达是语言发展的内在动力。父母在家中要与孩子多交流，并尽量使用普通话，给孩子说话、表达的机会，培养孩子良好的语言表达习惯。父母在日常生活

① 田金长，马晓琴，赵燕.学前儿童语言教育［M］.上海：华东师范大学出版社，2018：8.

中与孩子多参与各类活动，如亲子阅读、亲子游戏等。在这个过程中家长可以从孩子的性格特点和兴趣爱好出发，以丰富的语言内容提高孩子对语言运用的兴趣，让孩子学会多种语言表达方式，同时运用语言表达提高自身的交际能力。例如，在亲子阅读中，父母可以适时地提出一些问题，孩子在回答问题的过程中不断丰富自己的词汇，提高语言表达能力。

（三）父母的受教育程度

有研究证实，父母的受教育程度越高，越有利于孩子语言的学习和发展。在与孩子的沟通与交流中，受教育程度越高的父母越愿意采用规范的语言表达，对孩子的语言学习产生更加良好的影响。同时他们的语言教育意识和语言教育能力也越强，更加重视孩子语言思维、语言认知及语言表达能力的培养。如注重亲子阅读，重视对孩子的早期阅读指导等。在与孩子进行语言交际时，受教育程度高的父母愿意给予孩子充分的表达机会，也会注意自身语言的规范化和礼貌化。在日常生活中，孩子会对父母进行模仿与学习。通过模仿受教育程度高的父母的说话方式，孩子的语言理解、表达与运用能力获得更好的发展。

三、幼儿园因素

幼儿园是幼儿生活的又一个直接环境。幼儿园中的学习与生活为幼儿提供了良好的语言学习空间，对幼儿语言发展具有重要影响。其中教师、同伴、幼儿园语言教育活动都会对幼儿的语言发展产生影响。

（一）教师

在幼儿园的一日生活中，无论是日常的语言交际还是集体教育活动，幼儿总是在与周围的人进行互动。教师作为幼儿互动的主要对象，其语言素养至关重要。例如，发音是否标准、语言是否规范、用词是否恰当、吐字是否清晰、语言使用是否有足够的表现力等都会影响幼儿语言学习的兴趣和效果。无论是有计划的还是无计划的，有意识的还有无意识的，幼儿形成良好的语言表达及语言习惯都离不开教师言语的示范作用。同时，师幼关系也会影响幼儿的语言学习。亲密、融洽的师幼关系可以使语言交流环境更加宽松、和谐，幼儿更加愿意倾听与表达，教师也会更加关注幼儿的需求并给予积极的回应，由此形成亲密和谐的关系氛围，在这个氛围中幼儿会获得较多语言学习与表达的机会。

为了促进幼儿语言能力的发展，首先，教师应不断提高自己的语言素养。日常多阅读优秀的文学作品，感受、欣赏作品中的语言美，以自身积极的语言态度和语言魅力引导幼儿；其次，教师应营造良好的师幼关系氛围。平等公正地对待每一位幼儿，在教育过程中关注全体幼儿，对幼儿的语言表达给予支持，激发幼儿正面的语言情感和语言行为；再次，教师应根据幼儿语言发展的特点，具备识别幼儿语言发展水平、程度的能力；最后，教师应关注幼儿语言发展的个体差异。幼儿语言发展的速度并不完全相同，教师应关注幼儿语言发展的个别化差异，尤其是对于语言发展障碍儿童，教师要做到早发现、早识别，并及时采取干预措施。

（二）同伴

同伴是幼儿园中对幼儿语言学习起重要作用的又一因素。在同伴关系中，幼儿处于一种平等的地位，会更加积极、主动地发起会话。同伴的语言能力、个性特点、年龄以及同伴关系等有可能对幼儿的语言学习产生影响。研究指出，与具备较强语言能力的同伴进行互动，能为幼儿提供重要的语言学习资源。由此可见，教师要注重为幼儿提供与同伴交流的机会，鼓励幼儿与同伴多多接触，提高交流能力。对于幼儿在与同伴言语互动过程中出现的话题争论、冲突，教师不必过于紧张，适当的言语碰撞为幼儿语言能力的发展提供了难得的契机，幼儿在与同伴协商的过程中，锻炼了语言敏感性，促进了精细语言的发展。

（三）幼儿园语言教育活动

幼儿园语言教育活动的适宜性也是影响幼儿语言学习的关键因素，其中包括语言教育活动方案的适宜性、教师教学的敏感度以及幼儿语言活动的参与度等。幼儿园语言教育活动设计应以幼儿当前的生活经验为基点，选择符合其语言发展水平且生动有趣的教育内容，这样才能使幼儿从中体验和吸收更多的语言知识和技能，促进幼儿语音、语义、语法等方面的语言能力不断发展。

四、社会因素

幼儿语言发展是在社会环境中，在社会文化传递中进行的。不同的社会环境、社会文化都会影响幼儿语言发展。在此，主要分析社区环境与大众传媒对幼儿语言发展的影响。

（一）社区环境

社区中的人或物会直接或间接地影响幼儿语言能力的发展。丰富的社区文化及景观建筑为幼儿提供源源不断的外部刺激。这些刺激让幼儿初步感受到社会群体的存在，幼儿在社会群体中发展认知、情感、社会性并形成最初的道德判断标准，这些为幼儿语言发展奠定了坚实的基础。因此，家长应该让孩子多接触社区中的人和物，帮助其获得归属感。例如，建立良好的邻里关系，鼓励孩子多与邻居打招呼，多让孩子感受社区的花草树木并为它们命名，多与孩子谈论社区中发生的新鲜事等。

（二）大众传媒

大众传媒具体分为印刷媒介，包括报纸、杂志和书籍等；电子媒介，包括电影、广播、电视和网络等。大众传媒有广泛性、驱动性和导向性三大特点；有传播信息、引导舆论和提供娱乐三大功能，其中传播信息是最基本的功能。鉴于幼儿有限的阅读能力和家庭电子设备普遍使用的现实情况，对幼儿语言发展产生深远影响的主要是电视和网络：一方面，电视和网络能够让幼儿了解屏幕里的虚拟世界，接触丰富的语言信息；另一方面电视和网络所传播的信息也对幼儿的语言发展具有一定的影响。

在电视和网络中，幼儿接触最多的是动画片。动画片作为当代幼儿生活中非常普遍的娱乐活动，深受幼儿的喜爱。动画片除了能够愉悦幼儿的心情外，还对他们的语言发展有着积极的促进作用：一是通过丰富多彩的人物和引人入胜的情节，动画片能使幼儿在潜移默化中丰富语言信息，改善语言习惯，建立语言思维，帮助幼儿不断积累经验，提升语言能力。[①] 动画片对幼儿会产生诸多积极影响，例如，动画片可以引发幼儿的好奇心和求知欲，使语言教育由"被动教"变为"主动学"。二是为幼儿提供标准的语言交流范本，促进语言模仿，帮助幼儿掌握语法规范。三是有利于幼儿扩展词汇量，提升语言表达能力。

家长和教师应挑选积极向上的、能够提供丰富语言经验的高质量动画片供幼儿观看。鼓励幼儿在观看动画片时多表达自己的看法；在观看结束后鼓励幼儿复述故事情节，有条件的可以与幼儿以角色扮演的方式共同演绎故事情节，激发幼儿的表达欲望。动画片不仅给幼儿带来了快乐，同时也是一种教育工具，它有助于幼儿良好心理品质和健全人格的形成，也促进了幼儿的语言发展。但需要注意的是，成人要注意给幼儿选择优质的动画片，观看动画片时姿势正确、距离适中，控制观看时间，不可放任幼儿沉迷动画片。

【案例1-4】

不爱说话的欣欣

欣欣是一名中班的幼儿，在班里她不爱说话，不与同伴交往，拒绝参加班里组织的任何活动，经常一个人坐在小椅子上发呆。每当有幼儿接近她，她要么不理会，要么推开他们。教师注意到这一情况之后找家长进行了解，发现欣欣从小就发音不清楚，父母工作太忙没有太多时间照顾她，同时因为欣欣说话不清楚，怕被外人笑话，所以经常把她锁在家里，很少与外人接触。

评析：

幼儿语言发展受到多种因素的影响。案例中的欣欣由于生理缺陷而引起发音不清楚，但父母发现后没有及时采取有效的干预措施，只是采取他们认为的"保护"措施，导致由生理因素引发的语言障碍进一步恶化。同时外界环境对于幼儿语言发展也有重要影响，欣欣的父母发现她的缺陷后，由于自尊心作祟，完全限制了欣欣与外界的接触，无视欣欣探索周围世界的正当需求，欣欣生活在孤独的

---

① 何丽莉.动画片对幼儿语言发展的影响［J］.吉林教育（综合版），2016（C1）：160.

环境中，没有外界语言的刺激，没有与周围人的交往，没有接收到足够多的语言信息，她的语言发展自然得不到提高，导致欣欣没有语言表达的欲望及能力。

【走进幼儿园】

艺术活动结束后距午餐时间还有 10 分钟，李老师发现幼儿开始在班级内嬉戏打闹，这不利于幼儿接下来的进餐。这时，教师借助班级内的多媒体设备为幼儿播放动画片《米奇妙妙屋》，幼儿被动画片吸引，坐在椅子上逐渐安静下来。在李老师的引导下，幼儿不仅在 10 分钟内平复了情绪，还学到了动画片中的一些词汇，如"篮球、足球"。

请你运用本任务模块内容分析李老师的做法，并思考在选择动画片时应该注意哪些问题。

项目小结

本项目为幼儿园语言教育的基础部分，对语言的概念、本质与功能，幼儿语言发展的特点进行简要概述，同时对幼儿语言发展的相关理论、影响因素进行系统阐述。在不同年龄阶段，语言发展各有特点，教师只有科学把握，才能提供适合幼儿的语言教育。尽管不同理论流派关于幼儿语言发展的观点分歧很大，但所有的观点都有一定的可取之处，也有值得反思的地方。个体因素、家庭因素、幼儿园因素和社会因素对幼儿语言发展都会产生影响，教师应该综合把握这些影响因素，为幼儿创设良好的语言发展环境，促进幼儿语言发展水平的提高。

思考与实训

为了解大、中、小班幼儿的语言发展水平，张老师分别从大、中、小班随机抽取三名幼儿，组织了一场"我最好的朋友"主题讲述活动。

请你帮助张老师思考应从哪几个方面分析不同年龄阶段幼儿的语言发展水平，帮助其制订分析方案，并详细说明操作过程。

推荐阅读

1. 王丹.论幼小衔接视角下的家庭语言教育［J］.教育科学，2020（1）：91-96.

在幼小衔接期间，语言教育关系幼儿综合素养的培养，影响幼儿入学准备的成效。在家庭语言教育中，应着眼于：在语言学习和探求知识的过程中培养幼儿解决问题的能力；在语言学习中渗透科技信息，利用高科技手段辅助家庭语言教育；注重语言学习的引导和情境创设，帮助幼儿形成创造思维；不局限于家庭小课堂，深入到大自然中锻炼幼儿的感知能力。

2. 周兢，张义宾. 基于汉语儿童语料库构建的儿童语言发展测评系统［J］. 学前教育研究，2020（6）：72-84.

汉语儿童语料库的创建与发展为国际儿童语料库系统提供了丰富的研究语料，为促进汉语儿童语言发展研究做出了突出贡献。为回应当前有关儿童语言障碍诊断工具和语言干预效应监测严重缺乏可靠工具的问题，周兢教授基于汉语儿童语料库构建了汉语儿童语言发展测评系统。该系统基于汉语儿童的大量语料，构建了正常儿童语言发展常模，探索了可以预期和发现不同年龄儿童语言障碍的指标系统，形成符合汉语文化情境的儿童语言发展监测体系，为儿童语言障碍诊断和干预提供有价值的基础信息。

☞ 推荐阅读资料包

项目二　幼儿园语言教育概述

📖 内容导读

　　引导幼儿有效地学习语言，促进幼儿语言能力的发展，是幼儿园语言教育的首要目的。本项目分为幼儿园语言教育的含义与幼儿园语言教育的基本观念两部分，旨在帮助学习者了解幼儿园语言教育对幼儿成长的价值，掌握幼儿园语言教育的基本类型及实施要求，明晰幼儿园语言教育的基本观念，为具体的语言教育实践提供理论支持。

🧠 思维导图

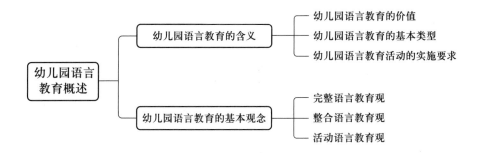

📝 项目目标

1. 理解幼儿园语言教育的含义,认同幼儿园语言教育的价值。
2. 明确幼儿园语言教育的基本类型,掌握幼儿园语言教育活动的实施要求。
3. 掌握幼儿园语言教育的基本观念,积极践行科学的语言教育观。

📽 情境导入

在晨检接待时,教师与幼儿讨论幼儿穿的新衣服;在阅读区,教师与幼儿讨论图画书中幼儿感兴趣的人物或画面;在积木区,教师与幼儿讨论刚搭建的城堡。当幼儿在某一故事中接触过"我喜欢……因为……"的句型后,教师有意识地鼓励幼儿说一说自己喜欢吃的食物,如"我喜欢吃鱼,因为吃鱼可以让我长高"等;在游戏中,教师鼓励幼儿说一说喜欢的玩具,如"我喜欢玩积木,因为我搭的房子特别好"等。在科学探究活动中,教师鼓励幼儿边做边说,用语言总结探究活动的收获。在音乐和绘画活动中,教师支持幼儿用语言表述自己的体验与感受等。

讨论:请对案例中教师的语言教育行为进行评析。

任务一　幼儿园语言教育的含义

【任务目标】

1. 理解幼儿园语言教育与幼儿认知、社会性发展的关系。
2. 明确幼儿园语言教育的基本类型。
3. 掌握幼儿园语言教育的实施要求。

幼儿园语言教育是有目的、有计划、有组织地对 3—6 岁幼儿进行语言教育的过程。旨在研究幼儿语言发生发展的现象、规律，探索和发现幼儿语言学习中的现象，揭示其中所蕴含的特点和规律，并运用这些规律对幼儿实施科学的语言教育，促进幼儿语言能力的整体发展。

一、幼儿园语言教育的价值

语言是交流和思维的工具。从出生起，个体便通过语言和非语言的交际活动，获得关于周围世界的认识，发展智力，习得社会道德规范。同时，个体通过语言理解他人的思想、情感，利用语言表达自己的感受、见解、愿望，参与社会交往活动，指导和评价自己的行为。

（一）语言对认知发展起促进作用

语言发展与认知发展相互促进。一方面，个体的认知发展水平决定其语言发展水平。在婴儿期和幼儿早期，儿童只能掌握一些情境性强的语言。随着认知与思维的进一步发展，儿童掌握的词汇量不断增加、词类范围不断扩大，他们开始掌握一些抽象的词、连贯性语言和语法结构。另一方面，作为一种心理表征符号，语言一旦被儿童理解和掌握，就会对认知发展起促进作用，主要表现在认知速度、广度和强度的增加。具体而言，语言对认知发展的作用体现在以下方面。

1. 加深和巩固初步形成的概念

概念是人脑对客观事物一般特征和本质特征的反映，是在概括的基础上形成的，以词为标志。幼儿学会用词来表述物体的名称、形态、习性等，对有关事物及属性的感知才能从具体趋向概括，巩固初步形成的概念。通过语言描述、比较认识对象的不同点和相同点，可以帮助幼儿澄清相似概念，例如，语言的参与有助于幼儿掌握"鸡"与"鸭"两个不同的概念。

2. 指导并参与认知加工过程

语言的产生和发展扩大了幼儿的认知范围。在语言产生之前，个体只能以自己的直接经验为基础认识世界，认知范围十分有限。在语言产生之后，幼儿可以通过与他人交流以及阅读，了解那些在自己直接经验之外的事物。幼儿不仅可以通过直接观察、感知获得直接经验，而且还能通过理解他人语言和想象获得对自己不曾直接感知的事物或经历的认识。

语言的调节作用使幼儿的认知加工工具有随意性和自觉性。在理解和使用语言之前，个体不能脱离直接感知和动作进行思考，更不能计划自己的动作、预见动作的结果。在掌握语言的初期，幼儿可以按照成人发出的指令主动调节观察、感知、记忆等内部行为，然后开始"边说边做"和"有声思考"，最后过渡到只通过内部语言指导和调节自己的行为。

语言的指代意义和中介作用能丰富幼儿的间接经验，语言直接参与和促进理解能力、判断能力和推理能力的形成和发展。例如，只有理解和说出一定数量的词和句子，幼儿才能理解故事情节，想象故事展开的画面。

3. 促进创造思维的发展

创造思维是指根据一定的目的，运用已有信息，产生某种新颖、独特、有社会或个人价值的产品的过程。幼儿的创造思维主要借助想象来进行。语言的发展对幼儿创造思维的发展具有推动作用。语言的发展直接导致某些自造概念的出现。

语言的发展使幼儿创造性地运用语言成为可能。幼儿经常会根据学到的句子、故事、诗歌的结构，结合自己的生活经验、游戏或想象经验，自发地或在教师的指导下进行造句、仿编或表演故事、诗歌等，这些都是语言与创造思维结合的结果。

【案例 2-1】

诗歌《摇篮》[①]

蓝天是摇篮，摇着星宝宝。白云轻轻飘，星宝宝睡着了。

大海是摇篮，摇着鱼宝宝。浪花轻轻翻，鱼宝宝睡着了。

花园是摇篮，摇着花宝宝。风儿轻轻吹，花宝宝睡着了。

在学习诗歌《摇篮》后，幼儿在教师的鼓励下，仿照诗歌的语言结构进行仿编。其中一名幼儿仿编的诗歌如下：

蓝天是摇篮，摇着月宝宝。白云轻轻飘，月宝宝睡着了。

小河是摇篮，摇着虾宝宝。水草轻轻摇，虾宝宝睡着了。

大地是摇篮，摇着草宝宝。风儿轻轻吹，草宝宝睡着了。

---

① 余珍有.幼儿园语言领域教育精要：关键经验与活动指导［M］.北京：教育科学出版社，2015：6.

评析：

诗歌《摇篮》内容简单、富有情境感、语言节奏感强，适合幼儿学习和仿编。仿编第一句仅将诗歌中的星星替换为月亮，第二、三句不仅有场景的变化，大海和花园分别变成了小河和大地，而且角色也发生了变化，"大海—鱼—浪花""花园—花—风"分别变成了"小河—虾—水草"和"大地—草—风"。这样的仿编既是幼儿创造思维的表现，也是幼儿创造性地运用诗歌语言表达个人经验的表现。

（二）语言发展促进社会性发展

社会性是指个体在其生物特性基础上，与社会生活环境相互作用，逐渐掌握社会规范，形成社会技能，学习社会角色，获得社会性需要、态度、价值，发展社会行为，适应周围社会环境，由自然人发展为社会人的社会过程中所形成的心理特征。语言的发展既能帮助个体逐步发展对外部世界、他人和自己的认识，又能成为个体认识和理解社会规范的基础，同时在个体社会情感和社会行为形成过程中也起着重要的促进作用。

1. 提高社会交往能力

语言的发展使幼儿获得了与他人交流的工具。幼儿开始理解他人的语言，并从他人的语言中获取自己需要的信息。幼儿可以用语言讲述自己的感受和需要，让成人和同伴及时了解自己或引起他人注意。

语言可以帮助幼儿调节自己的行为。幼儿逐渐学会通过语言协商而不是发脾气或采用其他粗暴的行为来解决与他人的争端或冲突。

2. 促进自主性的发展

语言发展促进自我概念的形成。在语言产生之前，尤其在学会说"我"之前，个体还意识不到自己的心理活动和行为，更谈不上分析、调节自己的心理和行为。幼儿学会使用自己的名字，会使用"我的""我"之后，可以将自己当作主体来认识，使心理和行为表现出稳定的独特倾向，这时自我概念与自我意识才真正形成。

3. 促进亲社会行为的发展

语言发展可以帮助幼儿调节社会行为。在语言的参与下，幼儿开始认识和理解他人，掌握社会对个体行为的期待，以社会或群体的行为规范来指导和调节自己的行为。

语言发展对幼儿情绪情感发展具有重要影响。语言发展是幼儿社会交往的基础，交往能力的提高有利于幼儿与他人形成亲密的关系，使幼儿获得积极的情感体验，促进情绪情感的健康发展。在学习文学作品的过程中，幼儿可以通过移情、表演等方式获得关爱、快乐、悲伤等多种情感体验。文学作品中所蕴含的价值观还能发展幼儿的道德感、美感等高级情感。

二、幼儿园语言教育的基本类型

幼儿园语言教育活动既包括教师有目的、有计划组织的集体教学活动，也包括渗透在幼儿一日生活各个环节、游戏活动中的语言教育活动。基于幼儿园语言教育活动的不同性质、幼儿语言能力发展两个角度，幼儿园语言教育可划分为以下几种类型。

（一）基于不同性质教育活动的语言教育

1. 日常生活中的语言交往

随机渗透在日常生活中的语言交往，主要是指教师充分利用各种生活环节，给幼儿提供自由宽松的环境，鼓励幼儿积极进行语言交流，练习听、说、读的基本技能。

日常生活中的语言交往可以帮助幼儿学习在不同场合运用恰当的语言进行表述和交流，提高幼儿倾听、理解、表达、按语言指令行动的能力。成人可以通过日常交往了解幼儿语言发展的现状，在交往中为幼儿提供语言示范。同时又可将社会文化习俗的学习与语言的学习结合在一起。

2. 游戏活动中的语言学习

在各种游戏中，语言成为幼儿与同伴交往、合作、分享的工具，也成为幼儿选择游戏内容、游戏伙伴和游戏材料等的工具，还成为解决与同伴在游戏过程中出现的矛盾冲突的工具。

3. 集体教学活动中的语言教育

集体教学活动中的语言教育既包括专门的语言教育活动，也包括其他领域集体教学活动中渗透的语言教育活动。

（1）专门的语言教育活动

专门的语言教育活动是教师为幼儿提供与语言进行充分互动的环境，使他们有机会对日常生活中获得的零碎语言经验进行提炼和深化，达到对语言规则的理解和有意识地运用的活动。专门的语言教育活动根据既定的语言教育目标，由教师有计划有组织地安排幼儿系统地学习语言。

专门的语言教育活动包括谈话活动、讲述活动、听说游戏活动、文学作品学习活动、早期阅读活动等如表 2-1 所示。

表 2-1 专门语言教育活动的形式与内容 ①

序号	活动形式	内容
1	谈话活动	谈话活动是指教师有计划、有目的地引导幼儿围绕谈话主题，以问话或对答的形式与他人进行交流沟通的语言教育活动。谈话活动可以帮助幼儿学习倾听他人谈话、与别人交流的方式和规则

① 周兢. 幼儿园语言教育活动指导 [M]. 北京：人民教育出版社，2008：37-38.

续表

序号	活动形式	内容
2	讲述活动	讲述活动是指幼儿凭借一定的讲述对象（如图片、实物、情境），在相对正式的语言环境中，能用较为完整、连贯、清楚的语言，表达自己对某人、某物、某事的认知的独白语言活动
3	听说游戏活动	听说游戏活动是由教师设计并组织幼儿学习语言的规则游戏，它是有明确的语言学习目标和明确的语义内容的教学游戏活动
4	文学作品学习活动	文学作品学习活动是围绕幼儿文学作品而展开的，适合幼儿认知特点和接受能力的系列语言教育活动。主要包括故事活动、诗歌、散文活动等
5	早期阅读活动	早期阅读活动即通过图文并茂的图书或影像等资料，帮助幼儿从口头语言向书面语言过渡的一种教育方式。包括前阅读、前识字、前书写三方面的具体内容

（2）其他领域集体教学活动中渗透的语言教育活动

语言是幼儿学习和接受经验的工具，渗透在其他领域集体教学活动中的语言教育活动，可以帮助幼儿获得有益的语言经验，包括集中注意倾听教师布置的活动任务，学习借助语言进行观察和操作，思考事物之间的相互关系，学习表达对观察对象的感受和认识等，在语言学习与发展过程中进一步促进相关领域知识的掌握和能力的提高。因此，教师在对幼儿进行语言教育时不仅要关注专门的语言教育活动，还要重视更为广泛意义上的语言环境对幼儿语言发展的熏陶作用。

（二）基于幼儿语言能力发展的语言教育

幼儿的语言能力是在交流和运用语言的过程中发展起来的。依据幼儿语言能力发展的不同角度，幼儿园语言教育可分为：倾听活动、表达活动、阅读活动与书写活动。幼儿语言能力在发展过程中，主要借助身体感觉通道。倾听活动主要运用听觉器官，表达活动主要使用的是声带和口唇、舌头、鼻腔、咽喉等辅助器官，阅读活动主要依靠视觉，书写活动则需要手指、手腕、肘关节、眼睛等器官的协调参与才能完成。

《3—6岁儿童学习与发展指南》（以下简称《指南》）就是按照这种分类描述幼儿语言学习与发展目标的。其中"倾听与表达"的目标1"认真听并能听懂常用语言"指向倾听活动；目标2"愿意讲话并能清楚地表达"指向表达活动；目标3"具有文明的语言习惯"指向倾听和表达两类活动。"阅读与书写准备"的目标1"喜欢听故事，看图书"和目标2"具有初步的阅读理解能力"指向阅读活动；目标3"具有书面表达的愿望和初步技能"指向书写活动。

三、幼儿园语言教育活动的实施要求

幼儿园语言教育活动是指教师有目的、有计划、有组织地开展的、促进幼儿语言学习与发展的教育活动。在实施语言教育活动的过程中，教师要了解幼儿语言学习与发展的特点，创设适宜的语言学习环境。

（一）关注幼儿在日常生活中的语言交往

在幼儿语言能力发展中，语言运用能力的获得是核心。对于教师来说，幼儿语言学习与发展的首要任务是帮助幼儿成为积极的语言运用者，在交往中逐渐学习表达，在真实的学习和生活环境中扩展自己的语言经验。教师需要关注幼儿在日常生活中的语言交往，为幼儿提供支持和鼓励，吸引幼儿与教师、同伴或其他人交谈，保护幼儿运用语言交往的主动性和积极性，让他们在宽松而真实的语言运用情境中获得有效的语言经验。

（二）关注幼儿语言学习的特点，采用符合幼儿学习规律的方式组织活动

1. 在活动中学习语言

教师应创造一个和谐融洽的师幼互动环境，让幼儿在轻松愉快的学习氛围中交流，采用灵活多变的教学方法，激发幼儿运用语言交往的兴趣，让幼儿在活动中学习，在学习中活动。

2. 在游戏中学习语言

语言来自交往的需要，而游戏是幼儿交往的重要途径之一，游戏为幼儿说话提供了交往的情境和动机。在游戏中，幼儿产生用语言来表达自己的需要以及用语言解决问题的愿望，他们必须想办法表达自己的想法和愿望，学习建构自己的表达方法，学着说各种各样的话。

在游戏中，同伴之间的交往和相互影响为幼儿语言的学习与运用提供了反馈（包括自我反馈和他人反馈）、支架（模仿、修正和澄清），促进幼儿语言理解和表达能力的发展。

（三）创设高质量的早期阅读环境，帮助幼儿做好终身学习的读写准备

幼儿阶段是口头语言发展的关键时期，是幼儿建立语言符号系统的关键时期。幼儿的口语发展水平是阅读能力的重要基础。幼儿园的早期阅读活动需要在帮助幼儿获得高质量的口语词汇、口语表达和倾听理解能力的基础上，提供机会让幼儿获得前阅读、前识字、前书写的经验，从而为进入小学之后的正式读写学习做好经验准备。

教师应在丰富幼儿口语的过程中培养幼儿对语音和语法的敏感性，提供丰富、适宜的低幼读物，经常和幼儿一起看图书、讲故事，丰富其语言表达能力，培养其良好的阅读兴趣和习惯。

教师应在生活情境和阅读活动中培养幼儿对文字的兴趣，机械记忆、强化训练和过早识字不符合幼儿的学习特点和接受能力。

（四）重视支持性语言教育环境的创设

1. 支持幼儿语言学习的个别需要

幼儿语言发展既有人类语言发展的一般规律，又有明显的个体差异，教师在

教学过程中要注意观察幼儿的语言发展情况。在日常活动中，教师要随时记录每一位幼儿的语言发展情况，根据幼儿的个体差异，适当地调整教学计划，使其更适合幼儿的发展水平。

2. 支持幼儿开放而平等的语言学习

教师应为幼儿创设一个良好的语言学习环境，教师既是支持者又是平等的交流者，应该支持、鼓励、吸引幼儿与教师、同伴或其他人交谈，体验语言交流的乐趣。幼儿在学习过程中有权利通过不同的方式探索如何使用语言，在幼儿需要帮助时，教师应给予适宜的指导。

【走进幼儿园】

目前，许多幼儿园在语言教育过程中存在只看"课"的问题，即教师的关注点基本集中在专门的语言教育活动上，教育行政部门、教研部门和园长也比较注重监督检查这些专门的语言教育活动。

请结合幼儿园语言教育活动实施的基本要求，谈一谈你对这种现象的看法。

任务二　幼儿园语言教育的基本观念

【任务目标】

1. 理解幼儿园语言教育的基本观念。

2. 学会科学地运用幼儿园语言教育基本观念。

3. 能够借助幼儿园语言教育的基本观念分析幼儿园语言教育实践中存在的问题。

幼儿园语言教育的基本观念是贯穿幼儿园语言教育全部过程的指导思想，直接影响着幼儿园语言教育的效果。幼儿园语言教育是什么？幼儿园语言教育与幼儿园其他领域的教育有什么关系？如何实施幼儿园语言教育？这是幼儿园语言教育的三大基本问题，对这些问题的回答构成了幼儿园语言教育的基本观念，即完整语言教育观、整合语言教育观和活动语言教育观。

一、完整语言教育观

完整语言教育观是指幼儿园语言教育目标是完整的，幼儿园语言教育内容是全面的，幼儿园语言教育的过程是真实的、形式多样的。

（一）幼儿园语言教育目标是完整的

完整的幼儿园语言教育目标包括培养幼儿听、说、读、写四个方面的情感态度、认知和能力，其中倾听与表达能力是重点。幼儿能认真听并能听懂常用语言，愿意讲话并能清楚地表达，养成文明的用语习惯，这些应该作为幼儿园语言教育的重点。阅读与书写能力在幼儿期还处于准备阶段，重点在于培养幼儿对听故事、看图画书的兴趣，使幼儿具有初步的阅读理解能力，具有书面表达的愿望和初步技能。

（二）幼儿园语言教育内容是全面的

全面的幼儿园语言教育内容是指在幼儿园语言教育中，教师既要引导幼儿学习口头语言，也要引导幼儿学习书面语言；既要让幼儿理解和运用日常交往语言，也要引导幼儿学习文学语言。幼儿园语言教育内容在选择和编排时也要注意完整性和关联性，听、说、读、写的内容都要有，而且字、词、句子的学习要循序渐进，联系起来学习。例如，可以用字组词，并把词安排在句子中进行学习，赋予句子具体的语用情境，帮助幼儿更好地理解和掌握词的含义。另外，教师还要了解幼儿的语言现有发展水平，考虑幼儿语言能力发展的自然顺序，有机地联结语言和文学，让幼儿在文学作品中学习相关的语言知识，培养幼儿运用语言的能力，统整听、说、读、写。教师还要充分考虑幼儿园语言学习与其他领域内容学习的整体关系。

（三）幼儿园语言教育的过程是真实的、形式多样的

幼儿园语言教育目标和内容要求幼儿园语言教育过程的真实性和形式多样性。真实性是指教师在组织活动时应着眼于创设真实的双向交流情境，使语言教育过程成为教师与幼儿共同建构的、积极互动的过程。教师首先要了解幼儿的交流需要，有的放矢地给予帮助，激发幼儿使用语言与人交流的动机。形式多样是指语言教育过程应当有多种活动形式，既要有重在训练幼儿发音的活动，也要有重点培养幼儿运用已有经验进行集体或个别交流的活动；既要有让幼儿欣赏文学作品的活动，又要有给幼儿机会表现文学作品情节的表演活动等。[①]

二、整合语言教育观

整合语言教育观意味着把幼儿语言学习看成一个整合的系统，充分意识到幼儿语言发展与认知、情感社会性等方面的发展是整合一体的关系。在开展语言教育的过程中，教师应始终将语言教育看作幼儿园教育整体中的一部分，加强幼儿园语言教育与其他领域教育之间的联系，对幼儿进行纯语言教学的做法已不合时宜，应当摒弃。

（一）语言教育目标的整合

整合语言教育首先体现在语言教育目标的整合上。在制订语言教育目标时，教师既要考虑完整语言各组成部分的情感、能力和知识方面的培养目标，也要考

---

① 周兢，余珍有.幼儿园语言教育［M］.北京：人民教育出版社，2004：37.

虑语言教育可以实现哪些与语言相关的其他领域的目标，同时还要考虑哪些语言教育的目标可以在其他领域的教育中得以实现，使语言教育目标成为以促进幼儿的语言发展为主线，同时促进幼儿其他方面发展的整合的目标体系。

（二）语言教育内容的整合

幼儿语言发展有赖于社会知识、认知知识和语言知识三种知识的整合。因此，幼儿园语言教育内容是以这三种知识为主的整合。语言教育内容的整合，要求教师在设计、选择教育内容时，充分考虑社会知识、认知知识和语言知识的有效结合。在这里需特别指出，语言教育内容的整合是渗透在教育各个方面的语言学习机会的整合。正如语言教育中融有其他领域的教育一样，其他领域的教育也从不同角度对幼儿语言学习提出了要求，训练幼儿在不同情境、不同活动性质下的语言应变能力。

（三）语言教育方式和手段的整合

语言教育方式和手段的整合是确保语言教育整合取得应有效果的关键。语言教育方式和手段的整合是指教师在组织语言教育活动时，可以通过多种活动方式和手段来解构语言教育内容，避免方式和手段单一，将不同的符号系统交叉运用于幼儿语言学习中，通过游戏、动作、音乐、戏剧、绘画、角色扮演等各种手段，以及动脑、动口、动眼、动耳、动手等各种途径获得亲身体验。在语言教育实践中，不同的语言学习内容可以选择相同的活动组织方式，例如，讲述、早期阅读、文学作品学习等，都可以采用表演的方式；同一个语言学习内容也可以选择不同的活动组织方式，例如，同一个文学作品学习活动既可以采用欣赏的方式，也可以采用表演的方式。无论采用哪种方式，教师都要充分考虑活动组织方式与活动内容的适宜性。

（四）语言教育情境的整合

语言教育情境的整合是指将各种语言教育情境进行整合。如墙面环境的布置、区域的布置、与幼儿当前语言学习经验有关的活动等，这些都是教师需要考虑的语言教育要素。但是，有的教师比较关注墙面环境的精致、美观，而较少思考如何在围绕主题创设的墙面环境中发挥语言信息功能，引发幼儿说话的愿望。例如有的幼儿园开展"了不起的中国人"主题活动，但是幼儿园班级的环境创设却没有反映该主题的内涵，也没有反映语言教育的内容，这样的整合是不适宜的。①

（五）语言教育资源的整合

语言教育资源的整合是与教育内容紧密相关的，教育资源中蕴含了多种教育内容。霍姆林斯基曾说"不要让学校的大门把儿童的意识与周围世界隔绝起

① 邹敏.幼儿园语言教育理论与实践［M］.北京：化学工业出版社，2014：18.

来"[1]。教师要积极拓展语言教育的空间，将其中包含了语言教育资源的幼儿园、家庭和社区丰富的自然与文化资源，充分地加以运用，并进行有机地整合，使它们真正协调一致地对幼儿语言发展产生积极的、有效的影响。

三、活动语言教育观

活动语言教育观是指发挥幼儿学习语言的主观能动性，以活动的方式来组织幼儿的语言教育过程。[2] 活动语言教育观具体体现在教育过程中，要求教师提供让幼儿充分运用语言的机会，鼓励幼儿以多种方式运用语言，发挥幼儿在运用语言过程中的主体地位。

（一）为幼儿提供充分运用语言的机会

幼儿语言发展是通过幼儿与外界环境中各种语言和非语言材料交互作用逐步获得的。这些材料和信息不应由成人灌输，而应由幼儿通过自身积极与外界互动而主动获得。语言教育活动便是引导幼儿积极地与环境中的语言及其相关信息进行相互作用的过程。

（二）通过多种形式的操作，促进幼儿语言的发展

幼儿认知发展的显著特点是通过自身的操作活动与环境交互作用。因而，操作活动同样也是幼儿园语言教育的组织形式。用活动的形式来组织语言教育过程，意味着幼儿可以在动手、动脑、动口的学习过程中获得亲身体验，也意味着幼儿更有兴趣、更积极主动地投入学习过程，还意味着幼儿在学习中同时进行动作表征、形象表征和概念表征三种层次水平的练习，更好地掌握学习内容。

（三）体现幼儿在语言学习活动中的主体地位和发挥教师的主导作用

幼儿的主体地位体现在所有的活动设计应充分考虑并适应幼儿的发展水平和需要，为每个幼儿提供适合他们发展特点和需要的环境条件。教师的主导作用体现在创设良好的语言教育环境（语言材料、操作材料、适当的情境与氛围等），促进幼儿与语言材料、信息材料交互作用；提供多种方法（提示、提问、示范、讲述等），引导幼儿感知、探索，完成学习任务；尊重幼儿个体发展的差异性，给予有针对性的指导。

【案例 2-2】

怎样做好一个"小老师"

一天，菲菲找到王老师说："老师，今天我想教小朋友们折小兔子，可以吗？"王老师欣然同意。菲菲马上在手工区兴奋地教起周围的幼儿。但她示范动

① 苏霍姆林斯基.给教师的建议［M］.杜殿坤，编译.北京：教育科学出版社，1984：189.
② 胡秋梦，罗腊梅.幼儿语言教育与活动指导［M］.天津：南开大学出版社，2019：14.

作太快，语言表达也不清楚，参与学习的幼儿一脸迷茫。当时王老师并没有打断她，而是想引导她根据别人的反应进行自我调整。果然，一会儿工夫，菲菲就被幼儿围起来，问这问那，菲菲有些应接不暇了，急忙找王老师商量："老师，我再讲一遍吧！他们怎么都不会？"王老师笑着说："别着急，想想他们是没看清，还是没听明白？"菲菲想了想说："要不我讲慢些？"王老师说："好！那你试试吧！"这次，菲菲放慢了演示的速度，"你们看，折的时候要先这样、再这样"，有时还高高举起手中的折纸让大家看。最后，幼儿都高兴地举着小兔子互相展示，菲菲也感受到成功的喜悦。

评析：

以上案例发生在自由活动时间，并不是专门的语言教育活动时间。我们可以看到，幼儿语言能力的提升不仅仅发生在集体教学活动中，更多地发生在一日生活的真实情境之中。在真实的情境中，幼儿的听、说和理解能力都得到了有效锻炼。幼儿在交流过程中理解其他幼儿的感受，修正自己的讲授方式。幼儿在向其他幼儿讲授如何折纸的过程中，语言、情感和认知能力得到发展。在整个过程中教师只是以协助者的身份参与其中，帮助幼儿完成教其他幼儿折纸的愿望，并没有代替幼儿完成工作，给予幼儿充分的信任和支持。

【走进幼儿园】

王老师在实施语言教育活动"小白兔"时，分别组织幼儿观察小白兔，阅读关于小白兔的故事、诗歌，开展"假如我是小白兔"的谈话，模仿小兔子蹦跳的动作以及画小兔子等活动。

以上体现了王老师秉持什么样的幼儿园语言教育观念？

项目小结

通过本项目的学习，可以明确幼儿园语言教育的内涵与价值，认识不同类型的幼儿园语言教育，明晰幼儿园语言教育的实施要求与幼儿园语言教育的基本观念。

通过本项目的学习，能够根据幼儿语言发展的基本特点与规律，选择、组织适宜的语言教育活动，并能主动观察、分析幼儿园语言教育实践中存在的问题，积极践行科学的语言教育观。

思考与实训

实训主题

第二语言的学习是文化多元社会中个体发展的重要内容，学习第二语言有助于个体认知和社会性的发展，也有助于推动不同文化之间的交流。在我国，针对幼儿的第二语言教育主要是英语教育，其目标被界定为在学好母语的前提下培养幼儿的英语学习兴趣，帮助幼儿建立初步的英语语感，引导幼儿通过感悟不同文化而获得多元文化的概念。在幼儿园开展第二语言教育已成为满足时代发展要求和促进幼儿全面发展的重要手段，幼儿英语教育也从学校英语教育中分化出来，成为一个独立的教育实践领域。幼儿阶段是个体语言发展的关键期，针对第二语言学习日趋低龄化的问题，请你就如何在幼儿园开展第二语言教育进行专题研讨。

实训流程

1. 做好实训准备：以小组为研究单位，围绕专题"幼儿第二语言教育的原则与策略"查阅相关文献。

2. 围绕专题，选取幼儿园实地调查研究。

3. 撰写研究报告，并制作汇报 PPT。

4. 分享研究报告。

（1）各研究小组代表发言。

（2）师生围绕热点问题深入研讨。

5. 教师总结评价。

推荐
阅读

☞推荐阅读资料包

王萍 . 英美全语言教学理念及实践对我国幼儿园语言教学的启示 [J] . 外国教育研究，2007（4）：67–71.

全语言教学又称整体语言教学，是近年来语言教育界较为重要的一种理论思潮。全语言教学是一种视儿童语言发展与语言学习为整体的思维方式，是一种新的语言教学观念，其主要理念为语言是一个整体，不应当被肢解，语言应当回归真实世界。全语言教学尊重学习者作为一个完整个体去学习整体的语言，强调语言既是儿童学习的对象，也是学习的工具。全语言教学理念对世界许多国家的语言教学产生了巨大影响。

项目三　幼儿园语言教育中的幼儿与教师

内容导读

　　语言是一门艺术，也是幼儿园教师日常开展保教工作的一种重要工具。幼儿园教师语言具有特殊性，作为幼儿语言发展的引路人，其语言要科学、规范，还要兼具生动性、形象性。本项目主要阐述幼儿园教师语言对幼儿发展的影响、幼儿园语言教育中教师与幼儿的角色、幼儿园教师语言的基本要求，旨在帮助学习者了解幼儿园教师语言与幼儿发展的关系，掌握幼儿园教师语言的特殊标准，并能在语言教育活动中适时进行角色转换。

思维导图

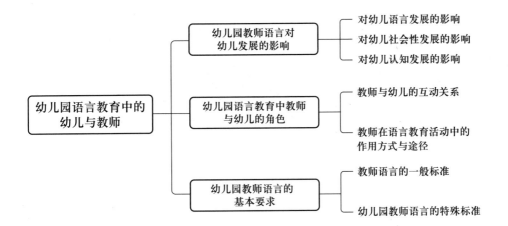

📝 项目目标

1. 了解幼儿园教师语言对幼儿发展的影响以及教师与幼儿的角色互动关系。
2. 理解幼儿园教师在语言教育活动中的作用方式与途径。
3. 掌握幼儿园教师语言的基本要求。

🎞 情境导入

　　某位幼儿园教师在组织游戏活动时说："小朋友，（内个）今天（啊）你们想不想玩一个游戏（呢）？（内个）游戏的名字叫作'数字在一起'。（内个）游戏规则老师说一个数字（啊），（那个）请小朋友（啊）按照数字互相拥抱（啊）。（内个）比如说（啊，站好）我说'3'，（那么）就请3个小朋友互相拥抱（昂）"。

　　讨论：案例中幼儿园教师的语言会对幼儿产生什么样的影响？

任务一　幼儿园教师语言对幼儿发展的影响

【任务目标】

1. 了解幼儿园教师语言对幼儿语言、社会性和认知发展的影响。
2. 运用幼儿园教师语言的示范教育性提高幼儿的语言交流能力。

一、幼儿园教师语言对幼儿语言发展的影响

皮亚杰以认知理论为基础，提出先天与后天相互作用论，认为语言是天生的能力与客体相互作用的结果，主要通过同化、顺应获得语言。在幼儿园这个环境中，教师的语言影响着幼儿语言的发展。

教师语言对幼儿发音清晰、表达流畅具有示范性作用。在整个幼儿阶段，无论是日常生活中的交流，还是保教活动中的讲解，教师的一言一行都具有示范性。在日常生活中，幼儿不断地在与教师、同伴的交流中锻炼语言表达能力。在保教活动中，教师通过简洁、明了的语言给幼儿讲解发音、字词。

幼儿期是语言发展，特别是口语发展的重要时期，良好的语言氛围、范型十分重要。教师良好的语言素养可以丰富幼儿的语言词汇，形成正确的语言表达形式。词汇是构成语言的基本材料，丰富的词汇能准确、清晰地表达幼儿的想法。幼儿从咿呀学语到单词句、电报句再到完整句，主要得益于词汇量的增加。日常师幼互动中教师规范化、生动、形象的语言，不仅让幼儿在生活中学习词汇，还能让幼儿感受语言的魅力。教师若是语言贫乏，幼儿则会丧失丰富词汇的重要途径。

教师知识水平、生活经验高于幼儿，幼儿常常将教师当作"权威"，在游戏与生活中模仿教师的语音、表达习惯等。例如，有些教师经常使用倒装语句"去操场了我们""吃早饭了吗你们"，幼儿在潜移默化中也受到影响。有些教师口头禅较多，说话时会分散幼儿的注意力。又如，教师随口一句脏话可能就会被幼儿模仿学习。因此，教师要严格约束自己的言行，使用普通话与幼儿交流，不说脏话。

教师语言在有意无意中影响着幼儿语言习惯的养成。因此教师要时刻注意自己的语言，在日常生活中也应用生动形象、富有感情的语言与幼儿交流，让其感受语言的优美。

【案例 3-1】

王老师组织了一次语言教育活动，让幼儿学习 a、o，并认识声调符号。首

先，王老师示范并讲解发音，例如，a音"发音时，口打开、舌位低、舌头居中央"；其次，指导幼儿练习发音；最后，进行同音词汇游戏，王老师让幼儿体会声调不同、音不同，实际的词汇就不同，含义也不同。

评析：

案例中的教师根据幼儿的身心发展特点组织语言领域的教学活动。在教学活动中教师通过示范让幼儿模仿学习a、o的发音。除此之外有目的、有计划地创设语言教育环境，使幼儿在游戏中反复练习语音，从而达到吐字清晰、语调平和的目的。

二、幼儿园教师语言对幼儿社会性发展的影响

语言是人际交往的重要工具，也是教师与幼儿互动的桥梁。幼儿进入幼儿园后交往环境改变，交往范围扩大，幼儿需使用语言工具才能更好地交流思想、表达情感。教师在入园、离园环节，都会主动向幼儿问好、说再见。在幼儿入园后教师也会与幼儿进行交谈，例如，教师会问幼儿"你周末去哪里玩儿了"。教师与幼儿日常的沟通使幼儿学会表达自己的感受；在与同伴交往的时候，幼儿能用恰当的语言表达自己的想法，与同伴协商，从而减少同伴冲突。

幼儿在与教师相处的过程中可以从教师身上学习语言交流的方法和技巧。例如，适应能力较强的小班幼儿会轻声细语地安慰并轻拍有入园焦虑的同伴"别哭啦，吃够三顿饭妈妈就来接啦！""太阳公公一下山我们就回家啦，很快的！别伤心"。

教师的指令性语言能让幼儿理解游戏规则、班级规则、语言交往规则，使幼儿在合适的时间做适时的事，例如，幼儿与同伴产生冲突，教师会引导做错的幼儿说"对不起"。游戏规则是幼儿在游戏中需要遵守的，教师用语言解释游戏的玩法与规则，幼儿也学会用语言要求同伴遵守规则或与同伴商讨改变游戏规则，使游戏进行下去。

三、幼儿园教师语言对幼儿认知发展的影响

语言是一套符号系统，有信息传递、表达思想等功能。教师语言为幼儿学习提供重要的信息，还影响幼儿观察、记忆、思考、想象、判断等认知能力的发展。在观察活动中，教师一般会告诉幼儿观察目标、观察任务等，使幼儿明确观察对象，有目的、有计划地进行观察。当幼儿游离于观察目标之外时，教师可通过语言提示将其注意力拉回。例如，教师在观察前告诉幼儿观察目标是"今天大家要观察自己带来的热带鱼"；在观察过程中，教师提醒幼儿"热带鱼都是什么颜色？"，使幼儿集中注意力进行观察。教师语言还能引导幼儿按一定顺序关注观察目标的部分特征，例如，教师在指导幼儿观察绘画作品时，说"请小朋友们

从左到右认真看一看"。另外，在活动中，教师的语言提示还能帮助幼儿回忆已有经验并用于解决新问题。

教师语言能引发幼儿积极思考，提升语言技巧。幼儿思维和语言的发展是紧密联系的，不同年龄段的幼儿语言水平不同，其思维发展水平不一样，对问题的理解能力也不同。例如，中国文化博大精深，汉语在不同的情境中表达的意思各不相同，如小班幼儿将"吃醋"简单地理解为吃饺子时吃醋，不理解吃醋还有嫉妒的意思。教师的教学语言应该与幼儿的语言水平、年龄特征和生活经验相适应，不能只关注语言教育活动的形式，而要注意调整词汇和句子结构以符合幼儿的语言水平，提出的问题要与幼儿的年龄特征、生活经验相适应。

教师积极的、鼓励性的语言可以影响幼儿的认知，增强幼儿的自信心，幼儿在良好的情绪状态下记忆效果好，思维活跃。

【走进幼儿园】

教师在教学活动中经常提问幼儿封闭式问题，如"今天想不想听老师讲故事？""小蝌蚪的妈妈是谁？""你想不想试一试？"。显然封闭式问题并不能促进幼儿深入思考。高水平的教师语言能促进幼儿语言、思维等方面的发展，教师应减少无意义、没营养的语言。

请思考什么是高水平的教师语言？教师在教学活动中如何表达才能促进幼儿深度思考？

任务二　幼儿园语言教育中教师与幼儿的角色

【任务目标】

1. 了解幼儿园中教师与幼儿的互动关系。

2. 学会根据活动类型选择适宜的师幼互动关系。

3. 掌握教师在语言教育活动中的作用方式与途径。

一、教师与幼儿的互动关系

幼儿园语言教育活动类型多样，教师在各类活动中的作用和角色不尽相同，一般来说教师与幼儿在语言教育活动中存在着指导互动、引导互动、中介角色互动三种互动关系。

（一）指导互动关系

教师与幼儿的指导互动关系存在于教师参与成分较多的活动中，主要体现教师的主导作用，由教师对语言教育的环节和进程进行把控。此类关系中，教师的

☞幼儿园教师与幼儿的指导互动关系

指导作用明显，往往是直接的，在活动中教师占据主导地位。指导互动关系通常出现在以下几种情况之中：

一是所学内容需要激发幼儿的兴趣和学习意愿，引导幼儿动脑筋思考。例如，在学习一首新的幼儿诗歌《春蚕》时，教师展示、模仿诗歌中的小动物形象——蚕宝宝，或借助道具激发幼儿的参与兴趣，促进幼儿对诗歌的理解。在这个以学习新知为主的语言教育活动中，教师的指导成分较高。

二是幼儿认知水平不高，若需要接受较多的新知识，则需要教师着重进行知识讲解，即教师参与指导程度较高。例如，在语言教育活动"蒲公英"中，幼儿对蒲公英有简单的印象，但对其生长方式、种子的传播方式、食用或者药用价值等方面了解不多，此时教师可以对幼儿进行知识讲解，使幼儿理解关于蒲公英的较全面的知识。

三是内容较为困难、复杂，幼儿不易接受时，教师参与指导的成分较多。例如，语言教育活动"十二生肖"，幼儿虽对十二生肖有所了解，有一定的知识经验，但还不够全面，同时也不了解其中的故事以及背后的我国的民俗传统，此时教师主要以讲解、展示等方式，向幼儿讲述有关十二生肖的典故，加深幼儿的理解。在该活动中，以教师讲述为主，幼儿倾听行为较多。

（二）引导互动关系

教师与幼儿的引导互动关系存在于教师参与成分较少的活动中，教师充分给予幼儿空间进行探索，主要体现幼儿的主体地位。教师引导幼儿走入学习情境之中，在适当的时机给予引导或者点拨，逐步培养幼儿独立探索的能力，进而完成学习任务。引导互动关系通常出现在以下两种情况之中：

一是在以幼儿为本位，强调幼儿自主探索的低结构活动中，教师仅仅提供一些建议，或提供相应的物质条件、相关情境，主要活动环节由幼儿自主展开。例如，教师在活动室中创设"阅读区"，准备符合幼儿学习经验的故事书、绘本等读物，放置相关的道具、材料等，提供安静、舒适、自由的阅读氛围，引导幼儿在阅读的过程中产生探索的欲望，积极地与同伴进行交流，这样不仅有助于幼儿加深对故事的理解，也培养了幼儿的独立思考能力以及表达能力。

二是当教师发现幼儿在活动过程中，遇到困难、问题，需要教师的帮助时，教师适时地给予引导、帮助。例如，在文学作品创编活动中，教师为幼儿创建了阅读情境，设置了相关道具，有助于幼儿在此情境中推进故事情节，但当幼儿遇到创编故事情节受阻的情况时，教师要适当予以引导，使幼儿的活动朝正确的方向展开。

由此可见，在此类互动关系中，教师在整个活动过程中参与成分较少，主要以观察和适时的指导为主，保证幼儿的活动能够顺利地进行下去。

（三）中介角色互动关系

教师与幼儿的中介角色互动关系是指教师与幼儿在活动中，以角色、道具为中介进行交流的互动关系。所谓中介角色，可以是利用道具或者玩具比拟活动中的某些角色；也可以是教师或幼儿扮演活动中的某些角色，参与活动。此类中介角色的特点较为相似，都具有表演性，是十分鲜活的、有情感的形象，这些形象可以是教师通过道具表达的，也可以是教师或者幼儿通过角色扮演表现的。例如，教师给幼儿讲解故事《爱惜粮食》，教师可以扮演故事中"老奶奶"这一角色，拿起拐杖和粮食的道具，站在故事主人公的视角，给幼儿讲述故事；又如，学习故事《小狐狸来做客》，教师可以用小狐狸玩具或者图片，赋予这些道具故事中角色的功能，以小狐狸角色进行活动导入："今天我们班来了一位新朋友，看！是小狐狸，它到我们班级来做客啦，小朋友们欢迎它吗？"在增加趣味性的同时，多了小狐狸这样一个中介性的活灵活现的角色，可以提升幼儿的活动兴趣和视听愿望。

中介角色的加入使整个活动不再仅仅是教师和幼儿之间的对话交流，而可以借助这些生动活泼的中介角色传达一些有效信息，幼儿能从中介角色中体会到语言活动的趣味性，同时也掌握了故事内容，教师将角色的趣味性、灵活性与学习内容融为一体，大大增加了幼儿对语言活动的兴趣，幼儿也会在语言活动中获得更加丰富的体验。

在幼儿园语言教育活动中，教师要根据实际情况，判断与幼儿的互动关系，有的放矢地进行教育，以促进幼儿语言的发展。

二、教师在语言教育活动中的作用方式与途径

教师在语言教育活动中的角色和作用不可忽视。在幼儿园的语言教育活动中，教师不仅在一定的互动关系结构下对幼儿的活动产生影响，而且还会通过具体的方式和途径对幼儿的学习发生作用。

（一）讲述

讲述是教师以促进幼儿语言发展为目的，以语言为手段，完整地阐明某个事件的主要逻辑与顺序，使幼儿有效接收信息的语言交流活动。教师可以通过讲述的方式，向幼儿传达信息、介绍规则、教给幼儿具体的活动内容等，这是教师语言的一种最基本的表达方式。

从讲述特点来看，讲述可分为叙述性讲述、描述性讲述。

叙述性讲述是指教师通过语言叙述事件的发生、发展，人物的行为、经历，要有逻辑地说明事件的起因、经过、结果。教师要采用简洁、易懂的形式向幼儿讲述，不能过于烦琐。

描述性讲述是指教师用生动形象的语言描述人或物的状态、动作、特征等。例如，教师给幼儿描述动画片中"亚古兽"的长相，"大大的脑袋，眼睛绿油油的，像一块绿宝石，牙齿看上去十分锋利，爪子尖尖的、长长的……"，通过教

师的生动描述，幼儿在倾听的同时进行想象，有利于幼儿学会抓住事物的特点进行描述。

从凭借物的特点来看，讲述可以分为看图讲述、实物讲述、情境讲述、经验性讲述。

看图讲述是指教师利用单幅、多幅图片，向幼儿进行讲解的语言活动，在这个过程中，教师需要帮助幼儿观察和理解图片，促进幼儿对故事情节的衔接和想象。例如，在语言活动《捉蝴蝶》中，教师可以通过蝴蝶的相关图片向幼儿边讲述边展示，幼儿在听教师讲述的过程中，眼前闪过活灵活现的蝴蝶，不仅可以激发幼儿的兴趣，同时也能锻炼幼儿的观察能力和想象能力。

实物讲述是指教师凭借实物，如物品、道具、玩具等，向幼儿讲述，具有真实性、可观察性的特点。例如，教师在游戏中使用一个乒乓球和一个篮球，向幼儿展示球的体积的大与小；接着展示弹力的大小。在实物展示过程中，幼儿能够获得真实的感受和体验，从而加深对事物的认识。

情境讲述是指教师创设一定的情境，幼儿参与扮演其中的角色，凭借对角色和情境的理解进行讲述。例如，语言游戏《小动物爱吃饭》，教师引导几个幼儿扮演小狗汪汪、小猫桃桃、小兔啵啵、小熊哼哼等，这几个小动物在进餐时遇到一个"食物转盘"，怎样才能吃到自己想吃的食物呢？小动物们要分别进行自己的"闯关任务"，如读绕口令、表演儿歌等，完成任务即可拿到想吃的食物；接下来进入游戏的幼儿也要分别戴上小动物头饰"闯关"，拿到食物，直到游戏结束。可以看出，教师在将幼儿置于游戏情境中讲解游戏规则时，不仅生动形象，引发幼儿的兴趣，也使幼儿更易于理解游戏规则。

经验性讲述是指幼儿在教师的指导下，根据已有的生活经验，完整地讲述自己的所见所闻或一些有趣的事。例如，语言活动《我是助人为乐的好宝宝》，教师在讲述了奇奇助人为乐的事迹后，引导幼儿回忆自己在幼儿园有没有帮助过其他小朋友，让幼儿组织语言并且复述出来。在这个过程中，幼儿结合自身的经验，组织语言讲述事件的始末，在提高认知能力的同时也增强了语言的逻辑性和完整性。[①]

（二）朗诵

朗诵是指用响亮有力的声音结合语言手段来完整地表达作品思想感情的一种语言艺术。教师朗诵不仅可以加深幼儿对作品的理解，还可以培养幼儿的语感及共情能力，增强幼儿的艺术鉴赏能力等。教师的朗诵应注意以下几个方面：

首先，选择适宜幼儿认知水平的文学作品进行朗诵，幼儿认知水平有限，朗诵的作品不宜过难、过繁。教师应选择与幼儿年龄相适应的读物，例如，诗歌

① 张天军.学前儿童语言教育［M］.上海：复旦大学出版社，2012：58-68.

《太阳公公》，诗歌整体难度不高，内容较短，比较适合小班幼儿。

其次，教师应根据文学作品的内容选择适当的方式进行朗诵。不同作品的文学色彩不同，或平缓、或激昂、或抒情、或悲伤，教师在朗诵时，要深刻理解作品的含义，以恰当的情绪表达作品的情感，使幼儿沉浸在作品的氛围中。

最后，教师朗诵的目的在于激发幼儿的兴趣，在朗诵时应尽量调动幼儿的情绪和注意力，不要用大量的动作和手势喧宾夺主。例如，教师在为小班幼儿朗诵《太阳公公》这篇诗歌时，教师要考虑到太阳公公不超过小班幼儿的已有认知，是幼儿易于理解的内容；另外，教师朗诵时应注意声音的温婉动听，用积极向上的情绪讲述太阳公公和勤于做操锻炼的宝宝，同时带动幼儿的情绪和兴趣，激发幼儿对作品的期待与热情。

附:《太阳公公》

太阳公公起得早，

他怕宝宝睡懒觉，

爬上窗口瞧一瞧，

咦，宝宝不见了！

宝宝正在院子里，

一二三四做早操，

太阳公公眯眯笑，

宝宝是个好宝宝！

（三）提问

提问是指教师在语言教育活动中，针对具体的事件向幼儿提出问题，促使幼儿开动脑筋思考问题，得出结论并加深对问题的理解。教师提问应遵循有效提问的原则，做到以下几点：

☞语言活动中
教师的提问
策略

首先，教师提问要与幼儿的学习背景相结合，考虑幼儿的认知发展水平，结合语言教育活动的内容，向幼儿进行提问。例如，在学习儿歌《听雨》的过程中，教师可以由简单问题入手，循序渐进地提问："小朋友们听过下雨的声音吗？""你们谁能模仿一下这首儿歌中描写的雨的声音？"而不能直接提问"你们知道雨是怎么来的吗？"这样的问题超出幼儿认知，不仅影响教师接下来教学环节的开展，也会打击幼儿的自信心。

其次，教师提问要以发展幼儿思维为目的，问题不能局限于"对不对？""是不是？""好不好？"等封闭性问题，而应多设置一些开放性问题，促使幼儿思考，组织语言回答问题。例如，在语言活动"谁躲起来了"中，教师提出："你觉得明明的做法怎么样？""明明哪里做得好？"等开放性问题，引发幼儿的判断和思考，组织语言进行回答。

最后，教师提问可以与追问相结合，在幼儿回答问题的基础上进行有效追问，促使幼儿再度思考。这样做不仅可以有效发散幼儿的思维，同时也能加深幼儿的记忆。例如，学习寓言故事《迷人的孔雀》，教师提出"故事中的孔雀对自己的羽毛满意吗？""它是怎么做的？""它最后得到满意的羽毛了吗？""小朋友们觉得它的做法怎么样？""如果你是这只孔雀的朋友，你想对它说些什么呢？"等问题，这些紧密围绕故事情节展开的提问，使幼儿不仅能回忆故事的情节发展，也能再度思考故事中主人公的做法，表达自己的见解，在加深记忆的同时也发散了思维。

提问的类型有很多，但无论以哪种形式进行提问，教师都要保证提出的问题是明确的，要结合幼儿的认知发展水平，不能过于烦琐、复杂，每次的问题也不宜过多。另外，教师也要保证问题的启发性和引导性，做到有效提问。

（四）建议

建议是指幼儿在活动中出现疑问时，教师通过语言向幼儿提供思路，帮助幼儿采取适当的方式进行下一步的活动。在幼儿园语言教育活动中，教师的建议主要表现为两种形式，即直接建议和间接建议。直接建议是指在活动中幼儿根据教师的要求去做，例如，幼儿面临童话剧表演的角色选择时，教师可以直接建议幼儿尝试扮演某一角色，但直接建议不意味着教师强制幼儿选择，而是考虑幼儿的性格、发展特点、认知程度等因素作出综合考量，再向幼儿提出建议。间接建议与直接建议不同，是指教师间接地采用其他方式向幼儿提出建议，教师可以采用语言的提示，如自言自语，也可以通过角色扮演，以角色的身份参与活动，给予幼儿相应的建议，指引其活动发展的走向。例如，活动"小蚂蚁过河"，幼儿在表演过程中不知道用什么当作过桥的道具，此时教师充当故事中的角色帮助幼儿："呀，快看，河面上飘过来一片叶子，不知道它可不可以帮到你，载你过河呢？"由此，幼儿可以迅速领会教师的建议，继续故事的发展。

需要注意的是，无论采用直接建议还是间接建议，教师都要首先考虑幼儿自身的因素，如性格、偏好、兴趣、认知水平等，而不是一味地强调故事的发展走向，应坚持把幼儿的需求放在首位。

（五）示范

示范是指在活动中教师通过自身的语言或者形象表达，生动地展示活动的形式或规则，以加深幼儿对活动的理解。例如，在儿歌表演中，为了使幼儿熟悉儿歌的韵律、歌词和节奏，教师先通过自身的示范，加深幼儿对儿歌的印象；又如，在语言游戏"送甜瓜"中，教师为幼儿讲解游戏的活动规则，为了使幼儿能更加清楚地了解游戏的规则，教师扮演儿歌中拿到甜瓜的老奶奶，参与游戏，通过这个角色的视角，让幼儿了解游戏的规则，从而更加快速地融入游戏。

教师的示范要符合活动内容，情绪饱满、态度积极引发幼儿的活动兴趣和热情。另外，教师的示范不可过度，示范的目的在于引导，而不是单纯地让幼儿模仿，教师的过度示范会使幼儿仅仅停留在模仿，失去了发展想象力和创造力的机会。

附:《送甜瓜》

小竹篮，手中拿，

竹篮里面有甜瓜；

我给奶奶送甜瓜，

奶奶乐得笑哈哈！

（六）评论

评论是指在活动中教师对幼儿的语言或行为作出一定的评价，是给予幼儿反馈的一种形式。教师通常在活动进行时和活动结束后对幼儿进行评价。在活动进行时，评价往往针对个体幼儿，有明确指向，例如，教师通常用"小朋友做得真棒！""××刚才的表现真不错！"等鼓励性的语言对幼儿进行正向的评价，这不仅有利于语言活动的顺利开展，幼儿在得到表扬后，会更加愿意参与活动，激发幼儿的主动性。活动结束后的评价往往是综合性的，教师结合整个活动中幼儿的整体表现进行评价，具有总结的性质，如"每个小朋友都积极地参与游戏了，给你们点赞！"等等，综合评价幼儿的表现，整体地促进幼儿的活动积极性，增加幼儿活动的兴趣。[①]

此外，适时的教师评价在语言教育活动中也会起到"及时纠偏"的作用，引导幼儿回到正确的学习途径上来。可以看出，无论是"即兴式"的评价，还是"总结式"的评价，对促进幼儿的想象力、创造力，激励幼儿参与活动的主动性，都有重要的意义。教师在评价幼儿活动的过程中应注意及时评价，以鼓励性评价为主，对起到榜样作用的幼儿行为要进行针对性的、及时的表扬和肯定评价。

总之，教师与幼儿的互动关系以及教师在语言教育活动中作用方式反映了教师在活动过程中秉持的教育观念，以及所采用的教育活动设计。同时，这也建立在大量的教育实践基础之上。因此，教师无论在语言教育活动中，还是在一日生活中，都要提升自身的语言文化水平、教育指导水平，同时也要提升活动中的教学艺术水平，促进幼儿的全面和谐发展。

【案例3-2】

在儿歌《伞》的教学中，李老师考虑到教学对象是小班幼儿，认知水平不高，因此在讲授儿歌前，用了一个幼儿感兴趣的蒲公英小故事导入教学。幼儿纷

① 周兢，余珍有.幼儿园语言教育［M］.北京：人民教育出版社，2004：242-249.

纷模仿，接着，李老师带领幼儿进行儿歌学习，她声情并茂地表演儿歌，幼儿认真地听着，用心地学着，李老师很满意幼儿的表现，在反复教了几遍后，连连夸赞幼儿学得很快。

评析：

李老师的做法是可圈可点的。首先，李老师在互动前考虑到了幼儿的年龄特点和认知特点，以能引起幼儿兴趣的小故事导入，这样不仅激发了幼儿的学习欲望，也将幼儿带入活动情境中；其次，李老师在教学过程中，能够以饱满的热情向幼儿传递儿歌内容，使幼儿沉浸其中，加深幼儿对儿歌内容的理解；最后，在活动结束后，李老师对幼儿进行了鼓励性的评价，肯定了幼儿的表现，这可以有效地调动幼儿的积极性。但李老师的做法也有不足之处。她对儿歌的教授方法只有简单的重复讲述和表演，活动形式略显单一，幼儿容易失去兴趣，此时李老师如果采取更多样的形式如穿插小游戏、朗读、竞赛、表演等多种形式，幼儿学习的热情才会持续地高涨。另外，活动过程中也应该对幼儿进行及时的表扬和鼓励，即"即兴式"的评价，适时的评价和鼓励，能使幼儿在活动过程中受到鼓励。

【走进幼儿园】

在语言教育活动"地鼠种萝卜"中，教师在完成基本的故事讲述后，向幼儿提问"小地鼠的想法好不好""小地鼠做得对不对？"，幼儿进行简单的回答，随后，教师便推进教学步骤，进行下一步的游戏。

请简单评价一下这位教师在本次语言教育活动中的提问方式，并说一说教师如何对幼儿进行有效提问。

任务三　幼儿园教师语言的基本要求

【任务目标】

1. 掌握教师语言的一般标准和幼儿园教师语言的特殊标准。

2. 学会分析具体案例中幼儿园教师语言运用的特点。

一、教师语言的一般标准

具有规范性、逻辑性、启发性、针对性、情感性、激励性、趣味性和富有美感是最基本的教师语言行为规范。

（一）规范性和逻辑性

规范性是指为明确语言的标准，促进语言的统一和完善，而对语言的语音、词汇和语法等方面进行加工。[①] 教师只有使用规范的语言，才有可能对学生产生正面的示范效应。教师语言的规范指语音、词汇和语法等方面要符合全国通用的普通话的规范。在语音方面，教师要使用符合普通话的标准发音，做到吐字清晰，发音准确，不使用方言，不错念、漏念字。[②] 在讲话时，避免平翘舌不分，如将"睡（shuì）觉"说成"碎（suì）觉"，将"今天星期四（sì）"说成"今天星期是（shì）"。避免前后鼻音不分，如将"看视频（pín）"说成"看视屏（píng）"。在词汇方面，不使用方言词，不生造词汇，尽量不使用新兴的网络词语。如不将"麻烦让一下"说成"借光"，不将"往后退一下"说成"稍一稍"，形容心情低沉时不使用"emo"，夸奖幼儿不用"YYDS"等。在语法方面，应避免出现搭配不当、语句不通等不规范的现象。如滥用关联词语，"有些小朋友不爱吃饭的原因，是因为他们太喜欢挑食了"。这里"原因"和"因为"重复使用，导致句子不通顺。因此，教师应不断加强自己在语音、词汇和语法等方面的运用技能，能熟练、流畅地使用普通话与幼儿交流沟通。

逻辑性是指能准确运用概念，语言表达的内容符合事物的发展规律。幼儿的年龄较小，逻辑思维处于初步发展阶段，教师的语言具有逻辑性，不仅能准确表达自己的意思，也能促进幼儿逻辑思维的发展。

教师在与幼儿交流时切忌出现很多前后矛盾的语言，以免对幼儿的语言和思维发展产生消极的影响。如"所有的小朋友都到了，只有天天没有来"。在这句话中，"所有的小朋友都到了"和"只有天天没有来"是前后矛盾的，教师应说"除了天天以外所有的小朋友都来了"。

教师在与幼儿交流时切忌前后语言缺少有效的过渡。如果教师的语言前后跳转太快，幼儿的思维就无法跟上教师的节奏，从而难以融入教学。例如，科学活动"神奇的吸水现象"，教师先问幼儿"水是什么颜色的？""你们都在哪儿见过水？"这类问题，等幼儿回答完，教师直接说"今天让我们来看看神奇的吸水现象"。教师前面的提问导入与教学过程没有实质的逻辑联系。幼儿就会很困惑，怎么前面说水，后面就直接讲吸水现象了呢？所以，教师应通过"我们洗完手之后，手上本来有水，为什么用毛巾一擦，水就没了呢？"这类与吸水有关的问题来导入教学，保证前后语言衔接，具有逻辑性。

（二）启发性和针对性

启发性是指教师的语言要能调动幼儿的积极性和主动性，引导幼儿思考并能有所领悟。教师的语言要帮助幼儿更积极地表达自己，促进其思维的发展。在教学活动中，教师若极少设身处地地去倾听幼儿独特的儿童世界，那活动就会变得死气沉沉、单调呆板。教师应尊重幼儿，鼓励幼儿说出自己的想法。

① 刘兴策.语言规范精要 [M].武汉：华中师范大学出版社，1999：13.
② 周兢，余珍有.幼儿园语言教育 [M].北京：人民教育出版社，2004：235.

针对性是指教师要针对不同的学习材料和学习情境、针对不同发展水平和不同性格的幼儿运用不同的语言。教师语言的针对性既应包括因材施教，又应包括因地适时施教。[①] 因材施教是指教师应考虑每个幼儿的不同特点，在教育内容、教育方法和教育活动进度等方面给予针对性的教育。如对于性格内向的幼儿，教师应采用更加温和、亲切的语言；活跃的幼儿喜欢接触新鲜的事物，但专注的时间短，教师应对这类幼儿提出的问题耐心解答，满足其求知欲，同时要维持幼儿的注意力。因地适时施教是指教师应针对不同的教育情境和内容，抓住时机，适时教育。

【案例 3-3】

在玩完玩具后收拾玩具的环节，于老师制订了一个比赛制度，哪组玩具收拾得快，哪组就能得到贴纸。这天，同一组的两个幼儿因为收拾玩具快慢不一发生了冲突。于老师将两个幼儿拉到身边询问产生冲突的原因，等他们说完后，于老师对幼儿 A 说："老师要表扬你的竞赛精神和想要帮助其他人的心情，但以后在帮助别人时要先问问对方需不需要你的帮助，如果对方同意，你就去帮他；如果对方认为自己能完成，那就不用帮忙。"然后又对幼儿 B 说："A 去拿你的玩具并不是想抢你的玩具，他是看你收拾得有点慢，怕你们小组得不到贴纸，把你当好朋友才去帮你，只不过他的方式让你感觉不舒服。下次再发生这种事你可以和他说谢谢你的帮助，但是我自己可以完成。"

之后，于老师专门设计了教学活动"请问需要我的帮助吗？"，让幼儿明白，想要帮助别人之前，要先询问别人需不需要你的帮助。如果别人帮助了你，但你想要独立完成这件事情，要向他表示感谢并及时告诉他你不需要帮助。

评析：

案例中的于老师及时抓住了教育契机，针对在收拾玩具环节幼儿之间产生的矛盾，及时帮助幼儿解决问题。之后，又设计了专门的教学活动，让全班幼儿都能从这件事情中有所收获，真正做到了适时施教。

（三）情感性和激励性

情感性是指教师的语言应充满情感色彩，与幼儿交流时，应创设富有情感的心理环境。教师不是单纯地传递现成的知识，而是通过与幼儿的接触进行情感交流，丰富他们的生活经验和学习经验。

教师语言的情感性主要表现在两方面：一方面，教师能通过语言将活动内容和活动过程中的情感因素传达给幼儿，使他们能充分体验这些情感，并从活动中获得乐趣和情感的满足。音乐、美术、故事等活动内容本身就充满鲜明的情感色彩，例如，阅读绘本《最漂亮的巨人》，如果教师用富有情感的语言表现出乔治

---

① 白晓琳，陈闻晋. 幼儿教师教学语言艺术特征研究 [J]. 教师教育论坛，2015（8）：22-25.

帮助长颈鹿、老鼠和小山羊等动物时的快乐，就能使幼儿感受到乔治的善良，体验到帮助别人的快乐。在活动过程中，教师可以将情感融入情境创设，例如，讲述故事《大口袋》时，教师可以设置情境引导幼儿关心妈妈，体验为妈妈做事的快乐。教师可以扮演袋鼠妈妈，让幼儿当袋鼠宝宝，当袋鼠妈妈买了很多东西，口袋都装不下时，请袋鼠宝宝帮助妈妈。另一方面，教师要传达自身对幼儿的情感态度，在与幼儿交流中，表达对幼儿的关爱和尊重的态度。教师亲切的语调可以让幼儿感受到爱和温暖。例如，刚进入幼儿园的幼儿，他们离开了熟悉的家庭环境和父母，来到陌生的地方，心中会感到恐惧和不安，教师柔和的语言能让幼儿产生亲切感，减少他们的焦虑。

激励性是指教师通过语言不断表扬、鼓励、肯定幼儿，促进其不断进步。当幼儿完成任务或回答出问题时教师应及时表扬，如"你的想法真特别""你的表达能力真强"。如果教师提出一个富有思考性的问题，幼儿没有回答出来或者只能回答一部分，教师也应抓住时机激励幼儿，如"虽然你没有完整地回答问题，但敢于大胆发言就是好样的""再动动小脑筋，老师相信你一定还能想出更好的办法"。教师应当重视语言的激励作用，在幼儿遇到困难或信心不足时，要不失时机地鼓励和帮助他们，使他们增强学习信心。教师在使用激励性的语言时，不应太笼统，如"你真棒""你画得真好"，幼儿不知道到底哪里棒，到底哪里画得好。在表扬幼儿时，教师应具体到某一行为，如"老师看到你主动将地上的垃圾捡起来放进了垃圾桶，你做得真棒""你的画颜色搭配得真和谐"。

（四）趣味性和富有美感

趣味性是指教师的语言应当能够激发幼儿的兴趣，充分调动幼儿潜在的学习积极性，使他们在愉快的气氛中自觉、主动地学习。[①] 幼儿在感知外界事物时随意性较大，更容易注意到自己感兴趣的事物。教师在教育活动开展中运用游戏的口吻，夸张地使用象声词，注意语调的抑扬顿挫，能增加语言的趣味性，从而提高幼儿学习的积极性。

【案例 3-4】

游戏"聪明的小猫"的游戏规则是，幼儿戴上小猫的头饰当猫宝宝，当听到猫妈妈（朱老师）拍手的声音时，小猫就要往前爬；听到敲鼓的声音，小猫就要向后退着爬。在真正进行游戏时，拍手的声音响起，有些小猫却向后退着爬，这时，猫妈妈说："有些小猫迷路了，和我们走散了，让我们寻找走散的小猫，并安全地把他们带回家。"这时，往前爬的小猫们纷纷来帮助走散的小猫，走散的小猫也意识到自己爬错方向了，赶忙在其他小猫的帮助下，爬回了家。这次，所有的小猫都记住了游戏规则。在接下来的游戏中，所有的小猫都能根据听到的声

---

① 周兢，余珍有 . 幼儿园语言教育［M］. 北京：人民教育出版社，2004：235.

音，做出正确的爬行动作。

评析：

在案例中，朱老师对有些做出错误动作的幼儿，采用的是非常有趣的语言"小猫迷路了""寻找走散的小猫""把他们带回家"。这种语言既可以让幼儿继续沉浸在"小猫"的角色中，又可以使幼儿之间互相帮助，让动作错误的幼儿意识到错误并及时纠正。

教师语言的美感主要体现在语言的音乐美和节奏美两个方面。如果将一次教学活动比作一首乐曲，那富有音乐美的语言就是教师最理想的语言。虽然不可能每位教师的嗓音都能如歌唱家一般悦耳动听，但教师也要注意自己的发声方法和技巧，使教学语言听起来和谐自然。教师要善于运用自己的声音美，调动幼儿的情绪，让幼儿进入主动、有效的学习状态中。例如，在大班音乐活动"春天在哪里"中，教师以优美的声音带幼儿走进春天，让幼儿感知到春天的美，感受到春天的生机勃勃。语言的节奏应该有轻重缓急、高低快慢和抑扬顿挫的变化。在幼儿园故事和儿歌的教学中，对一般表现宁静的内容，教师要用轻而慢的节奏讲述；出现激烈的内容时，教师要用快而急速的节奏讲述；表现神秘或危险来临的内容时，教师可用稍微停顿的节奏讲述。[①] 教师语言的节奏要随教学内容而变化，渲染富有变化的教学气氛，引起幼儿的兴趣，促使幼儿更快进入学习状态。

二、幼儿园教师语言的特殊标准

幼儿的生理和心理都不成熟，其认知、社会性和语言的发展具有一定的局限性，这就要求幼儿园教师使用的语言除了满足上述一般标准之外，还应符合以下特殊标准。

（一）生活化和文学化

生活化是指教师在组织活动时应使用常用的、非概念化的日常生活交际语言。语言的生活化是由幼儿园教育内容的生活化所决定的。幼儿在幼儿园学习的内容不仅仅是单一的知识，还有基本道德准则，这些内容都与幼儿的日常生活紧密联系。幼儿在生活中学习如何与人相处、如何做好事情等。如果教学语言脱离幼儿已有的生活经验和生活实际，幼儿很难理解和掌握相关知识。例如，在讲解形状分类时，教师如果说："请小朋友们把形状按照种类进行合理的分类"，大多数幼儿是不理解教师的要求的，因为"分类"对幼儿来说是比较抽象的概念。教师可以将这种较抽象、不易理解的概念转换成幼儿生活中常见的、符合幼儿认知水平的语言。比如，将上述的教学语言变为"小朋友们，让我们把一样形状的图

---

① 谭秀鸾.浅谈幼儿教师的语言艺术［J］.基础教育研究，2012（6）：59-60.

形放到一起"。

恰当地使用文学语言对于教师来说也是非常重要的。幼儿文学作品中有丰富的故事、色彩鲜艳的图案，这些都对幼儿很有吸引力，满足了幼儿对新鲜事物的求知欲望。因此，儿歌、故事等文学作品是教师对幼儿进行教育的必不可少的手段。语言的文学化一方面表现在教师在一日生活中能够恰当地利用故事、儿歌等调节幼儿的情绪，吸引幼儿的注意，使其更快进入学习状态。另一方面表现在教师在组织活动时，能合理运用幼儿熟悉的文学作品中的人物形象和角色语言，使幼儿置身于他们熟悉的情境中，在愉快和轻松的氛围中学习。例如，幼儿之前学习了各种动物的自我保护方法，教师让幼儿戴上自己喜欢的小动物头饰，并说"请各位小动物们看一看，哪一种方法能够保护你们呢？请各位小动物站到相应的图片旁边，我们来看看哪些小动物能够成功隐藏自己，不被敌人发现"。

（二）精简化和情境化

幼儿的理解能力较弱，如果教师的语言生涩难懂，幼儿就难以理解教师语言的含义，这样既不利于日常教育活动的顺利进行，也不利于幼儿语言的健康发展。因此，教师与幼儿交谈时，使用的句子不宜太长，复合句和并列句也不宜太多。例如，教师想要幼儿多吃水果、蔬菜，少吃零食，如果说"小朋友们，零食虽然好吃，但多了之后，你们就会变得胖胖的、矮矮的；但是如果吃很多水果、蔬菜，你们就会长得高高的、壮壮的。小朋友们，你们想成为什么样的呢？"就比"小朋友们，零食是垃圾食品，里面有很多添加剂，如果吃多了，会导致你们营养不良，免疫力下降。而水果、蔬菜含有丰富的维生素，多吃水果蔬菜有利于你们身体健康"的效果好得多。

情境化是指教师的话语要与当时发生的事件或活动相关，与所处的情境匹配，遵循随时随地的原则，同时，也需要一定的体态语辅助。教师的手势、表情和目光等都能表达情感。例如，在排队时，教师想要幼儿排成两队，就可以边讲话边做手势，"请小朋友们排成两队（比画"二"的手势），左手一队（伸出左手），右手一队（伸出右手）"，这样幼儿不仅能听到教师的话，还能看到教师的手势，从而更准确地理解教师的意思。

（三）形象化和生动化

幼儿思维的具体形象性决定了他们更容易接受具体直观的教育影响，特别是对抽象概念的感知和理解，更需要借助具体的形象。因此，教师必须善于使用生动、形象和活泼的语言帮助幼儿理解抽象的词语和概念等，将深奥的道理形象化。例如，教师想让幼儿懂得同伴之间应该互相谦让、不争吵、不打闹的道理，就用生动形象的语言给幼儿讲了《小羊过桥》的故事。幼儿能够从故事中受到生动形象的教育，知道同伴之间应该互相谦让的道理。

维果茨基的"最近发展区"理论指出，教学要想对幼儿的发展起促进作用，必须走在幼儿发展的前面，落在幼儿的"最近发展区"内。因此，在教学时，教师的语言应引导幼儿的语言不断向更高的水平发展，不断生成幼儿语言的"最近发展区"，从而促进幼儿认知水平的提高。

【走进幼儿园】

小一班的幼儿正在为六一儿童节的文艺演出做准备，在组织排练时，李老师站在旁边指挥幼儿，"每个小朋友都要把手搭在前面小朋友的肩膀上，跑步的时候绕成一个圆圈"，尽管练习了很多次，但幼儿都难以表现出李老师设计的效果。

请简单评价一下李老师的语言表述是否合理。为帮助幼儿更好地理解动作和队形，李老师在用语言指导幼儿时应注意哪些方面的问题？

项目小结

本项目介绍了幼儿园教师语言对幼儿语言、社会性和认知发展的影响；介绍了在幼儿园语言教育活动中教师与幼儿的角色，明确了教师与幼儿的三种互动关系，以及教师在语言教育活动中的作用方式和途径；最后介绍了作为一名合格的幼儿园教师，其语言应达到的一般标准和特殊标准。

思考与实训

乐乐刚从外地转来幼儿园，在说话时会带一点儿外地口音，如表达"我"时用"俺"字；有时还会平翘舌不分，如在表达"我想喝水"时，会说"俺想喝随（水）"。而乐乐所在班级的王老师不仅不纠正乐乐的发音，还总在全班幼儿面前模仿乐乐的口音，并且边学边笑，引得其他幼儿也学乐乐讲话。久而久之，乐乐变得越来越沉默，不再主动讲话，也不爱与其他幼儿一起做游戏。

（1）请你根据本项目所学的相关内容，结合上述案例，分析教师的语言对幼儿产生的影响。

（2）作为一名幼儿园教师，其语言应达到什么基本要求？

推荐阅读

李林慧，刘娟，汤杰英．促进职前幼儿教师语言领域教学知识发展的行动研究［J］．上海教育科研，2020（12）：55-60．

领域教学知识是有效教学的必备知识。本研究以 29 位职前幼儿教师为对象，通过幼儿园教师的领域教学知识水平评估（Assessment of Pedagogical Content Knowledge for Early Childhood Teachers，PCK-EC）问卷调查其语言领域教学知识的水平，通过行动研究设计并实施了课程教学行动方案，最后通过对课程教学实施前、后 PCK-EC 问卷调查结果的比较，评估了课程教学的有效性。研究发现，职前幼儿教师的语言领域教学知识水平有限，且在内容、对象和方法三个维度发展不平衡；确立指向语言领域教学知识的教学目标、围绕语言领域核心经验的学习组织教学内容以及采用 PCK 框架引导下的小组合作反思为主要学习方法，能够有效地促进职前幼儿教师发展语言领域教学知识。

☞推荐阅读资料包

项目四　幼儿园语言教育的目标与内容

💻 内容导读

　　幼儿园语言教育目标是幼儿园教育总目标在语言领域的具体化，也是对幼儿进行语言教育的方向和准则。幼儿园语言教育内容是实现语言教育目标的重要载体。在幼儿园语言教育过程中，设计具有针对性的目标，并选择贴近幼儿生活的教育内容是促进幼儿语言能力发展的必要条件。本项目主要介绍了幼儿园语言教育目标与内容方面的概要性知识，包括幼儿园语言教育目标的制订、幼儿园语言教育内容的选择等。通过本项目内容的学习，明确幼儿园语言教育目标确定的依据、结构和内容定位，理解幼儿园语言教育内容选择的依据和结构定位。

🧠 思维导图

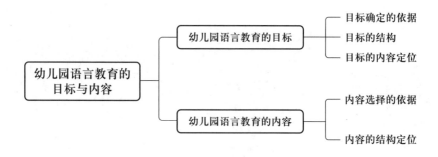

📝 项目目标

1. 了解幼儿园语言教育目标确定的依据以及内容选择的依据。
2. 掌握幼儿园语言教育目标的内容定位与结构定位。
3. 能够制订科学的语言教育活动目标，选择适宜的内容。

🎞 情境导入

　　伴随着冬奥会的顺利召开，新学期伊始，大二班的幼儿对"冬奥会"这一话题显得十分感兴趣。李老师注意到了幼儿的这一表现，想借此契机组织一次谈话活动——有趣的冬奥会。李老师想通过这一活动引导幼儿了解冬奥会的比赛项目，鼓励幼儿大胆说出自己了解的冬奥知识，尝试运用适当的关联词语组织自己的语言，并借此激发幼儿对谈话活动的兴趣，在活动中感受祖国妈妈的强大。

　　讨论：李老师为"有趣的冬奥会"这一谈话活动设置的目标是否恰当？要想实现这些目标，应该选择哪些语言教育内容？

任务一 幼儿园语言教育的目标

【任务目标】

1. 了解幼儿园语言教育目标确定的依据以及层次结构与分类结构。

2. 掌握幼儿园语言教育总目标、年龄阶段目标及具体活动目标的内容定位。

3. 能够运用所学知识制订科学的幼儿园语言教育活动目标。

幼儿园语言教育的目标是幼儿园语言教育实施的依据与准则。明确幼儿园语言教育的目标，有助于有针对性地选择幼儿园语言教育的内容对幼儿进行语言教育。

一、幼儿园语言教育目标确定的依据

幼儿园语言教育的目标是根据幼儿园保育与教育的总体要求确定的，是幼儿园教育总目标的重要组成部分，是实施语言教育的方向和准则。幼儿园语言教育的目标关系着幼儿园语言教育的质量，其制订必须有一定的客观依据。

（一）依据社会对人才培养的要求

教育的本质是教育者对受教育者实施有目的、有计划的影响，把受教育者培养成为服务社会政治、经济和文化的人。制订幼儿园语言教育的目标必须充分考虑教育的本质要求，考虑社会和时代发展对人才培养所提出的要求。在我国现有条件下，制订幼儿园语言教育目标需要考虑以下三方面的社会要求：

1. 反映我国现阶段教育目标的价值取向

一方面，在马克思主义关于人的全面发展思想的指导下，充分认识语言是幼儿德、智、体、美、劳等方面全面发展的重要组成部分，与幼儿认知、个性以及社会性等方面的发展关系密切，是体现幼儿发展水平的重要指标之一；另一方面，传承中华优秀传统文化是学前教育所承载的重要任务，语言教育是实现这一传承的重要途径。

2. 适应我国生产力发展水平对人才培养的要求

随着生产力的发展和科技的不断进步，社会对人才培养的要求日趋多元。要想很好地适应社会生活，个体除了要具备健康的身体、良好的心理素质以及丰富的科学知识之外，还需要拥有较强的人际交往、环境适应和创新能力。语言作为交际、思维和学习的工具，其重要作用不可忽视，是当代高素质人才不可缺少的基本能力。基于这样的认识，必须充分重视幼儿园语言教育，科学制订语言教育的目标。

3. 具有一定的针对性和前瞻性

学前教育要为未来社会的建设培养栋梁之材，既服务于幼儿个体发展，又服务于社会发展。因此，教育目标既要针对幼儿自身发展的需要，又要充分考虑未来社会人才的需求，以使幼儿园语言教育目标不仅具有一定的针对性，还具有一定的前瞻性。

（二）依据学前教育机构保育和教育的主要目标

《幼儿园工作规程》（2016）指出，幼儿园保育和教育在语言发展方面的目标是培养幼儿运用语言进行交往的基本能力。这可以说是对幼儿园语言教育目标的概括性表达。如果要把这个概括性较高的目标分解为具体、可操作、可观测的目标，则需要分析语言及语言运用的有关规律，如语言包括哪些成分，运用语言进行交际包括哪些活动形式，需要哪些规则等，根据这些规律可以明确规定幼儿园语言教育要促进幼儿发展的语言行为、能力及态度。幼儿园保育和教育在语言发展方面的目标中，重点强调了语言的交际功能，重视幼儿在与成人和同伴交往过程中语言的运用。具体说来就是：会说普通话，能运用确切的词语和合乎语法规则的句子进行语言交流，并逐步提高幼儿口语表达能力与水平。因此，幼儿园语言教育目标既包括最基本的幼儿倾听和表达能力的培养目标，又包括提高幼儿口语表达能力以及为入学后书面语言学习做准备等目标。

（三）依据幼儿语言发展规律

幼儿园语言教育以促进幼儿的语言发展为落脚点，因此必须遵循幼儿语言发展的规律来制订语言教育的目标。幼儿语言发展具有哪些潜力，能够达到怎样的发展水平，发展所需的条件有哪些等问题都是在制订语言教育目标的过程中必须予以明确的。幼儿园语言教育的对象是幼儿，因此语言教育目标的制订必须充分尊重幼儿的语言发展规律。脱离幼儿语言发展规律制订出的语言教育目标既不能对幼儿语言教育的实践发挥指导和引领作用，又不能将社会对人才培养的要求落实到幼儿身上。有关幼儿语言发展的研究成果为了解幼儿语言学习的阶段及学习过程，把握不同阶段的特点与需要提供了大量的信息，这些信息揭示了幼儿语言发展的规律，为幼儿园语言教育目标的制订指明了方向。

二、幼儿园语言教育目标的结构

教育目标通常具有一定的可供分析的结构。从纵向的角度来看，幼儿园语言教育目标具有一般的层次结构；从横向的角度来看，幼儿园语言教育目标具有独特的分类结构。

（一）幼儿园语言教育目标的层次结构

幼儿园语言教育目标可分为三个层次，即幼儿园语言教育总目标、年龄阶段目标以及教育活动目标。

1. 幼儿园语言教育总目标

幼儿园语言教育总目标也称幼儿园语言教育终期目标，是幼儿园语言教育总的任务要求，是语言教育期待的最终结果。幼儿园语言教育总目标与幼儿园教育总目标方向一致，前者是后者的有机组成部分。同时，因为幼儿园语言教育总目标是单一针对幼儿的语言发展提出的，所以具有较强的特殊性和相对的独特性。正如语言在幼儿全面发展中发挥着不可替代的作用一样，幼儿园语言教育总目标在幼儿园教育总目标中同样处于独特且重要的地位。

2. 年龄阶段目标

年龄阶段目标是幼儿园语言教育总目标在各个年龄阶段上的具体体现，也就是对幼儿园各年龄班幼儿语言发展提出的具体要求。幼儿园语言教育总目标最终需要落实到不同年龄阶段的幼儿身上，但是不同年龄阶段幼儿的身心发展水平和学习能力有所不同。因此，将幼儿园语言教育总目标进一步细化为不同年龄阶段幼儿的语言发展目标是十分必要的，这也能够保证在教育实践中循序渐进地促进幼儿的语言发展。年龄阶段目标中每一个年龄阶段的具体目标都建立在上一个阶段幼儿语言发展的基础上，同时对于这一阶段的幼儿来说具有一定的挑战性，保证幼儿在经过语言学习后能够获得发展。

此外，年龄阶段目标是幼儿语言发展指标与学科知识的融合。年龄阶段目标对幼儿语言发展方面提出了具体的要求，并与语言学科知识融合起来，在每一个年龄阶段目标中对幼儿掌握知识、获得能力提出一定的要求，希望通过学习，某个年龄阶段的幼儿在语言发展方面达到一定的要求。

3. 幼儿园语言教育活动目标

幼儿园语言教育活动目标一般由教师制订，它包含两方面的含义：第一，幼儿园不同性质教育活动中的语言教育目标。具体来说，日常生活活动有发展幼儿与同伴或成人对话能力的目标。游戏活动有发展幼儿依据游戏角色特点进行对话的目标。集体教学活动既有专门的语言集体教学活动目标，如谈话活动的目标、讲述活动的目标、听说游戏活动的目标、文学活动的目标以及早期阅读活动的目标；也有通过其他领域集体教学活动渗透的语言教育目标，如体育活动中要求幼儿听从指令做动作的目标、美工活动中幼儿讲述自己所画的内容或解释手工作品的含义的目标等。第二，指向幼儿语言能力发展的教育活动目标，如倾听活动的目标、讲述活动的目标、阅读活动的目标、书写活动的目标等。

通过目标的层次分析，我们可以认识到，幼儿园语言教育目标要落实到每个幼儿身上必须注意几个关键问题：第一，如何将高层次幼儿园语言教育目标准确地转化为低层次幼儿园语言教育目标；第二，在幼儿园教育实践过程中，教师如何把握各个层次教育目标的内涵及其相互关系；第三，教师如何根据语言教育目标来选择相应的教育内容、方法，以确保目标的实现。

（二）幼儿园语言教育目标的分类结构

幼儿园语言教育目标的分类结构是指幼儿园语言教育目标的组合构成。任何教育目标都不是单一的，都是由若干任务要求建构起来的。不管从哪一个阶段出发，语言教育目标的最终归宿必然是幼儿语言能力的发展。从幼儿语言能力发展的角度对语言教育目标进行分类，可分为以下四大类：

1. 倾听能力的培养

倾听是幼儿感知和理解语言的行为表现，也是幼儿不可缺少的一种行为能力。幼儿只有懂得倾听、乐于并善于倾听，才能真正理解语言的内容、形式和语言运用的方式，学会与他人进行语言交流的技巧。因此，通过幼儿园语言教育培养幼儿倾听能力是十分重要的。

幼儿倾听能力培养的着重点应放在对汉语语音语调和语音内容的理解上，在幼儿园里通过适宜的教育逐步帮助幼儿形成以下倾听能力和习惯：一是有意识倾听，即集中注意倾听；二是理解性倾听，即掌握倾听的主要内容、联系上下文意思的倾听；三是培养幼儿良好的倾听习惯，即倾听他人讲话时不插话，能够恰当地回应他人等。

2. 表达能力的培养

表达是幼儿语言学习和语言发展的主要表现之一，是指以一定的语言内容、形式及语言运用方式表达和交流个人观点的行为。只有当幼儿懂得表述的作用，愿意向他人表达自己的见解，并具备一定的表达能力，才能真正地与他人进行语言交际。因此，表达能力的培养是幼儿园语言教育目标的重要组成部分。

幼儿期是个体逐步掌握口头语言，并向书面语言过渡的时期。幼儿表达能力发展旨在从语音、语法、语义以及语用四个方面掌握母语的表达能力，循序渐进地提高表达水平。此外，幼儿口头表达的行为也有个人独白、集体讲述、对话交谈等不同的表现方式，教师需要在教育过程中有目的地加以引导，以提高幼儿的语言交际水平。

3. 阅读能力的培养

幼儿阅读能力的培养主要通过文学作品的欣赏，幼儿的文学作品欣赏活动是感知、理解文学作品并尝试操作艺术语言的行为。这种通过语言塑造形象、表现生活的艺术作品，带有口语的特点，但又不同于口语，它们是艺术语言的结合体，也是书面语言的反映。因此，阅读能力的培养对幼儿语言以及其他方面的学习具有重要的意义。

幼儿的阅读能力指幼儿在成人创设的学习书面语言的环境中，通过图书等形式接触书面语言，了解文字符号所表达的意义，逐步学习阅读书面语言，尝试用文字符号表达自己认识的能力。幼儿阅读能力的培养主要在于激发幼儿阅读的兴趣，养成良好的阅读习惯，掌握早期阅读的相关技能。除此之外，教师还必须培养幼儿理解文学作品的能力，有意识地引导幼儿初步感知不同类型文学作品的特点和构成。

4. 书写能力的培养

幼儿期是个体从不会书写到开始接受正式书写学习之间的一个过渡阶段，这一阶段幼儿从事的书写相关活动即为前书写。[①] 值得注意的是，幼儿的书写行为不仅仅是写字，从幼儿拿起笔写写画画，就已经开始了书写活动。幼儿园书写教育不同于小学阶段的书写练习活动，具体来看，幼儿园书写能力的培养重点关注以下四个方面：第一，培养幼儿的书写兴趣；第二，获得必要的书写知识；第三，掌握正确的书写姿势；第四，养成良好的书写习惯。[②]

三、幼儿园语言教育目标的内容定位

幼儿园语言教育目标的内容定位即幼儿园语言教育目标的具体内容，是对某一时期幼儿语言教育目标的具体阐述。前文对幼儿园语言教育目标作了纵向和横向的结构分析，下面主要阐述幼儿园语言教育目标的具体内容。

（一）幼儿园语言教育总目标的内容定位

2001 年教育部颁布的《幼儿园教育指导纲要（试行）》（以下简称《纲要》）对幼儿园教育语言教育的总目标规定如下：

1. 乐意与人交谈，讲话礼貌；

2. 注意倾听对方讲话，能理解日常用语；

3. 能清楚地说出自己想说的事；

4. 喜欢听故事、看图书；

5. 能听懂和会说普通话。

幼儿园语言教育总目标是幼儿园教育总目标在语言领域中的具体落实，我国幼儿园语言教育总目标体现为《纲要》中对幼儿语言发展方面提出的任务要求，指出了幼儿园语言教育的重点内容，也指明了语言教育的价值取向。

（二）年龄阶段目标的内容定位

基于不同的划分标准，年龄阶段目标会呈现出不同的内容，但最常见的有以下三种：第一，根据《指南》中的相关规定，呈现各年龄阶段幼儿在"倾听与表达""阅读与书写准备"两大方面的典型表现。第二，根据幼儿语言能力发展，呈现不同年龄阶段幼儿在"倾听""表达""阅读""书写"四个方面的目标。第

---

① 张重阳. 5—6 岁幼儿精细动作与前书写发展的关系研究［D］. 金华：浙江师范大学，2021：22.

② 李文艺，王明晖. 关于幼儿园前书写教育：另一种观点［J］. 学前教育研究，2003（C1）：24-27.

三，根据专门的语言集体教学活动的内容，呈现不同年龄阶段幼儿在"谈话活动""讲述活动""听说游戏活动""文学作品学习活动""早期阅读活动"中的语言发展目标。以下主要呈现第一种年龄阶段目标的内容（见表4-1）。第二种、第三种年龄阶段目标的相关内容将在接下来的各章节中进行阐述，在此处不做赘述。

表4-1 《指南》中的语言领域目标

项目	目标	3—4岁	4—5岁	5—6岁
1. 倾听与表达	认真听并能听懂常用语言	别人对自己说话时能注意听并做出回应 能听懂日常会话	在群体中能有意识地听与自己有关的信息 能结合情境感受到不同语气、语调所表达的不同意思 方言地区和少数民族幼儿能基本听懂普通话	在集体中能注意听老师或其他人讲话 听不懂或有疑问时能主动提问 能结合情境理解一些表示因果、假设等相对复杂的句子
	愿意讲话并能清楚地表达	愿意在熟悉的人面前说话，能大方地与人打招呼 基本会说本民族或本地区的语言 愿意表达自己的需要和想法，必要时能配以手势动作 能口齿清楚地说儿歌、童谣或复述简短的故事	愿意与他人交谈，喜欢谈论自己感兴趣的话题 会说本民族或本地区的语言，基本会说普通话。少数民族聚居地区幼儿会用普通话进行日常会话 能基本完整地讲述自己的所见所闻和经历的事情 讲述比较连贯	愿意与他人讨论问题，敢在众人面前说话 会说本民族或本地区的语言和普通话，发音正确清晰。少数民族聚居地区幼儿基本会说普通话 能有序、连贯、清楚地讲述一件事情 讲述时能使用常见的形容词、同义词等，语言比较生动
	具有文明的语言习惯	与别人讲话时知道眼睛要看着对方 说话自然，声音大小适中 能在成人的提醒下使用恰当的礼貌用语	别人对自己讲话时能回应 能根据场合调节自己说话声音的大小 能主动使用礼貌用语，不说脏话、粗话	别人讲话时能积极主动地回应 能根据谈话对象和需要，调整说话的语气 懂得按次序轮流讲话，不随意打断别人 能依据所处情境使用恰当的语言。如在别人难过时会用恰当的语言表示安慰
2. 阅读与书写准备	喜欢听故事，看图书	主动要求成人讲故事、读图书 喜欢跟读韵律感强的儿歌、童谣 爱护图书，不乱撕、乱扔	反复看自己喜欢的图书 喜欢把听过的故事或看过的图书讲给别人听 对生活中常见的标识、符号感兴趣，知道它们表示一定的意义	专注地阅读图书 喜欢与他人一起谈论图书和故事的有关内容 对图书和生活情境中的文字符号感兴趣，知道文字表示一定的意义

续表

项目	目标	3—4 岁	4—5 岁	5—6 岁
2. 阅读与书写准备	具有初步的阅读理解能力	能听懂短小的儿歌或故事 会看画面，能根据画面说出图中有什么、发生了什么事等 能理解图书上的文字是和画面对应的，是用来表达画面意义的	能大体讲出所听故事的主要内容 能根据连续画面提供的信息，大致说出故事的情节 能随着作品的展开产生喜悦、担忧等相应的情绪反应，体会作品所表达的情绪情感	能说出所阅读的幼儿文学作品的主要内容 能根据故事的部分情节或图书画面的线索猜想故事情节的发展，或续编、创编故事 对看过的图书、听过的故事能说出自己的看法 能初步感受文学语言的美
	具有书面表达的愿望和初步技能	喜欢用涂涂画画表达一定的意思	愿意用图画和符号表达自己的愿望和想法 在成人提醒下，写写画画时姿势正确	愿意用图画和符号表现事物或故事 会正确书写自己的名字 写画时姿势正确

（三）幼儿园不同类型语言教育活动目标的内容定位

基于不同的分类标准，幼儿园语言教育活动可进行不同类型的划分：第一，从幼儿园教育活动性质的角度，幼儿园语言教育活动目标可划分为生活活动中的语言教育目标、游戏活动中的语言教育目标、集体教学活动中的语言教育目标。第二，从幼儿语言能力发展的角度，幼儿园语言教育活动目标可划分为倾听活动的目标、表达活动的目标、阅读活动的目标、书写活动的目标。

1. 不同性质教育活动中的语言教育目标

（1）生活活动中的语言教育目标

生活活动是满足幼儿基本生存需要的活动，主要包括进餐、睡眠、盥洗等环节。[①] 生活活动贯穿于幼儿一日生活的始终，为幼儿提供了大量的语言交往与练习机会，对幼儿各方面语言能力的发展均具有不可忽视的重要作用。

生活活动中的语言教育目标主要包括以下方面：第一，在集体活动和个别交往的场合中，能认真倾听教师提出的有关活动的要求，并且以此指导和约束自己与他人在活动中的行为。第二，在掌握行为或活动规则的基础上，尝试用语言评价自己和同伴的行为。第三，准确理解并能按照教师的指令执行操作。第四，能够在他人面前大胆讲述自己的所见所闻。

（2）游戏活动中的语言教育目标

游戏活动是幼儿自主自愿的，在假想的情境中反映周围生活的活动形式，是能够让幼儿获得愉快情绪的活动。游戏活动作为幼儿园的基本活动形式，能够促

---

① 姚伟.学前教育学［M］.北京：中国人民大学出版社，2018：151.

进幼儿身体、认知、社会性及情感等各个方面的发展。在游戏活动中，语言是幼儿进行交往、合作、分享的重要工具，同时，在游戏活动中幼儿的语言能力也在不断发展。

游戏活动中的语言教育目标包括以下几个方面：第一，在游戏活动中与同伴随意进行交谈，并结合游戏情节自言自语或进行恰当的人物对话。第二，幼儿之间会用语言进行协商、讨论与合作，共同开展游戏活动。第三，幼儿用连贯性语言评价游戏规则执行情况与游戏开展情况，并对游戏进行总结。

（3）集体教学活动中的语言教育目标

从幼儿园语言教育活动目标出发，集体教学活动中的语言教育目标既包括专门的语言集体教学活动目标，也包括其他领域集体教学活动中渗透的语言教育目标。

一是专门的语言集体教学活动目标。语言集体教学活动目标包括谈话活动的目标、讲述活动的目标、听说游戏活动的目标、文学作品学习活动的目标、早期阅读活动的目标。

谈话活动的目标主要包括三个方面：第一，学习倾听他人的谈话，并及时从谈话内容中捕捉有效的信息；第二，能够围绕一定的话题，充分表达个人的见解；第三，掌握运用语言进行交谈的规则，发展运用语言进行交往的水平与能力。

讲述活动的目标主要包括三个方面：第一，能够感知、理解讲述对象；第二，具有独立构思与完整、清晰地表述的意识、情感与能力；第三，掌握对语言交流信息清晰度的调节功能。

听说游戏活动的目标主要包括三个方面：第一，能够按一定规则进行口语表达；第二，提高游戏活动中积极倾听的水平；第三，发展语言交往中的机智性和灵活性。

文学作品学习活动的目标主要包括四个方面：第一，乐意聆听和阅读文学作品，积极参与文学作品学习活动；第二，知道阅读和聆听文学作品能增加知识，能感受到语言艺术的美；第三，理解文学作品的内容，能用动作、语言、美术、音乐等不同方式加以表现；第四，能够对诗歌、散文等文学作品进行欣赏、仿编或创编。

早期阅读活动的目标主要包括三个方面：第一，建立口头语言与书面语言之间的对应关系，提高学习书面语言的兴趣；第二，丰富词汇量，学认生活中常见的汉字；第三，愿意参与书写练习活动，掌握早期阅读与书写的技能，养成良好的阅读与书写习惯。

二是其他领域集体教学活动中渗透的语言教育目标。根据幼儿园集体教学活动内容侧重的不同，可以将其划分为健康领域集体教学活动、语言领域集体教学活动、社会领域集体教学活动、科学领域集体教学活动、艺术领域集体教学活动。在幼儿园教育实践中，各个领域之间并不是相互独立的，而是相互联系、相互渗透的有机整体，因此，在健康、社会、科学、艺术四个领域的集体教学活动目标中也蕴含着丰富的语言教育目标。

其他领域集体教学活动中渗透的语言教育目标主要包括四个方面：第一，在认识活动中，幼儿能够积极主动地提出问题并解答问题。第二，幼儿能完整连贯地讲述自己观察到的事物或现象。第三，在集体活动中，幼儿能较长时间地倾听教师对各种学习内容的讲解和指导，并理解所要学习的内容。第四，幼儿能用不同的符号来表达对认知内容和认知过程的感受与认识。

2. 指向幼儿语言能力发展的语言教育活动目标

从幼儿语言能力的发展来看，幼儿园语言教育活动目标主要体现在倾听活动、表达活动、阅读活动和书写活动之中（见表4-2）。

表4-2 根据幼儿语言能力发展划分的各语言教育活动目标的具体内容

活动类型	目标
1. 倾听活动	喜欢听，并积极有礼貌地听别人对自己说话 懂得别人对自己说话时要注意倾听 能够集中注意力，有礼貌、安静地倾听 能听懂普通话，并能分辨不同的声音和语调，理解并执行他人的指令
2. 表达活动	喜欢与他人交谈，在适宜的场合积极、主动、有礼貌地与人交谈 知道用适当的音量说话，有积极的表述愿望 会说普通话，发音清楚，语调准确，能运用恰当的语句和语调表述意见和回答问题 能用完整、连贯的语句讲述图片和事件
3. 阅读活动	知道口头语言和书面语言的对应与转换关系，感受书面语言学习的乐趣 拓展词汇量，能够自觉获取语言材料，学习创造性的运用语言 掌握阅读图书的基本方法 能集中注意力阅读图书，倾听、理解图书内容 养成良好的阅读习惯
4. 书写活动	对图书和文字产生兴趣 喜欢认读常见的简单的独体文字 了解汉字的书写风格，主动积极地认读常见用字 愿意参与书写活动，能基本按规范笔顺书写自己的姓名和一些常见的独体汉字 养成良好的书写习惯

☞幼儿园语言教育活动目标的设计

【案例4-1】

李老师在设计大班语言教育活动"母鸡萝丝去散步"时，从认知、能力和情感三个维度出发，拟定了3条活动目标：目标1是引导幼儿细致观察画面，激发幼儿的想象力。目标2是教幼儿根据图片内容推测故事情节。目标3是幼儿发展语言表达能力。

评析：

案例中的李老师为大班语言教育活动"母鸡萝丝去散步"所设计的目标是不

合理的。首先，目标表述主体不一致，目标 1 和目标 2 的表述主体均为教师，目标 3 的表述主体为幼儿。其次，目标的针对性不强。目标 1 和目标 3 的表述过于宽泛，并没有体现出故事《母鸡萝丝去散步》的突出特点。依据上述分析，该活动目标可以进行如下调整：目标 1 "感知故事画面内容，知道各类拟声词的用法"。目标 2 "能够根据故事插图推测故事情节并大胆表达自己的想法"。目标 3 "感受故事的诙谐、幽默，体会文学作品的美"。教师在设计幼儿园语言教育活动目标时，既要考虑幼儿的年龄特点，也要注意目标的具体操作性，切不可过于宽泛。

【走进幼儿园】

中三班的幼儿对小动物产生了浓厚的兴趣，幼儿之间的聊天也经常以某种小动物为话题，有时候幼儿也会在游戏中扮演一些动物角色。细心的闫老师发现了幼儿对各种小动物的喜爱，为了引导幼儿了解更多关于动物的知识，丰富幼儿的知识经验，并借此培养幼儿的语言表达能力和规则意识，闫老师打算以"可爱的小动物"为主题，组织一次听说游戏活动。

请你基于本节任务内容，结合中班幼儿语言发展目标，尝试为听说游戏活动"可爱的小动物"设计活动目标。

任务二　幼儿园语言教育的内容

【任务目标】

1. 知道幼儿园语言教育内容选择的依据。

2. 掌握不同类型教育活动中的语言教育内容。

3. 能够运用所学知识为幼儿园语言教育活动选择恰当的内容。

幼儿园语言教育内容是幼儿园为幼儿提供的语言形式、语言内容和语言运用方面的基本知识、基本态度和基本行为方式的总和，是幼儿学习语言、获得语言经验的载体。

一、幼儿园语言教育内容选择的依据

幼儿园语言教育内容是实现幼儿园语言教育目标的载体，是教师设计和实施语言教育活动的主要依据。幼儿园语言教育内容不是任意制订的，而是有一定依据、符合一定规律的。[①] 幼儿园语言教育内容的选择要依据以下三个方面：幼儿园语言教育目标、幼儿语言发展阶段、不同领域活动的特点。

---

① 张明红.学前儿童语言教育活动与指导［M］.上海：华东师范大学出版社，2001：125.

（一）依据幼儿园语言教育目标

幼儿园语言教育目标是确定幼儿园语言教育内容的主要依据。教师在设计、组织实施幼儿园语言教育活动时，必须以活动目标为直接参照点，保证活动实施的效果；以幼儿园语言教育总目标和年龄阶段目标为间接参照点，保证语言教育不偏离总的方向。具体表现为以下三个方面：

第一，幼儿园语言教育目标在于培养幼儿的语言能力，即语言理解能力和表达能力。上述这些能力是幼儿在语言形式、内容与运用交互作用的过程中逐渐发展起来的，幼儿的语言理解能力和语言表达能力在发展过程中是相辅相成的。因此，教师在确定语言教育内容时，要对语言理解能力和语言表达能力以及它们在语言形式、语言内容和语言运用过程中如何发展、如何提高进行细致分析，并把它们作为语言教育内容的重点、难点，在教育过程中予以突出与强调。

第二，幼儿园语言教育目标分为"倾听与表达""阅读与书写准备"两大模块，每个部分都包含着"认知""情感与态度""能力与技能"三大方面。因此，教师在确定语言教育内容时，要根据这两大模块三大方面的内容，对相关的活动进行分析，突出活动中可以作为语言学习内容的因素并加以有效利用。

第三，根据幼儿园语言教育目标确定语言教育的内容，是把教育目标中的各部分、各方面要求转换为幼儿语言学习的内容，使幼儿通过多种多样的学习获得语言经验。这些内容有些是专门为学习语言而设计的，有些是在其他活动中将语言教育内容渗透其中。

幼儿园语言教育目标和语言教育内容之间并非一一对应的关系。一个目标要通过多种内容来达到，一种内容也可以贯彻不同的目标要求。这样就通过确定幼儿园语言教育内容把幼儿园语言教育目标综合起来，使各个部分在相互联系中落实到各项教育活动之中。与此同时，在发挥幼儿园教育整体功能的过程中促进幼儿语言能力的发展。

（二）依据幼儿语言发展阶段

这里的语言发展阶段是指从非言语交际向口语交际的转换，从口语交际向书面语言学习的转换。教师在确定语言教育内容时，必须充分考虑幼儿语言发展的阶段。

1. 从非言语交际向口语交际的转换

在从非言语交际向口语交际转换的过程中，幼儿需要学习听说轮换与及时反馈，对词的感知、理解和应用，构词成句与表达意思三方面的内容。教师可以选择谈话、讲述、听说游戏、文学作品学习和早期阅读等活动，使幼儿获得有关的语言经验。

第一，听说轮换与及时反馈是幼儿必须掌握的语言交际方面的基本能力，这些能力早在非言语交际时期就已经出现。在进入口语交际时期后，这种轮换从运用声音、动作、表情等体态语言逐渐转为运用社会性的语言符号。

第二，对词的感知、理解和应用是幼儿在口语交际初期首先要学习的。将词的音、调和它的具体意义联系起来是幼儿正确感知和理解每一个词的基础。对词的学习实际上渗透在幼儿的各种生活经验中，往往是自然而然获得的。然而，要使幼儿具有丰富的词汇，能恰当地运用词汇，教师就需要提供相应的学习内容。教师应在幼儿认知活动、学习活动、交往活动以及游戏活动中，有目的地引导幼儿将词或句与物体的实际意义联系起来，并且在具体情境中学习运用相应的词和句。

第三，构词成句、表达意思的学习可以渗透在认知活动、操作活动中，教师也需要为幼儿提供一定的专门学习内容。例如，谈话活动、讲述活动，可以让幼儿在建构语句表达语义的过程中练习口头语言的用词、用句规则。有时教师还需要提供专门的内容进行语音、词义辨析、不同句型运用等练习，不断提高幼儿构词成句与意义表达的能力。

2. 从口语交际向书面语言学习的转换

在从口语交际向书面语言学习转换的过程中，幼儿需要学习口头语言和书面语言之间的对应与转换关系、简单识字两方面的内容。即幼儿能理解说出的话与写出的字之间的关系，并表现出对图书和生活中的文字符号的兴趣，知道文字表示一定的意义；能对不同字形结构进行辨认。

（三）依据不同领域活动的特点

不同领域活动有各自不同的特点，各领域活动中的语言学习内容也各不相同。幼儿获得的语言经验有相同之处，但也各具特性。一方面，在幼儿园健康、社会、科学、艺术等领域活动中，都需要教师用语言来指导幼儿进行观察，幼儿要在教师的指导下有序地观察，也要会用语言表达观察的情况和结果。另一方面，语言教育中的谈话活动，主要侧重于幼儿的语言能力训练，一般可以从一个或多个角度切入谈话。教师不必特别去划清幼儿园语言教育活动内容和其他领域教育活动的界限，而应该研究不同领域教育活动的特点，将语言教育内容有机地渗透其中，切实提高幼儿的语言水平。

二、幼儿园语言教育内容的结构定位

幼儿园语言教育内容可以从以下两个角度进行分类：第一，从幼儿园教育活动性质来看，主要包括生活活动、游戏活动与集体教学活动中的语言教育内容；第二，从幼儿语言能力发展来看，主要包括幼儿在倾听、表达、阅读、书写活动中的语言教育内容。

（一）不同性质教育活动中的语言教育内容

1. 生活活动中的语言教育内容

幼儿园一日生活环节以幼儿的生活为基点，既是真实的生活场景，也是教育的真实事件与环境。幼儿在生活场景中的所思、所想、所行、所言都是真实的，是幼儿情绪、生活经验、语言运用水平等原有经验的呈现。在幼儿园生活活动中选择恰当的语言教育内容能够使幼儿的语言能力在真实的生活场景中得以提升和发展。具体而言，生活活动中的语言教育内容应该与幼儿的生活经验、自我管理、社会交往、行为规范相关。例如，幼儿在日常生活的讨论交流中蕴含着丰富的倾听与表达能力发展的重要内容；幼儿生活常规的养成中蕴含着理解图像及符号含义方面的重要内容，这有助于幼儿阅读能力的发展；在一日生活环节的饮水、如厕次数的记录中蕴含着幼儿书写能力发展的重要内容。[①]

2. 游戏活动中的语言教育内容

游戏活动为幼儿创造了展示语言能力的平台，并且在游戏活动中，幼儿语言能力也在不断发展。因此，游戏活动中也包含着丰富的语言教育内容。首先，在游戏活动中幼儿与同伴围绕游戏的规则、玩法、游戏主题等方面的讨论中蕴含着倾听与表达能力发展的重要内容；其次，在游戏活动中幼儿对各种符号、图画的理解中蕴含着阅读能力发展的重要内容；最后，幼儿充分运用小肌肉活动进行的游戏活动中蕴含着幼儿书写能力发展的重要内容。

3. 集体教学活动中的语言教育内容

（1）语言集体教学活动的内容

语言集体教学活动的内容主要包括谈话活动、讲述活动、听说游戏活动、文学作品学习活动以及早期阅读活动的内容。

谈话活动创设的是日常口语交往情境，要求幼儿调动自己已有的经验，围绕一定的话题倾听他人的意见，表达自己的想法。谈话活动的内容涉及两个方面：第一，围绕自己熟悉的人或事进行谈话；第二，就某一熟悉的场景发表个人的观点和想法。

讲述活动为幼儿创设正式的口语表达情境，使幼儿有机会在集体面前表达自己对某一图片、实物或情境的认识、看法等，学习表述的方法和技能。讲述活动培养幼儿认真倾听的习惯和完整、连贯、清楚的表述能力，促进其独白语言的发展，内容涉及三个方面：第一，用简单、明了的语言把某一事物的特征、功用解说清楚；第二，用比较恰当的语言讲述图片或影片中的主要人物、事件；第三，用生动、形象的语言讲述处在某一情境之中的人物的形态、动作。

听说游戏活动为幼儿提供一种游戏情境，使幼儿在游戏中按一定规则练习口头语言，培养幼儿在口语交际中快速、机智、灵活的倾听和表达能力，内容涉及三个方面：第一，巩固难发的音和方言干扰音，练习声调和发声用气；第二，扩

① 周兢. 幼儿园语言教育活动指导［M］. 北京：人民教育出版社，2008：45—46.

展、丰富词汇量，练习词的用法；第三，在游戏中尝试运用某些结构的句子，锻炼语感。

文学作品学习活动从某一具体文学作品入手，为幼儿提供一个全面学习语言的机会，使他们在理解、感受文学作品的过程中，欣赏和学习运用文学作品中的有质量的语言。文学作品学习活动着重培养幼儿欣赏文学作品的能力，以及利用文学语言表达想象、表达生活经验的能力，内容涉及三个方面：第一，在欣赏儿童诗歌、散文的基础上，感知不同体裁的幼儿文学作品，理解文学作品的思想内容；第二，仿照某一首诗歌或某一篇散文的框架，编出自己的诗歌或散文段落；第三，通过对话、动作等进行故事表演，体验作品情节变化和人物情感的变化，创造性地运用文学作品的语言。

早期阅读活动是幼儿从口头语向书面语言过渡的前期阅读和前期书写准备。在早期阅读活动中，内容主要涉及五个方面：第一，在掌握翻阅图画书技能的基础上，愿意翻阅各类图画书；第二，了解图书画面与口语文字的关系，注意画面与文字之间的对应关系；第三，关注并理解周围环境中的图示、指示牌等的内容；第四，知道如何握笔，进行简单的书写练习活动；第五，掌握汉字的符号功能，尝试运用图文结合的方式制作图画书。

（2）其他领域集体教学活动中的语言教育内容

幼儿的语言学习与其他领域的学习有着千丝万缕的关系。因此，教师在对幼儿进行语言教育时不仅要关注专门的语言集体教学活动，而且要重视语言领域之外的活动中蕴含的丰富的语言学习因素，例如，健康集体教学活动中对于内容的理解、科学集体教学活动中对科学探究结果的记录及描述、社会集体教学活动中的交流互动、艺术集体教学活动中对歌词的理解等。因此，必须要重视更为广泛意义上的语言环境对幼儿语言发展的熏陶作用。

（二）指向幼儿语言能力发展的语言教育内容

幼儿语言能力发展主要包括倾听、表达、阅读、书写，这四个方面的内容是相互联系、相互促进的。指向幼儿语言能力发展的语言教育内容是为幼儿提供机会，对他们在日常语言交际中获得的语言素材进行提炼和深化，达到对语言规则的理解及有意识地运用。指向幼儿语言能力发展的语言教育内容主要包括学说普通话、词汇学习、口语交际训练、读写准备教育，这也是我国目前幼儿园语言教育中经常采用的、最基本的内容。

1. 学说普通话

普通话以北京语言为标准语，以北方方言为基础方言，以现代典范的白话文作为语法规范。对幼儿进行普通话教育既符合国家政策的相关规定，又是幼儿实现自身发展的需要。一方面，推广普通话已成为我国的一项语言政策。普通话的普及有利于实现我国不同地区、不同民族人民之间的友好交往，也有利于促进我国各个地区政治、经济、文化等方面的交流与发展。每一个中国公民都应重视自身普通话的学习与掌握。另一方面，幼儿期是个体语言学习与发展的关键期。特别是 4 岁之前，教师在幼儿能用本民族语言或方言进行日常交际的基础上，要求幼儿学说普通话；当幼儿的民族语音或方音已基本定型时，教师再想让他们学习普通话就比较困难了。日常生活经验也说明幼儿年龄越小，学说普通话的效果越好。因此，在日常生活与教育教学过程中，成人应鼓励幼儿说普通话，为幼儿提供多种内容和多种学习活动，使他们普通话的水平得到提高。

幼儿的普通话教育要注意以下两个问题：一是要教给幼儿普通话的语音规范，包括韵母、声母、声调；二是要依据本地区方言与普通话发音的区别，确立幼儿普通话学习的重难点，选取有针对性的语言教育内容，高效率地达成幼儿园普通话教育目标。

2. 词汇学习

幼儿学习语言是从理解词和说出词开始的，词汇学习的具体内容包括以下几个方面。

（1）丰富词汇

词汇是语言大厦最小的建筑材料，幼儿掌握的词汇量以及对词义的理解程度，不仅影响着幼儿的语言表达能力和交际能力，也影响着幼儿思维的发展以及认知能力的提高。因此，幼儿词汇学习的首要任务是丰富词汇量。

根据幼儿词汇量的发展情况来看，在幼儿能够理解和运用的词汇中，名词、动词、形容词等实词的比例较大，而虚词的比例相对较小。这表明对于幼儿来说，掌握实词比掌握虚词更加容易，并且从语言交际的需要来看，实词往往代表物品或动作的名称及特征，具有比较确切而具体的含义，并经常作为句子的主干成分，相较于作为句子辅助成分的虚词而言，幼儿比较容易理解实词，而且经常有机会在交际过程中运用实词，所以为幼儿提供的新词应该以实词为主。幼儿所掌握的词汇绝大部分来源于他们与其他人的日常交往。

当然，除了常见的名词、动词、形容词和人称代词之外，幼儿还需要学习许多其他类的词汇。为了丰富幼儿的词汇，成人一方面要充分利用日常交往的机会，有意识地为幼儿提供各种词语范例，为幼儿指明词语和相应事物之间的对应关系。另一方面，成人也可以结合不同年龄幼儿的认知特点，通过专门的教育扩展幼儿的词汇。

（2）理解词义

每个词都代表一定的含义，或表示某类事物的名称，或阐释某类事物的特征，或说明事物之间的某种联系。理解词汇是理解话语内容进而实现语言交际的前提。幼儿的生活经验比较缺乏且思维具有具体形象性的特点，所以幼儿在理解词汇的过程中，常常会出现偏差，主要表现为以下几种情况：一是"窄化词义"。例如，"狗"这个词则专指自己家养的小狗或者某个玩具狗，不包括其他的狗。二是"扩张词义"。例如，用"猫"或"狗"来指代所有四条腿的小动物，或者指所有带毛的小动物。三是含糊词义。因此，在不断丰富幼儿的词汇量、拓展词汇类别的同时，成人还需要采取以下方式指导幼儿正确理解词汇的意思。

第一，让词和词所反映的事物同时出现，这是帮助幼儿理解词义的第一条重要途径。例如，当幼儿看见小汽车时，成人就在旁边说："这是一辆小汽车。"久而久之，幼儿就知道这样的车叫"小汽车"了。

第二，对于幼儿不能亲眼所见、亲耳所闻或亲手触摸的事物，成人可以借助图画、录音或录像等媒介为幼儿提供直观信息，帮助幼儿将这些事物的名称及特征与相应的词联系起来，以帮助他们正确理解词义。

第三，对于年龄稍大的幼儿，成人还可以引导他们联系上下文，或联系自己已有的经验理解新词的含义，也可以直接用幼儿已经理解的语言向他们解释新词的含义。

（3）运用词汇

幼儿的词汇量较少，在积极尝试自己发现的构词规则时，容易出现规则泛化的情况，因此，幼儿在使用词语时常常出现错误或误用的情况。例如，有的幼儿听人们常说"吃过饭了""睡过觉了"，于是在表达"已经说过'再见'了"时，就说"再过见了"。针对幼儿错用或者误用词语的情况，教师可以从以下几个方面着手教幼儿正确运用词汇。

第一，经常为幼儿提供正确的用词示范。例如，在幼儿观察周围事物时，教师配以相应的语言说明，使幼儿了解周围各种事物和现象的名称；教师在对幼儿讲话时，要尽可能做到不出现语法错误，以免给幼儿造成错误的语言示范。

第二，针对幼儿经常错用或者误用的词语给予及时的反馈。当幼儿出现用词错误时，教师要进行有技巧的反馈，先对幼儿的表达表示理解，再通过自己的语言提醒幼儿怎么使用这一词语。

第三，为幼儿创设适宜的环境，鼓励幼儿运用已经理解的词汇。每个人所掌握的词汇都可以分为积极词汇和消极词汇两大类。所谓积极词汇，是指人们既能理解又能运用的词汇。所谓消极词汇，是指人们只能理解但不会主动说出的词汇。教师要多为幼儿创造机会，引导他们运用自己学过的词汇表达思想感情，将消极词汇转换为积极词汇。此外，教师可以通过听故事并复述的方式，帮助幼儿把消极词汇转化为积极词汇。

3. 口语交际训练

口语交际分为对话言语和独白言语两种类型，幼儿口语交际的训练内容通常包括对话训练和独白言语训练两个方面。

（1）对话训练

对话是个体每天都要进行的必要活动，从普通的打招呼到你问我答，从生活中的讨价还价到正式场合的协商谈判，生活中处处需要对话。因此，对幼儿进行对话训练，是幼儿园语言教育必不可少的重要内容。

第一，为幼儿提供日常会话经验。日常会话是对幼儿进行对话训练的一条重要途径。教师要充分利用日常生活，通过提问或者自己先讲述的方式，引导幼儿参与对话。在对话开始时幼儿可能是被动参与的，但也能学到许多对话的技巧。随着对话经验的增加，幼儿慢慢学会了主动发起对话的方法。此外，幼儿同伴之间的对话，更能使幼儿体会到对话规则的意义，有助于幼儿学会根据对方的期望和反馈调节自己的对话内容和讲述方式。

第二，通过谈话活动进行对话训练。幼儿运用语言与人交往是从交谈开始的。谈话在培养语言交际意识、情感、能力方面有特别重要的意义。语言交际的效果也在很大程度上取决于交谈双方能否从对方的角度思考所谈的问题。对于幼儿来说，他们感兴趣并有较大教育意义的谈话主题往往直接来源于生活，每一次谈话既包括教师与幼儿之间的对话，也包括幼儿与同伴之间的对话。在谈话活动中，教师应从以下方面对幼儿的对话进行指导。

一是学会倾听。要使幼儿真正学会交谈，教他们学会倾听是十分有必要的，幼儿只有听清楚、听明白对方在讲什么，并且根据对方所讲的内容作出相应的言语反应，才算一次真正的对话。针对幼儿身心发展特点，教师可以借助一些直观教具，吸引幼儿注意讲话内容，也可以请幼儿重复别人刚刚说过的话或者运用其他方式逐渐使幼儿养成注意倾听的习惯，在此基础之上教师也要积极通过语言提示引导幼儿对别人的话进行思考，或者利用文学作品学习活动，在讲故事之前向幼儿提出明确具体的问题，使幼儿能够带着问题去听故事，这也有助于培养幼儿理解语言的能力。此外，教师要想教会幼儿倾听，自己要首先学会倾听，并且在与幼儿进行交谈时表现出这种技能，让幼儿能够观察、学习和模仿。

二是学习运用基本的对话规则。基本的对话规则包括围绕同一话题谈话，谈话双方轮流讲话，谈话者根据对方的反馈运用修补的方式延续谈话。引导幼儿围绕某一话题谈话，首先要保证话题是幼儿熟悉，并乐于谈论的事物；其次，教师要通过提问不断拓展幼儿谈话的内容。幼儿自我中心意识比较强，但自我控制能力较差，在谈话的过程中常常等不及听别人讲完就插话，有时根本不听别人在说些什么，只顾讲自己想说的话。针对这一情况，教师一方面要向幼儿提出要求，指导他们在别人讲话时注意倾听，要等别人讲完了再发表自己的看法；另一方面，教师也要体谅幼儿急于表达的心理需求，提供机会让每个幼儿把自己想讲的话讲出来，允许幼儿在某些时候，如自由活动时或者争论激烈时，表现出"迫不及待"。

（2）独白言语训练

独白言语作为一种比较复杂的口语交际能力，是在对话言语的基础上逐渐发展起来的。心理学的相关研究表明，幼儿从5岁时就具备了独白言语能力，在这之前幼儿口语交际是对话形式，还难以连贯、完整地进行表述。教师应该通过和幼儿一起讲述或领讲前几个词等方式，引导幼儿讲完一段话。幼儿5岁左右时，教师就可以开始有目的地组织幼儿尝试进行真正的讲述活动，训练幼儿的独白言语能力。

第一，构思讲述内容。由于幼儿的生活范围比较狭小，相较于成人缺乏生活经验，对幼儿进行独白言语训练往往需要一定的凭借物，如一幅或几幅有情节的图画、一个故事或童话、一次观察发现活动等。只有先让幼儿接触一定的事物或现象再让他们组织语言进行讲述，幼儿才感觉有话可说。

为了指导幼儿独自构思讲述内容，教师首先应该引导幼儿感知和理解讲述对象，引导幼儿运用多种感官从多种维度感知事物的多个方面特征；其次，指导幼儿确定并组织讲述内容。在充分感知和理解讲述对象的基础之上，教师必须引导幼儿对感知及理解经验进行筛选、归纳和条理化，使幼儿能够根据一定的主题有条理地进行连贯的讲述。教师可以按照一定的顺序组织幼儿观察事物，这既是在教给幼儿认识事物的顺序，又是在引导幼儿按照一定的顺序和关系组织自己的感知经验；教师一边引导幼儿进行观察，一边可以用提问或总结的方式帮助幼儿把自己直接感知到的经验与相应的语句联系起来，从而使幼儿学会用语句把自己的观察和感受表达出来。除此之外，教师还可以通过一系列的提问，引导幼儿有组织地回忆或通过范讲的方式引导幼儿组织讲述内容。

第二，进行清楚完整的表达。一方面，教师要指导幼儿正确地选词、造句，并注意句子之间的关联；另一方面，教师要指导幼儿根据讲述的主题和内容恰当运用语音、语调及非言语手段辅助表达。

对于年龄较小的幼儿，教师的言语示范是非常重要的。教师在引导幼儿观察周围事物或总结幼儿的观察经验时，必须精心设计语言和表情，为幼儿学习讲述提供榜样。与此同时，教师也要鼓励幼儿用自己的话对周围事物进行描述和概括，帮助幼儿学会用自己的语言把获得的经验以及对周围事物的认识与感情完整、连贯地表述出来。

4. 读写准备教育

在幼儿园语言教育中，读写准备教育的直接目的是为幼儿正式入学后学习读写书面文字做好准备，为幼儿提供诸如阅读和理解书面图画或符号、执笔运笔等经验。

（1）阅读图书指导

许多幼儿对阅读图书很感兴趣，他们常常手捧图书，专心致志地翻看许久。在条件允许的情况下，教师要尽可能地为幼儿提供丰富的图书资料，包括各类故事书、连环画、绘本、儿童画报、图卡等。幼儿园各个班级的活动室都应该设置图书角，定期更换其中的图书，为幼儿的早期阅读创造一个舒适的环境。与此同时，当幼儿阅读图书时，教师应该有目的地加以适当指导，以培养幼儿阅读图书的兴趣，帮助幼儿提高阅读图书的技能。一方面，教师要对幼儿的图书阅读提出一定的要求。例如，请幼儿讲述自己所阅读图书的内容，或者根据图书的内容请幼儿回答一些问题等。带着明确的问题进行阅读能够帮助幼儿更好地理解图书的内容。另一方面，教师还应有意识地对幼儿的阅读行为进行指导，例如，要轻轻地、按顺序地翻阅书籍；要爱护图书，不在图书上乱涂乱画；阅读的顺序是从左到右、从上到下等。

（2）识字准备教育

幼儿阶段的识字准备教育不同于小学阶段的识字教育，从幼儿认知特点来看，不宜对幼儿进行大规模的专门的识字教育，但这并不代表要完全剥夺幼儿识字的权利。教师应为幼儿创设适宜的环境，为幼儿正式入学后的识字教育做好准备。教师可以通过在幼儿接触到的物品上张贴文字标签等方式为幼儿创设认读汉字的机会。同时，教师可以指导幼儿进行各种图形观察和比较活动，训练幼儿的空间认知能力和分析能力，为幼儿入小学认识大量汉字、区分字与字、区分汉字的各个组成部分打下良好的基础。此外，教师也可以组织幼儿利用四线格或田字格做游戏，帮助幼儿记忆和区分格子的位置，为进入小学后学习拼音和汉字的结构奠定基础。

（3）书写准备教育

幼儿手部肌肉力量较小，小肌肉运动技能不发达，因此幼儿不宜进行机械的写字练习，但教师可以对幼儿进行一些书写准备方面的教育。

第一，教师可以带领幼儿尝试记录或制作图书，幼儿通过一些简单的图形符号或图画对事物进行书面记录。借助此类活动幼儿可以意识到文字、图画等书面符号可以像语音一样指代一定的事物，从而理解文字的含义。制作图书有助于幼儿理解书面符号与语音及语义的相互转化关系，并有助于激发幼儿学识字、学写字的愿望。一方面，教师可以鼓励幼儿用纸、笔描述并记录自己的见闻、感想或情感体验；另一方面，教师可以在幼儿谈话或讲述时，将幼儿的部分话语用笔记录下来，然后读给幼儿听，使幼儿感受到口语—书面语—口语的转换，这对提高幼儿的口语表达能力有一定的促进作用。

第二，教师通过幼儿感兴趣的方式训练幼儿的运笔技能。虽然幼儿不宜进行大量的正规的写字训练，但教师可以有意识地指导幼儿正确的用笔技巧。例如，在绘画过程中，教师可指导幼儿正确握笔、端正坐姿，从左到右、从上到下地运笔；在日常的游戏活动中，教师设计用笔"走迷宫"的活动，引导幼儿练习运笔和画线条。另外，教师也可以组织幼儿通过连线、描图形、在正确位置画图等方式练习运笔规则，锻炼幼儿的空间认知能力，为幼儿后续学习与发展奠定基础。

此外，教师还可以通过其他多种途径锻炼幼儿的手部小肌肉精细动作，如让幼儿用剪刀剪贴图画，进行串珠、捡豆等游戏活动，这都有助于为幼儿入学学习书写文字做准备。

【案例 4-2】

诗歌《祖国妈妈，我爱您》运用了形象、易被幼儿理解的表现手法，表达了作者热爱祖国的情感。依据该诗歌，吴老师通过朗诵引导大班幼儿感知诗歌内容，并在此基础上按"祖国妈妈，我爱您。您是××的××，我们是××××的××"的格式，让幼儿仿编诗歌，最后通过集体朗诵的方式感知诗歌的美。

附诗歌内容：

《祖国妈妈，我爱您》

祖国妈妈，我爱您。您是蓝蓝的天空，我们是展翅高飞的小鸟。

祖国妈妈，我爱您。您是广阔的海洋，我们是海中欢快的鱼群。

祖国妈妈，我爱您。您是绿色的草原，我们是幸福可爱的小羊。

评析：

上述案例在内容选择方面考虑了大班幼儿语言发展特点，能够在感知、理解诗歌内容的基础上，通过仿编诗歌提升学习难度。该活动内容以"热爱祖国"为主题，通过幼儿熟悉的形象加深对诗歌内容的感知与理解，引导幼儿用恰当的语言表达对祖国妈妈的热爱。该活动内容通过仿编诗歌的方式拓展幼儿的学习经验，既关注了活动内容的深度，也考虑到了活动内容的广度。

【走进幼儿园】

汉字是书写与传承中华文化最基本的符号与载体，更是中华优秀传统文化得以延续的主要手段。《幼儿园教育指导纲要（试行）》等文件都强调了在幼儿园阶段要培养幼儿对汉字的兴趣。在幼儿园阶段开展汉字主题教育有助于弘扬中华文化，对激发幼儿前书写的兴趣同样具有重要意义。

假如你是大班老师，想通过语言教育活动引导幼儿了解汉字的意义与用途，激发幼儿对汉字的兴趣，你会选择哪些内容？

项目小结

　　本项目介绍了幼儿园语言教育目标的确定及内容的选择，介绍了幼儿园语言教育目标确定的依据及幼儿园语言教育内容选择的依据。通过对幼儿园语言教育目标的结构分析，明晰了幼儿园语言教育目标的具体内容，探讨了幼儿园语言教育内容的结构定位，有助于教师在设计语言教育活动时科学合理地制订语言教育活动目标，选择语言教育活动的内容。

思考与实训

　　1.结合小班幼儿年龄特点，为幼儿园谈话活动"我爱幼儿园"拟定合适的活动目标。

　　2.请参考以下三条语言教育活动目标，选择具体的教学内容。

　　（1）乐意听同伴讲话，萌发热爱幼儿园的情感。

　　（2）理解并初步学习句式"幼儿园有……我喜欢幼儿园的……"。

　　（3）能够围绕活动主题大胆地表达自己的想法。

推荐阅读

　　王喜海.幼儿识字教育：有关争议的回顾与思考[J].上海教育科研，2020（12）：49-54.

　　幼儿识字教育一直备受关注和争议，虽有幼儿识字研究初步揭示了早期儿童识字规律，但仍不足以为教育主管部门决策提供充足的学理依据，也无法为幼儿识字教育提供有效的实践指导。厘清幼儿识字教育长期存在的症结，推进其发展，要抓住两个主要方面：一是教育主管部门应根据早期儿童识字规律采取监管措施，用"疏"代替"堵"；二是学者应深入研究早期儿童识字规律，提供更加科学、系统的研究成果。

☞推荐阅读资
　料包

项目五 幼儿园语言教育的原则、方法与途径

📖 内容导读

幼儿语言的发展遵循一定的规律且具有阶段性。幼儿园语言教育需要教师依据幼儿语言发展的理论和规律，遵循一定的原则，采取适当的方法和途径发展幼儿的语言。教师只有掌握幼儿园语言教育的原则、方法与途径，才能保障幼儿园语言教育的质量，有效地组织和实施幼儿园语言教育活动，调动幼儿学习语言的积极性与主动性。本项目主要阐述幼儿园语言教育的原则、方法与途径。

🧠 思维导图

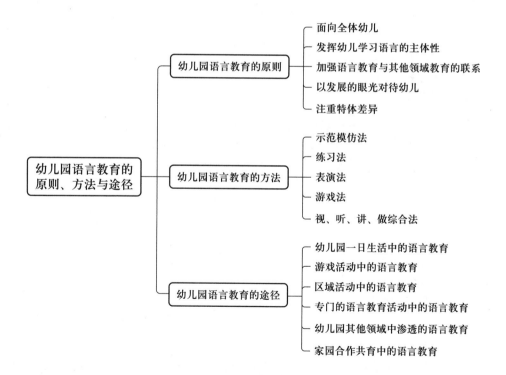

项目目标

1. 了解幼儿园语言教育的原则和途径。
2. 掌握并有效运用幼儿园语言教育的主要方法。
3. 能够比较各种语言教育方法和途径的区别与联系。

情境导入

李老师最近很烦恼，班里的几名幼儿经常把老师的"师（shī）"说成"sī"，尤其是乐乐，每次喊老"师"都会说成老"sī"，李老师每一次都会耐心地纠正他的发音。后来，乐乐一说老"sī"，其他小朋友就笑话他，乐乐渐渐地就不爱说话了，即使李老师主动提问或与他沟通，他也低着头不说话，李老师更着急了。

讨论：你认同李老师的做法吗？为什么？你能给李老师提供什么好的教育方法吗？

任务一　幼儿园语言教育的原则

【任务目标】

1. 知道遵循幼儿园语言教育原则的重要性。

2. 掌握幼儿园语言教育的原则。

3. 能够运用幼儿园语言教育原则分析教师在语言教育过程中出现的问题。

幼儿园语言教育的原则是指教师在实施语言教育活动时需要遵循的基本准则和基本要求。幼儿园语言教育原则是贯穿幼儿园语言教育全过程的指导要求，直接影响幼儿园语言教育的效果。

一、面向全体幼儿

针对幼儿学习语言表现出的个性化特点，幼儿园语言教育要在面向全体幼儿的同时，兼顾幼儿发展的个体差异。

（一）幼儿园语言教育要面向全体幼儿

面向全体学习者，这是各级各类教育都要坚持的一条原则。在组织开展幼儿园语言教育时，教师必须依据本班幼儿语言发展的年龄特点确定语言教育目标，必须考虑全体幼儿的语言经验选择语言教育的材料，必须参照幼儿已有的语言经验和已有的语言发展状况对幼儿的语言发展效果进行评估。在进行语言教育时，教师要保证每个幼儿都有练习和运用语言的机会，使每个幼儿都有说话的机会。在幼儿园语言教育实践中存在着忽视部分幼儿语言发展需求的情况。部分教师受幼小衔接的影响，采用小学式的语言学习方式，为幼儿提供难度较高的语言材料，忽视了幼儿的年龄阶段特点和语言发展需求，导致幼儿不能有效地提升语言水平；部分教师还受个人喜好的影响，喜欢那些语言表达流利的幼儿，忽视那些语言表述不清晰的幼儿，这会使语言发展不佳的幼儿得不到足够的发展机会，甚至影响幼儿未来的语言发展水平。教师应始终坚持教育要面向全体幼儿的原则，保证使每一个幼儿都能习得语言经验，促进幼儿语言的学习与发展。

（二）幼儿园语言教育要兼顾幼儿语言发展的个体差异

幼儿的语言发展存在一定的共性和相似性，但受遗传、个性、环境等因素的影响，幼儿在语言表达、运用等方面还存在着个体差异。例如，有的幼儿喜欢说话，有的幼儿则比较沉默或害怕开口；有的幼儿口语表达清晰，有的幼儿说话口齿不清。通常，喜欢说话、乐意主动表达的幼儿容易吸引教师的注意，也是教师经常提问的对象，因此他们能获得更多的语言表达的机会；而那些偏内向的、不善于表达的幼儿常常会被教师忽视，甚至遭到教师的冷落。因此，在面向全体幼儿的同时，教师必须尊重幼儿个体的语言发展水平，为每个幼儿提供适合其语言发展的环境和交往方式。

《纲要》强调"幼儿的语言学习具有个别化的特点，教师与幼儿的个别交流、幼儿之间的自由交谈等，对幼儿语言发展具有特殊意义"。面对语言发展不佳的幼儿，一方面，教师要仔细观察幼儿的语言发展现状，了解这些幼儿不愿意说话、逃避语言交往的原因，根据不同的原因采取针对性的措施，或是耐心鼓励，或是经常与之交谈，或是选择幼儿感兴趣的话题，为他们提供说话的机会，消除他们对语言交流的恐惧，引导他们主动与人交流、大胆表达。另一方面，教师要保护这些幼儿的自尊心，避免在全班幼儿面前批评他们。教师可以通过降低谈话难度或鼓励等方式引导幼儿发言。例如，亮亮性格腼腆、内向，不敢在其他幼儿面前说话。考虑到他的这种特点，教师会在过渡环节进行谈话活动，主动询问他简单的、常规的问题，如询问他"今天天气怎么样""早饭吃了什么""是谁送你到幼儿园的"等问题，采取鼓励的方式，积极引导亮亮说话。与此同时，教师在讲完故事提问时，会问亮亮最简单的问题，如"刚刚老师讲的《小猫钓鱼》的故事中，小猫最后钓到鱼了吗？"这个问题属于是非题，亮亮只需要答"是"或"否"，如果不愿意说话也可以选择点头或摇头。这种回答方式对性格腼腆的亮亮来说是一种可以接受的交流方式，教师会对亮亮的回答进行表扬，做出积极的回应，通过这种方式慢慢消除亮亮对回答教师提问的恐惧，也给了亮亮锻炼语言表达能力的机会。

总之，面向全体幼儿和兼顾幼儿语言发展的个体差异，两者是统一的。教师要兼顾这两个方面，综合集体教学、分组教学、个体自主活动等多种组织形式开展幼儿园语言教育，根据不同幼儿的语言发展需要和特点有针对性地进行指导。

二、发挥幼儿学习语言的主体性

主体性是指幼儿的语言学习是一个主动建构的过程，语言教育必须发挥幼儿语言学习的主体性，使幼儿成为语言学习的主人。坚持发挥幼儿学习语言的主体性原则是教育以人为本的充分体现，是尊重幼儿个体、以幼儿发展为主旨的教育观的具体表现。在幼儿语言学习的过程中，教师要明确自己的角色、作用，积极构建一种平等、民主的师幼关系，为幼儿的语言学习创设有利的条件。

（一）教师要为幼儿的语言学习提供榜样

模仿是幼儿语言学习的重要手段。教师的语言修养和语言习惯对幼儿语言发展有最直接的影响。因此，教师必须从自身做起，注意自己语言的规范性，为幼儿学习规范的语言提供榜样。首先，教师要以严格的标准要求自己，不论是在日常交谈中还是教学活动中都说普通话。幼儿虽然能在电视上、在网络中听到普通话，但在日常交往和教学活动中，如果教师常用方言与幼儿进行沟通，会导致幼儿虽然能听懂普通话，但是却不能运用普通话与他人进行流利的交谈。为了保障幼儿顺利地掌握普通话，教师必须以身作则，坚持使用普通话。其次，教师要养成文明的语言习惯。一方面，只要是在有幼儿的场合中，不论是直接与幼儿交谈，还是与其他人交谈，教师都要坚持用文明的语言。教师要少说俚语、俗语，更不能说粗话、脏话。另一方面，教师要注意自己与人交谈的态度，不随意打断他人讲话，能及时地对他人的讲话进行回应。在实际的日常交流和教学活动中，部分教师会对幼儿的讲话表现出不耐烦、不想听的态度，这种生硬的态度不仅会打击幼儿讲话的积极性，还有可能被幼儿模仿迁移到自己与同伴的交谈过程中，对幼儿良好语言习惯的养成带来消极影响。总之，教师既可以努力提高自身的语言交往水平，为幼儿提供良好的语言示范；又可以通过表扬幼儿良好的语言行为，为其他幼儿提供同伴榜样，鼓励幼儿之间相互学习、共同进步。

（二）教师要为幼儿提供丰富多彩的语言材料

教师可以在日常生活和教学活动中，为幼儿提供有趣的视频、故事书等材料，同时，教师还要根据幼儿学习语言的实际情况定期更换语言材料。例如，教师可以在活动室的各个区域及饮水区、厕所等地方贴上适当的标签，可以带有图画、文字，可以完全是文字，这不仅划分了各个区域，也在潜移默化中让幼儿认识这些文字；教师可以在过渡环节为幼儿播放音频或视频，让幼儿运用多种感官感知语言，获得语言经验；在图书区，教师可以提供幼儿喜欢的、经典的图书，也可以提供识字卡片，拓展幼儿的语言经验，丰富幼儿学习语言的材料。

总之，多样化的语言材料能激发幼儿语言学习的兴趣，使幼儿能从听、读、写等各个方面感受语言的魅力，体验不同的语言形式，促进幼儿语言的学习与发展。

（三）教师要为幼儿创设语言交际情境

良好的语言交际情境能使幼儿积极、主动地投入语言学习中，有助于幼儿与同伴、教师进行言语交流。《纲要》指出，要"创造一个自由宽松的语言交往环境，支持、鼓励、吸引幼儿与教师、同伴或其他人交谈，体验语言交流的乐趣"。在幼儿园一日生活中，教师要努力营造一个宽松、和谐的语言氛围，为幼儿创设敢说、想说、愿意说的语言交流环境，提供充足的语言交流机会，促进幼儿语言的发展。一方面，在日常生活中，教师不要对幼儿自发的语言交往进行过多的限制，要允许或适当鼓励幼儿在自由游戏时间或等待的时间里自由交谈，这种交谈可以锻炼幼儿的语言表达能力和倾听能力；另一方面，教师可以通过晨间谈话、故事表演、请幼儿传话、娃娃家扮演游戏等形式激发幼儿表达和交流的欲望，让幼儿通过多种形式的语言活动练习、巩固、提升语言表达能力，逐渐掌握与人交往的技能。

（四）教师要对幼儿的语言学习做出积极的反馈

在宽松的环境下，大多数幼儿会积极主动地与同伴或成人交流和沟通。在指导幼儿进行语言表达时，教师要转变观念，不要只关注幼儿语言表达和理解中的错误或不足，而应该多注意幼儿在语言表达过程中的积极因素，如有的幼儿虽然讲话不清晰，但态度积极；有的幼儿虽语速较慢，但能说出完整的句子；有的幼儿不喜欢表达自己，但是总能耐心倾听别人讲话；等等。教师要抓住幼儿语言表达中的闪光点，并给予及时的肯定和积极的评价，这会极大地增强幼儿学习语言和运用语言的信心。

【案例 5-1】

李老师的班上有一个叫毛毛的孩子，毛毛讲话不是很清晰，但是，每次李老师提问时，他都积极地举手回答问题。李老师对毛毛积极回答问题的态度很满意，所以，她常常会叫毛毛回答问题。有的时候，李老师也听不清楚毛毛的回答，但是，她始终耐心鼓励，对毛毛的每一次回答都耐心倾听，做出肯定的评价，慢慢地毛毛说话越来越清晰了。

评析：

案例中李老师的做法是正确的。一方面，李老师尊重毛毛语言发展的个体差异，并为其提供足够的语言学习机会。李老师发现毛毛回答问题的态度很积极，因此，在尊重毛毛语言发展水平的基础上，李老师为毛毛提供了足够的语言表达的机会，帮助毛毛锻炼自己的语言表达能力。另一方面，李老师发挥幼儿学习语言的主体性，对幼儿的语言学习做出积极的反馈。李老师采取了鼓励的方法，对毛毛的回答进行了及时的、积极的回应，这极大地鼓励了毛毛学习和运用语言的积极性。在幼儿园中，教师要善于发现幼儿语言发展的个体差异，尊重幼儿的语言发展水平，并采取适当的方法激发幼儿语言学习的积极性，促进幼儿语言的发展。

三、加强语言教育与其他领域教育的联系

幼儿园任何一个领域的教学活动都离不开语言的练习与发展，幼儿在各个领域的活动中都会积累语言经验。《纲要》明确指出"幼儿语言的发展与其情感、经验、思维、社会交往能力等其他方面的发展密切相关，因此，发展幼儿语言的重要途径是通过互相渗透的各领域的教育，在丰富多彩的活动中去扩展幼儿的经验，提供促进语言发展的条件"。教师应该设计和组织综合性的语言教育活动，将语言教育目标同社会、认知、情感等方面的目标有机地结合起来，加强语言教育与其他领域教育的联系，促进幼儿身心各方面的协调发展，主要做法如下：

（一）立足于语言教育的目标和内容

教师通过设计语言教育的延伸活动，完成其他领域的一些目标。例如，教师

指导幼儿学习一首诗歌，其主要内容是描述春天到来后大地焕发生机、花草树木蓬勃生长、动物奔跑等美丽景象。在延伸活动中，教师要求幼儿发挥各自的想象力画一幅春天来了的景色图，并要求幼儿在画好之后向大家介绍自己画的内容。这里的延伸活动在形式上与语言教育的关系并不明显，但其内容是与幼儿学习的文学作品直接相关的。从幼儿的角度看，他们先是理解文学作品的内容，之后又绘制相关的景色图。通过这些活动，幼儿既掌握了有关春天的一些知识，欣赏了春天到来的美丽景色，又在动手操作和语言表达方面获得了有益的经验。

（二）从其他领域的教育目标和内容出发

教师从其他领域的教育目标和内容出发，在教育过程中适当地渗透语言教育的因素。例如，在美术活动中，一方面教师指导幼儿进行绘画或做手工；另一方面在绘画或手工作品完成之后，教师鼓励幼儿进行作品的交流和分享。在社会活动中，教师既可以创设宽松的人际交往环境，引导幼儿之间进行友好的交流和沟通；又可以帮助幼儿整理和总结社会活动中习得的人际交往经验，并用口头讲述或绘画等形式展现出来。在科学活动中，一方面，教师可以引导幼儿边观察边交流沟通，讲解和展示自己的成果；另一方面，教师可以帮助幼儿对科学活动中获得的经验和方法进行总结，并用口头讲述或是绘画等方式呈现出来。在一日生活中，教师可以通过观察了解幼儿的口语表达和交际情况，有针对性地进行指导，观察及评估的结果均可以作为教师设计和组织语言教育活动的依据。

总之，教师要灵活、巧妙地运用其他领域中的语言教育因素，设计和组织综合性的语言教育活动，促进幼儿身心全面发展。

四、以发展的眼光对待幼儿

基于幼儿语言发展的年龄特点和语言学习循序渐进的特点，教师要学会用发展的眼光看待幼儿，为他们提供充足的语言表达机会，促进幼儿在原有的语言能力基础上不断进步。

（一）语言教育的目标要有挑战性

苏联心理学家维果茨基的"最近发展区"理论提出，教育要走在幼儿发展的前面，要关注幼儿的"最近发展区"，为幼儿提供挑战自我的机会，帮助幼儿在原有水平上不断提升自己。因此，日常生活和教学活动的目标都要在满足幼儿现有语言发展需要的基础上，指向幼儿语言学习的"最近发展区"，设置具有挑战性的目标，激发幼儿语言学习的积极性，不断挖掘幼儿语言学习的潜能，最终使幼儿超越"最近发展区"，达到活动的挑战性目标。

为此，教师在日常生活中，需要仔细观察并深入了解班级每一个幼儿的语言发展现状，掌握幼儿语言发展的"最近发展区"，并在此基础上，制订既满足幼儿原有的语言发展水平，又具有一定挑战性的语言学习目标，从而促进幼儿语言发展。例如，对语言能力发展较好的大班幼儿，教师可以给幼儿提供几幅图和几个关联词，引导幼儿观察图与图之间的关系，发挥想象力，运用关联词，练习从简单句到复合句；还可以开展故事表演活动，让幼儿根据故事内容进行相关的表演，在故事表演的过程中提升幼儿的语言表达能力和交往能力。

（二）语言教育的过程要理解幼儿的表达

《指南》指出要"尊重和接纳幼儿的说话方式，无论幼儿的表达水平如何，都应认真地倾听并给予积极的回应"。幼儿喜欢接受新事物，学习新词语，并能大胆尝试新句式，但是他们往往不能正确理解新词语的含义，只是根据已有的生活经验或当时的语境理解词语的含义，做出自己的解释。例如，妞妞换了一条新裙子，妈妈称赞这件新衣服真好看，之后只要妞妞看见有人换了一件衣服，就会说"某某穿好看的新衣服"。可以看出，在这个例子中，妞妞试图将特定的语言和相应的情境联系在一起，但是，没能找到两者正确的关联，而是将"穿好看的新衣服"与"换一件衣服"联系在一起。当教师面对幼儿在语言理解和运用方面表现出的类似的错误时，应始终保持一种宽容、积极的态度，不要指责或嘲笑幼儿的错误，而是要看到幼儿在其中所做出的努力与进步。对展现幼儿想象力和创造力的一些话语，教师还应以欣赏的眼光看待。

五、注重特体差异

由于遗传、环境、个性、生理状况等因素的影响，有些幼儿语言的发展表现出不同的特点，主要包括语言发展过快或过慢，以及语言发展出现障碍等。这类幼儿被称为特殊儿童，他们与普通幼儿在语言发展方面表现出的显著差异称为特体差异。特殊儿童发展需要教师等专业人员加以干预和指导，才能科学发展或逐渐达到正常水平、最佳的康复水平。教师要关注幼儿的特体差异，针对幼儿语言发展过程中出现的问题或障碍，进行专门的指导和帮助。

（一）关注语言发展过快或过慢的幼儿

这类幼儿语言发展的速度高于或低于一般发展水平，但尚未达到语言发展障碍的程度。

☞注重特体差异

1. 语言发展过快

部分幼儿语言发展速度高于班级幼儿的平均水平，对这部分幼儿，教师要为他们提供难度适宜的玩教具，制订适当的语言教学活动，并在日常生活中抓住教育契机，对幼儿进行教育，保证幼儿的语言能力得到发展。同时，教师要与家长沟通，对家长进行指导，实现家园共育，共同促进幼儿的语言发展。

但是，由于幼儿善于学习和模仿成人和同伴的语言，因此，他们易受方言、脏话等因素的影响。语言发展较快的幼儿喜欢学习新的词语，他们会模仿成人的语言，但是还不能辨别语言使用的规范性。因此，教师和家长应提供正确的言语示范，坚持讲普通话，不说脏话、粗话，为幼儿提供语言学习和模仿的榜样。教师和家长也可以为幼儿提供多种多样的事物，带幼儿参观不同的场所，让幼儿积累丰富的词汇，满足幼儿学习和模仿的需要。

2. 语言发展过慢

部分幼儿语言发展速度低于班级幼儿平均水平，常常表现出吐字不清晰、发音存在错误、词汇量不足等问题。

对语言发展较慢的幼儿，教师要多加关注，了解幼儿实际的语言发展水平和存在的问题，并有针对性地对幼儿进行帮助和指导。例如，有的幼儿吐字不清晰，不能清楚地表达自己的想法，教师可以提醒幼儿慢慢说，耐心引导，适当重复幼儿的语言，并给予必要的补充。有的幼儿发音存在错误，教师要抓住一日生活中的教育契机进行纠正，还可以设计学习正确发音的教学活动，帮助幼儿改正错误的发音。教师也要常与家长进行沟通，既了解幼儿在家中的表现，又让家长了解幼儿在园的发展情况。同时，针对幼儿语言发展过慢的情况，教师要给予家长适当的指导和帮助，让家长在家中也采取相应的方式促进幼儿语言的发展。

（二）关注语言发展存在障碍的幼儿

根据教育部的相关政策文件规定，普通学前教育机构应当接收"能适应其生活"的特殊幼儿。《纲要》指出"要为每一个儿童，包括有特殊需要的儿童提供积极的支持和帮助"。学前教育工作者要掌握最基本的特殊教育知识技能，为随班就读的语言发展存在障碍的幼儿提供指导和帮助。

1. 言语障碍

言语障碍是指幼儿在说话时出现的异常现象，包括发音、构音以及语流的异常。幼儿的言语障碍主要是因器官发生器质性病变或发育过程出现问题而导致的。言语障碍主要包括构音障碍、声音障碍和流畅性障碍。目前，在幼儿园中常见的幼儿言语障碍为口吃。

口吃主要表现为说话时语言表达不流畅，语句不完整、易中断，字句、音节不断重复。研究表明，2—5岁儿童易出现口吃症状，且男孩口吃的发生率要高于女孩。口吃发生的原因有很多，包括遗传、模仿、过度关注和矫正、语言发展的阶段性特点、精神压抑等。在严格意义上，有些幼儿表现出的"口吃"只是一种"口吃现象"，并不是真正的"口吃"，例如，幼儿模仿口吃患者出现的口吃现象；在语言发展过程中，幼儿因为着急而表现出的口吃现象等。但如果不对幼儿的口吃现象进行适当的处理，则会引发语言发展的危机，使口吃现象变成真正的口吃。

教师要科学认识幼儿口吃的现象，不随意给幼儿贴标签。教师要明确幼儿出现的断句、说话不连贯等口吃现象，是语言发展阶段的一种生理现象，随着时间的推移和语言的发展，幼儿的口吃现象会逐渐消失。因此，教师给予幼儿宽松的语言交际环境，采取适当的措施，帮助幼儿顺利地度过这一阶段。同时，当幼儿出现口吃现象时，教师不要随意给幼儿扣上"口吃"的帽子，并急于矫正幼儿的口吃现象。这样会给幼儿造成巨大的压力，使幼儿不敢表达或表达时过于紧张，从而加剧口吃情况，容易形成真正的口吃。

教师不仅要给予幼儿充足的表达机会，还要耐心倾听幼儿讲话，不随意打断或表现出不耐烦的情绪。教师的耐心倾听和积极鼓励会让幼儿有语言表达的勇气。同时，教师要为幼儿提供优秀的言语榜样。在日常交流中，教师要放慢语速、吐字清楚、发音正确，引导幼儿通过模仿逐渐改变自身的口吃情况。

2. 语言障碍

语言障碍是指幼儿在语言符号系统的理解和使用上存在异常。幼儿的语言障碍主要是由于语言发育迟缓或某些精神障碍的影响。语言障碍主要包括语言发育迟缓和失语症。目前，在幼儿园中常见的语言障碍是语言发育迟缓。

语言发育迟缓是指幼儿的语言发展明显落后于实际年龄的发展水平，主要表现为不会说话、说话晚、发音不清等。幼儿语言发育迟缓的原因包括视觉障碍、听觉障碍、智力障碍、自闭症、情绪障碍等造成的语言发展异常，以及遗传、环境等因素的影响。

对语言发育迟缓的幼儿，教师要为其提供良好的语言环境，让班级里的其他幼儿接纳他，营造和谐温馨的班级氛围，避免幼儿因被嘲笑而失去语言表达的勇气。同时，教师要为语言发育迟缓的幼儿创造合适的交流环境。例如，利用区域活动中的娃娃家、超市等帮助幼儿说话；通过户外游戏活动或语言游戏活动，引导幼儿与人交流。教师还可以通过分组合作的形式增加幼儿与同伴交流的机会。

在日常生活中，教师可以为幼儿提供大量的事物，或带领幼儿参观纪念馆、走进大自然等，让幼儿在真实感知和体验中学习新词语。例如，在探索大自然时，教师可以在幼儿观察树木、花朵等的同时，告诉幼儿"这是大树""树叶"等，让幼儿通过直观感知学习。除了词汇的学习，教师还要训练幼儿的表达能力。

教师要争取家长的配合，实现家园共育。首先，家长要尽可能提供优越的语言发展环境和活动机会。家长对幼儿的语言发展不能操之过急，而是要多鼓励、肯定幼儿的言语表达，营造宽松、愉快的家庭交流氛围；不能过度保护，而是要给予幼儿自主表达和交往的机会，促进其语言的发展；不能漠不关心，家长对幼儿语言发展的重视程度在一定程度上影响着幼儿的语言发展。其次，家长要注意自己的言行，树立良好的榜样；要为幼儿提供与不同年龄伙伴交流的机会，鼓励幼儿进行交流和表达。除此之外，家长的陪伴包括玩耍、逛街、看书等都可以促进幼儿语言的发展。总之，教师要与家长经常进行沟通和交流，让家长明确幼儿的语言发展状况，并与教师一起合作共育，共同矫正幼儿的语言发展障碍。

3. 其他类型的障碍

幼儿语言发展障碍除了言语障碍和语言障碍外，还包括视觉障碍、听觉障碍、智力障碍、学习障碍、多重障碍等，这些类型的障碍由于大脑系统、外围言语器官等器质性原因，以及智力、注意等心理性原因等，会对语言的发展造成一定的影响。例如，幼儿的听觉系统受到损害，产生听觉障碍，会使幼儿缺少语言刺激和相应的语言学习环境，阻碍幼儿语言的发展；存在视觉障碍的幼儿在语言学习中缺乏视觉形象，常出现词语和视觉形象脱节的现象，不能准确把握词语的含义；语言障碍是智力低下幼儿中常见的问题之一，多数智力低下幼儿存在语言发展迟缓的现象。

对其他类型障碍的幼儿，教师要采用适当的方式，有针对性地进行指导。例如，对听觉障碍的幼儿，教师要为他们提供大量的语言刺激，引导他们边说边做，让幼儿在反复操作的基础上，将词语和事物联系起来，加强对词语内涵的理解；对视觉障碍的幼儿，教师要尽量用简短的语句与他们进行交流，同时，为幼儿提供丰富的语言学习机会，让幼儿通过直观感知、动手操作，学习更多的词语；对智力低下的幼儿，教师要注重情境教学和游戏教学，利用日常生活中真实、自然的情境和轻松的游戏激发幼儿参与的积极性和主动性，引导幼儿与同伴进行交流，促进幼儿语言的发展。教师要明确不同类型障碍幼儿的语言发展表现，明确各个类型障碍幼儿的语言发展特征，学会用适当的方法有针对性地对不同类型障碍的幼儿进行教育和指导。

无论是何种类型障碍的幼儿，其语言能力的发展都需要家长的支持和配合。因此，教师要争取家长的支持，努力实现合作共育。与家长相比，教师对各类障碍幼儿的了解往往更为全面和深刻，并掌握了矫正其语言发展障碍的有效手段。教师要对家长进行针对性的指导，为家长提供适当的矫正方法。例如，对视觉障碍和听觉障碍幼儿的家长，教师可以为家长提供一日生活和课程安排计划，指导家长为幼儿延伸或巩固练习每日所学内容，促进幼儿语言能力的发展。

【走进幼儿园】

在幼儿园中常遇到这种情况：有的教师为了方便维持班级秩序，限制幼儿在日常生活或教育活动中自发的语言交流，只允许幼儿在教师准许的情况下发言和交谈。这种方法确实有效地保证了班级的秩序，但是，却使得整个班级的氛围变得压抑……

案例中教师的做法正确吗？教师在一日生活中的语言教育违背了幼儿园语言教育的哪些原则？

任务二　幼儿园语言教育的方法

【任务目标】

1. 掌握幼儿园语言教育的多种方法。
2. 能够综合运用多种方法组织幼儿园的语言教育活动。
3. 树立运用合适方法组织语言教育活动的科学教育观。

　　幼儿园语言教育的方法是根据幼儿语言发展规律、语言教育目标以及多年的语言教育实践经验归纳出来的。幼儿园语言教育的方法主要有示范模仿法、练习法、表演法、游戏法、视听讲做综合法。

一、示范模仿法

（一）示范模仿法的概念及应用

　　示范模仿法是指教师为幼儿提供语言学习的范例，使幼儿在良好的语言环境中自然地模仿范例，从而学习和掌握一定的语言技能的方法。教师、同伴、家长、媒体中的卡通人物、绘本角色等都可以作为幼儿语言学习的模仿对象。

　　幼儿具有爱模仿的特点，正确的语言示范可以为幼儿提供具体、直观的榜样，有利于幼儿口头语言、书面语言等方面的发展。在幼儿园语言教育活动中，首先，教师的示范是幼儿进行语言模仿的基础，应将教师的示范和幼儿的模仿相结合，才能更好地促进幼儿语言能力的发展。其次，幼儿的模仿具有随机性的特点，模仿发生的时间和场域是随机的，教师需要时刻规范自身的语言，善于抓住教育的契机，适时且正确地进行示范和引导。最后，示范模仿法的运用可以渗透在幼儿园一日生活的各个环节之中。教师可以从幼儿入园到离园的各环节入手，为幼儿进行语言交流示范，并鼓励幼儿积极模仿和学习。例如，在晨间谈话时，教师引导中班幼儿采用"在哪个活动区—做什么—为什么"的句式结构说一说自己在活动区的游戏计划，先提供范例"今天我会在美工区制作一盏红灯笼，因为我想让幼儿园变得更漂亮"，再请幼儿模仿范例进行表述。

（二）教师在运用示范模仿法时的注意事项

1. 使用规范的示范语言

　　首先，教师要说好普通话，发音准确，咬字清晰，并注意语音、语调、语速的变化；其次，教师示范的内容要健康、文明、合理。例如，小班语言活动"我很有礼貌"，教师为幼儿示范符合场景且文明的礼貌用语：游戏时不小心撞到同伴要说"对不起"，收到他人的祝福时要说"谢谢"等。教师的规范示范为幼儿的模仿学习提供了良好的语言环境。

2. 把握好示范的时机和力度

首先，找准语言示范的时机。教师要在幼儿学习新的语言技能或者规范幼儿的语言时及时进行示范。其次，掌握示范的力度，关注幼儿的发展。教师在把握幼儿语言学习重难点的基础上，应对一些新的、幼儿不易掌握的学习内容，进行反复示范；对简单的、便于幼儿理解的学习内容，进行简单示范。例如，小班语言活动"好饿的小蛇"，教师设计的目标是"大胆表现'啊呜—咕嘟，啊，真好吃'的句式，感受故事的有趣"，教师在讲述故事的同时，可以反复为幼儿示范这一句式的表达方法，并让幼儿反复模仿。

3. 采取多样化的示范方式

为激发幼儿参与语言模仿学习的兴趣，巩固幼儿习得的语言能力，教师可以综合运用多种方式为幼儿进行示范。例如，教师可以结合表情和动作通过自身的语言为幼儿进行示范；也可以请语言发展水平较好的幼儿进行示范；还可以借助信息化手段，运用图片、视频、录音等形式进行示范。

4. 及时对幼儿的模仿予以反馈

首先，教师要积极观察幼儿的语言模仿行为，这是做出反馈的基础；其次，教师要做到及时反馈。对幼儿的进步表现，教师要及时鼓励，帮助幼儿强化这一行为，例如，大班语言活动"树真好"，教师为幼儿示范了第一幅图片的讲述方法，在出示第二幅图片时，齐齐结合画面讲述："我看到了小猫咪、小朋友、大树还有太阳。大树可以帮小猫咪和小朋友遮住太阳，这样就不晒了。"教师夸赞齐齐："齐齐观察得真仔细，表达得也很清楚、全面，原来，大树可以为我们遮住大大的太阳。"对幼儿的不当语言表现，教师则要从促进幼儿语言发展的角度出发，及时指出错误并引导幼儿改正，帮助幼儿形成正确的语言习惯。

二、练习法

（一）练习法的概念及应用

练习法指教师有意识地让幼儿反复使用同一种语言技能，从而掌握这一技能的方法。

通过练习，幼儿可以深入理解语言教育中的有关内容，牢固掌握相关语言知识，熟练运用语言技能。该方法是帮助幼儿形成良好语言习惯的一种重要方法。发音的准确、词汇和句式的掌握都需要幼儿通过不断练习加以巩固和强化。在幼儿园语言教育中，教师可以组织幼儿进行专门的语言练习。例如，谈话活动"有趣的周末"，教师引导幼儿说一说周末和谁在一起，做了些什么，感受怎么样。帮助幼儿回顾周末的生活，练习语言组织能力和表达能力；教师也可以抓住生活中的教育契机，让幼儿进行即时练习。例如，晨间接待时，作为"接待员"的幼儿在门口向入园的小朋友打招呼"××早上好！欢迎来到幼儿园"或者"××早上好！祝你度过愉快的一天"；教师还可以充分发挥环境的作用，使幼儿利用环境中的元素进行随机练习。例如，幼儿园的"天气预报"栏上张贴着天气、温度、着装等图片，幼儿在自由活动时，可以通过这些图片的提示，练习"播报天气"。

（二）教师在运用练习法时的注意事项

1. 在理解的基础上进行练习

幼儿对词汇、句式及表述情境等的理解和把握是其进行语言练习的重要保障。教师引导幼儿理解相关语言知识，可以避免机械练习给幼儿带来的不利影响，有助于幼儿提升练习的效率，使幼儿轻松掌握语言技巧。

2. 明确练习的要求

在幼儿进行语言练习前，教师应向幼儿提出明确且具体的要求，这样幼儿可以领会练习时应该做什么、说什么、怎么说等，从而较快地投入练习。同时，明确的要求可以帮助教师把握指导的重点。例如，大班语言教育活动"一颗超级顽固的牙"，教师要求幼儿两人一组，结合图片中的内容，互相讲述主人公雅雅采用了什么方法使牙掉下来？结果怎么样？雅雅的心情怎么样？通过教师提出的要求，幼儿能够明白在练习时讲述哪些内容。

3. 注重练习形式的多样性、趣味性

单一形式的练习易使幼儿感到枯燥和乏味，消磨练习的积极性。教师应为幼儿提供符合其兴趣的多种练习形式并在活动中变换不同的练习形式，如游戏、竞赛、接龙等，提升幼儿练习的积极性。

4. 练习要与教师的反馈相结合

幼儿在练习时，教师给予的积极鼓励、具体表扬等正面反馈，可以强化幼儿正确的语言练习行为，增加此行为出现的概率，帮助幼儿在积极的情绪状态下获得语言技能。教师的反馈也要及时，尤其是发现幼儿出现错误语言行为时，要及时帮助幼儿纠正。

三、表演法

（一）表演法的概念及应用

表演法是指在教师的指导下，幼儿扮演情境或故事、童话等文学作品中的人物，运用语言、动作、表情等再现相关情节的方法。

周围生活是幼儿最为熟悉的环境，幼儿再现贴近其生活的情境时，需要熟悉情境中的角色、不同角色间的对话方式与语言等。故事、童话等文学作品是幼儿喜闻乐见的艺术形式，对文学作品主要情节的理解和讲述、角色间的对话都是幼儿进行语言学习的重要内容。教师可以为幼儿组织专门的表演活动，如童话剧表演、舞台小剧场；教师也可以引导幼儿在表演游戏区进行表演，或在其他活动环节中插入表演活动。例如，中班讲述活动"兰兰爱劳动"，幼儿可以一边按照图片内容进行讲述，一边观察并表演兰兰的劳动行为。在表演的过程中，幼儿需要借助一些辅助材料，如符合情节的头饰、服饰，充分发挥想象力，再现情境或文学作品中的对话、动作和情节。例如，一名幼儿穿着放牧的服饰、拿着放牛的鞭子扮演抗日小英雄王二小，机智地和"日本鬼子"斗智斗勇。在表演时，幼儿可以不受作品情节的限制，自由创造情节和内容。表演法可以训练幼儿的语言表达能力，帮助幼儿深入角色，有感情地进行对话、有表情地朗诵和连贯地叙述。

（二）教师在运用表演法时的注意事项

1. 选择适宜的情境或适合表演的文学作品

教师为幼儿选择的情境要源于并贴合幼儿生活，文学作品的内容要具有教育意义、符合幼儿的年龄特点，便于幼儿理解和掌握。同时，情境或文学作品应满足幼儿的兴趣，能吸引幼儿参与表演。教师应选择情节起伏、对话丰富且生动有趣、人物形象鲜明的作品。例如，《拔萝卜》《小兔乖乖》等适合小班幼儿表演，《三只蝴蝶》《萝卜回来了》等适合中班幼儿表演，《小熊请客》《小马过河》等适合大班幼儿表演。

2. 帮助幼儿理解内容、熟悉情境及语言

幼儿的表演必须建立在理解、熟悉内容和语言的基础上。教师可以采用多种方法，如讲解、提问、讨论，帮助幼儿熟悉诗词、绕口令、童话故事等内容，了解情境及童话故事中的人物关系，熟悉人物之间的对话，理解不同角色的心理，正确运用声调和节奏，从而提升幼儿倾听、表达、理解的能力。

3. 支持和指导幼儿的表演

教师应为幼儿的表演创设一个有利的环境，包括物质和精神环境。在物质环境方面，教师要为幼儿提供表演的场地，与幼儿一起准备简单的服装、道具。在精神环境方面，教师应为每个幼儿提供参与表演的机会，保证幼儿表演的时间，尊重幼儿的表演行为，同时，教师应给予幼儿适当的指导，帮助幼儿顺利开展表演活动。

4. 鼓励幼儿大胆续编和创编

在表演时，教师要鼓励幼儿不拘泥于文学作品和现实情境本身的情节，将角色、动作、表情、语言巧妙地结合起来，大胆发挥想象力和创造力，增设情节与对话。例如，大班语言活动"盘中餐"，幼儿分别扮演生活中挑食的小朋友、浪费食物的小朋友，拿着锄头等农具的农民伯伯。教师可以引导幼儿根据现实生活和故事中人物的行为及特点，帮助幼儿发挥想象力创编对话，使幼儿体会农民伯伯的辛苦，懂得珍惜粮食，落实"光盘行动"。

【案例 5-2】

小 熊 请 客

（大班语言领域）

一、活动目标

1. 能复述故事的主要情节，懂得要有礼貌。

2. 能够按照故事情节，运用语言、表情变化表现角色。

3. 乐于展示自己，勇于在大家面前表演。

二、活动准备

1. 经验准备：熟悉《小熊请客》的故事内容和角色间的对话，有过表演故事的经历。

2. 物质准备：森林背景图、小熊的家布景、一张桌子、四把椅子、三包礼物、三盆菜（小鱼、肉骨头、小虫子）、五件服饰（小熊、小猫、小花狗、小公鸡、狐狸）。

三、活动过程

1. 回顾故事内容，萌发表演的兴趣

教师和幼儿根据图片提示共同回忆故事的情节，复述角色间的对话。

2. 分析角色特点，设计并表现角色

（1）分析角色特点，引导幼儿想象角色的表情、动作、语调，明确活动地点和各角色出场的顺序。

故事中的狐狸有什么特点？（懒惰、狡猾、蛮横、霸道、不讲理……）

故事中的小熊有什么特点？（热情、勤劳、善良、勇敢……）

其他小动物的形象特点分析同上。

（2）进行对话练习，学习用不同语调和动作来表现人物

狐狸与小猫见面后说了些什么？她们对话的时候会用什么语调？有什么表情和动作呢？请小朋友们尝试一下。（狐狸遇见小花狗、小公鸡的对话提问方式同上。）

所有的小动物都不带狐狸去，狐狸的心情怎么样？它是怎么说的？又是怎么做的？请小朋友们想想，用什么动作、表情、语调能把狐狸气急败坏的样子表现出来。

小动物们到小熊家做客之前，小熊在家做什么呢？请小朋友生动地表演一下。

其他情节练习同上。

3. 分配角色任务，大胆表演故事

（1）教师帮幼儿分配角色，进行表演。请五名小朋友穿着不同服饰，运用

各种道具进行表演，教师做出指导。

（2）幼儿分组，自由分配角色进行表演，教师巡回指导，提醒幼儿注意表现角色的语调、表情、动作，注意让每一名幼儿都参与表演。

4. 师幼共同总结，结束活动

（1）教师请幼儿分享表演经验，并与幼儿一同总结表演情况。

（2）引导幼儿说出故事的主题思想，鼓励幼儿做一名有礼貌的好孩子。

四、活动延伸

将服饰及道具放入表演区，供幼儿在区域游戏中自由表演使用。

评析：

故事《小熊请客》中的角色是幼儿喜爱且熟知的，这些角色形象特点鲜明，故事的情节起伏、对话丰富有趣，适合大班幼儿表演。在组织幼儿表演前，教师为幼儿准备了丰富的道具，如小动物服饰、礼物和菜的模型等，创设了逼真的故事情境。教师在活动中不断帮助幼儿理解故事内容，引导幼儿分析角色的特点、熟悉角色间的对话，指导幼儿表现角色的表情、语调和动作，并能够使每名幼儿参与表演。

四、游戏法

（一）游戏法的概念及应用

游戏法是指教师以游戏的形式将语言学习的内容传递给幼儿的方法。

游戏符合幼儿的年龄特点，是幼儿最喜欢的活动方式，也是幼儿学习和发展的重要途径。在游戏中，幼儿可以在轻松、愉悦的氛围中受到语言教育，更好地理解学习内容。采用游戏法，能把发音练习、词汇的掌握、讲述经验的获得变成有趣的游戏情节，有利于提高幼儿的学习兴趣、集中幼儿的注意力，促进幼儿语言能力的发展。在幼儿园中，教师可以充分发挥区域游戏的作用，给予幼儿积极与同伴、教师运用语言进行交流的机会和空间，引导幼儿在交流中发展相应的语言能力。例如，"生活超市"游戏，"售货员""收银员""小顾客"等角色需要运用恰当的语言表达自己的意愿、想法和请求，以完成售货、结账、收银、购物等环节。教师也可以组织幼儿开展有规则的语言游戏，如"不准说'黑'和'白'""小小传声筒""奇妙的口袋"，有意识地训练、发展幼儿在特定游戏中的语言技能。教师还可以通过游戏化的口吻开展语言教育活动，引导幼儿在游戏的情境中愉快学习。例如，教师以"外星人"的口吻，引导幼儿描述想象中的外太空。

（二）教师在运用游戏法时的注意事项

1. 游戏的创编要有依据

教师要依据幼儿园语言教育的目标以及核心经验，有目的地编制游戏，发展幼儿谈话、讲述、阅读等语言能力。

2. 游戏要符合幼儿的兴趣与发展需要

幼儿是学习和发展的主体，教师应深入了解幼儿的兴趣，基于此，开展符合幼儿兴趣的游戏，提高幼儿参与游戏的积极性。同时，教师还要关注幼儿的年龄特点和实际发展需要，例如，小班开展的游戏要侧重发音练习和简单句式的掌握，大班开展的游戏要侧重描述性讲述能力的发展。

3. 明确游戏的玩法与规则

语言游戏的玩法与规则要具体且易于被幼儿理解和掌握。无论是教师还是幼儿制订的语言游戏规则，在游戏开始前，教师都需要帮助幼儿明确具体的游戏玩法与规则。规则的理解和遵守是游戏顺利开展的重要条件。在语言游戏开展的过程中，教师也要关注幼儿对于游戏规则的遵守情况。

4. 配合使用教具或学具

在游戏中，教师可以选择配合使用相关的教具或者学具，辅助游戏的开展，使游戏过程中的语言内容更深刻地被幼儿记忆和理解，也能够丰富游戏的环节。

五、视、听、讲、做综合法

（一）视、听、讲、做综合法的概念及应用

视、听、讲、做综合法是依据直观法、观察法以及结合幼儿语言学习的特殊性而提出的。其中，"视"指教师为幼儿提供具体形象的讲述对象；"听"指教师用语言描述、启发、引导、暗示等方式让幼儿接收并领会；"讲"指幼儿在接收理解的基础上，将自己的认识充分地表述出来；"做"指教师为幼儿提供一定的想象空间，让幼儿在独立操作的过程中充分构思，组织更加完整、连贯、富有创造性的语言进行表述。

教师使用这种方法时，需开展专门的语言教育活动，选择合适的材料，综合视、听、讲、做的作用，使幼儿在良好的语言环境中接受熏陶和感染，充分调动幼儿视觉、听觉等多种感官的参与，让幼儿在看一看、听一听、说一说中学习语言技巧。例如，大班语言活动"树真好"，对诗句"树真好，我家屋子里清清爽爽，阵阵风儿吹，满树花香飘满屋"的学习，教师可以首先播放与诗句内容相符合的动画视频，让幼儿通过具体、鲜明的形象明确讲述对象，即大树、屋子、风、花、小女孩，同时倾听视频中的各种声音。其次，教师通过提问、引导、语言描述的方式帮助幼儿串联讲述对象之间的关系，使幼儿理解并用自己的语言表达视频传达出的内容。再次，教师完整讲述诗句。最后，教师引导幼儿结合自己的理解，完整、连贯地表述诗句。

（二）教师在运用视、听、讲、做法时的注意事项

1. 提供适宜的辅助材料

教师要提供符合幼儿认知特点的、为幼儿所熟悉的辅助材料，例如，集视觉和听觉刺激于一体的动画视频，能够帮助幼儿理解语言所表达的含义或运用的场景。

2. 明确要求，教授方法

教师要留给幼儿一定的观察时间和空间，使幼儿明确观察的具体要求，并教会幼儿一些观察讲述对象的方法。引导幼儿主动观察是重要的保障，教师需要调动幼儿参与活动的主动性，要求幼儿有目的地进行观察。观察方法的掌握可以帮助幼儿提升观察的敏锐性。

3. 提问要具有启发性，引发幼儿思考

教师的启发式提问能够集中幼儿的注意力，帮助幼儿积极思考，为幼儿提供表达的机会和条件，有助于引导幼儿进行构思和表达。

4. 依据幼儿实际水平，提出多样要求

幼儿具有个体差异性，每个幼儿的语言实际发展水平是不同的。教师要善于发现和把握不同幼儿的原有语言水平，并在此基础上，对幼儿的创造能力、语言表述能力等提出不同的要求，促使每个幼儿都能得到发展。

【走进幼儿园】

实习教师李老师在第一次组织语言教育活动后，发出这样的感叹：当幼儿园老师好难啊！我给小朋友们做出语言示范，为什么他们就是学不会呢？让他们分组练习，为什么他们很快就注意力分散了呢？

假如你是这名实习教师，请结合幼儿园语言教育的方法，谈一谈面对上述情境你会怎样做？为什么？

任务三　幼儿园语言教育的途径

【任务目标】

1. 知道幼儿园语言教育的途径。
2. 能够正确运用语言教育途径开展语言教育活动。
3. 愿意运用多种途径对幼儿进行语言教育。

幼儿园语言教育活动可以经由多种途径进行，可以说，只要是有语言参与的活动都可以用来对幼儿进行语言教育。除了专门的语言教育活动之外，幼儿园既可以在日常生活和游戏中对幼儿进行语言教育，又可以在其他领域教育活动中随

机地渗透语言教育内容。

一、幼儿园一日生活中的语言教育

《指南》指出，"要珍视游戏和生活的独特价值，创设丰富的教育环境，合理安排一日生活，最大限度地支持和满足幼儿通过直接感知、实际操作和亲身体验获取经验的需要"。日常生活是幼儿园教育的重要内容，也是教育的重要途径之一。一日生活为幼儿创设了不同的语言情境，帮助幼儿获得大量的语言素材，积累语言学习的经验，有助于幼儿语言能力的发展。因此，教师要善于抓住一日生活中的教育契机，对幼儿进行语言教育，发展幼儿的语言能力。

（一）日常生活交往中的语言教育

幼儿园一日生活包含了幼儿在园的所有活动。从晨间入园到傍晚离园，幼儿经历了就餐、午睡、盥洗、饮水等各种生活活动，也体验了户外活动、游戏活动、区域活动等。在这些活动中，幼儿总是会与同伴或教师产生言语交流，如有时候会向教师寻求帮助，有时候会与同伴交流自己的感受，有时候需要听从教师的指令，有时候会回应教师的提问，有时候会与同伴发生言语冲突等，这些言语交往都是教师指导幼儿进行语言学习的良好契机。

1. 教师在日常交往中了解幼儿的语言发展水平

日常生活中的语言交流，通常是在自然的语言环境中进行的，教师可以观察到幼儿最真实的言语表现，如幼儿的发音情况、拥有的词汇量、表达的逻辑性、语法结构的正确程度等。同时，有的幼儿在集体活动中表现得沉默寡言、不善言辞，但是，在日常交往中却热情大方、侃侃而谈；有的幼儿在回答问题或朗诵时会使用标准的普通话，但是，在日常交往中却发音不准、经常说方言；等等。教师要留心观察班级中每个幼儿的语言表现，了解他们的语言表达能力和交往能力，并有针对性地对幼儿进行指导。

2. 教师在日常交往中为幼儿提供规范的言语示范

在日常生活中，幼儿会接触到各种各样的物品，如衣服、食物、餐具、家具等。教师可以向幼儿介绍这些物品的相关知识，让幼儿在了解这些物品的同时，也熟悉相关的词汇和句式，为幼儿提供规范的言语示范。例如，在午餐前，教师可以向幼儿介绍当天的食物，"今天的菜是西红柿炒鸡蛋，金黄的鸡蛋与红红的西红柿搭配在一起，颜色可真好看！再闻一闻，香喷喷的！吃了它们可以让我们的身体棒棒的。"生动的语言既可以让幼儿了解新的词语，也可以让幼儿感受食物的美味。教师可以在每次午餐前，请一名幼儿为大家介绍今日的食物，锻炼幼儿的语言表达能力。

3. 教师在建立生活常规的过程中，提高幼儿理解语言和执行指令的能力

在日常生活中，教师通过使用语言指令组织幼儿的常规活动，帮助幼儿建立

生活常规。如晨间入园时，教师组织幼儿放书包、开展晨间游戏；进餐时，教师组织幼儿上厕所、洗手等；户外活动时，教师组织幼儿排队下楼；午睡前，教师组织幼儿上厕所、洗手、脱衣服等。一开始，为了让幼儿明确各种指令的含义，教师通常将指令和动作联系在一起。例如，为了让幼儿知道排队上厕所，教师可以先提出要求，"我念到谁的名字谁过来排队"，让幼儿逐渐理解排队的含义。久而久之，幼儿就将排队和上厕所联系在一起，自觉地排队上厕所。需要注意的是，教师需要根据具体的要求选择用语和讲话方式，对幼儿发出指令。对必须让幼儿自己完成的事，教师需要明确地发出指令，指导幼儿行动。例如，让幼儿养成自己收拾玩具的习惯，教师需要发出明确的指令："请小朋友们把玩具收拾好放到玩具筐里。"而不是用"哪个小朋友愿意帮老师收拾玩具？"这样商量或求助式的语气，这会让幼儿认为收拾玩具是教师的事情而不是自己的事情。

（二）日常专题语言活动中的语言教育

日常专题语言活动主要指在幼儿园日常生活中围绕某个话题开展的语言活动，形式较为多样。教师可以从幼儿的兴趣和经验出发，选择幼儿感兴趣的话题，开展专题语言活动。

1. 天气预报

每天晨间入园之后到早操之前的这段时间，教师可以请一名幼儿担任天气预报员，向大家介绍当天的天气情况，天气预报员由全班幼儿轮流担任。为了保证活动的有效进行，教师需要引导幼儿关注电视、广播等媒体中的天气预报，及时地了解当天的天气情况。同时，为了激发幼儿参与的兴趣，教师可以将该活动与制作、记录天气预报图结合起来，教师带领幼儿制作天气预报图的表格，设计并剪出相应的天气卡片，将制作好的天气预报图贴在班级的墙壁上，幼儿向大家介绍完天气情况后，选择合适的天气卡片贴到表格中。教师要启发幼儿将直接经验与间接经验相结合，向大家介绍天气情况。例如，"今天气温下降，大家要注意多穿衣服，戴好帽子。"

2. 新闻播报

教师让幼儿了解昨天发生的新闻要事，进行新闻播报，在锻炼幼儿语言表达能力的同时，也让幼儿关注身边发生的大事，积累生活经验。教师在这个过程中也可以了解幼儿对新闻内容感兴趣的程度，从而引出新的交谈话题。例如，有段时间，大班新闻播报中国探月工程情况，引发了幼儿对月球的兴趣，于是教师和幼儿共同探讨月球的"秘密"，开展相应的主题活动。

3. 周末趣闻

每周一，教师请幼儿通过集体或小组的形式分享自己在周末的见闻。教师在幼儿讲述的过程中要留心幼儿讲述的内容，选择合适的契机与幼儿进行交流，给予幼儿尊重，让幼儿能大胆展示自己，与同伴进行交谈。

二、游戏活动中的语言教育

（一）语言游戏中的语言教育

语言游戏是一种特殊形式的语言教育活动，是用游戏的方式组织幼儿进行的语言教育活动，含有较多的规则游戏的成分，能够吸引幼儿积极主动地参与语言学习活动。

语言游戏的主要类型有：语音游戏、词汇游戏、句子游戏、语法练习游戏、描述性讲述练习游戏、猜谜语、编谜语和绕口令等。语言游戏有其明确的语言教育目标，每一个语言游戏都包含着对语言学习的具体要求。教师通过设计和实施语言游戏，将近阶段根据幼儿语言发展水平提出的语言教育目标，内隐于语言游戏的内容和过程中。

（二）自由游戏中的语言教育

自由游戏是幼儿语言发展的重要途径之一。自由游戏能够帮助幼儿获得丰富的语言经验，主要表现在以下几个方面：

第一，在运用玩具进行游戏的过程中，能够结合自己的动作和语言，进行自言自语的自我娱乐或自我练习；

第二，通过语言对游戏内容、游戏伙伴、游戏材料等进行选择；

第三，在与同伴进行游戏的过程中，可以通过协商、合作等方式，解决与同伴在游戏内容、游戏材料的选择以及游戏规则制订过程中出现的冲突。

三、区域活动中的语言教育

区域活动是幼儿重要的学习形式，为幼儿的自主表达提供了大量的机会，为幼儿的语言交往创造了丰富的环境，培养了幼儿的语言运用能力、语言表达能力。

（一）阅读区

幼儿的语言学习与发展，离不开早期阅读。阅读活动不仅有助于培养幼儿阅读书籍和文字符号的兴趣，还有助于建立良好的阅读习惯。在阅读区，教师要根据幼儿的年龄特点和认知水平，有目的、有计划地为幼儿提供丰富的、有教育价值的、形象生动的幼儿读物。教师要定期更换读物，并逐步增加难度相同而内容不同的图书，保持幼儿的阅读兴趣，使幼儿通过自由阅读提升阅读经验，促进语言能力发展。在阅读区，教师可以和幼儿共读一本书，并有目的地进行互动交流与积极引导，例如，"图片上的小朋友在做什么？""他的心情怎么样？你是怎么知道的呢？"使幼儿在自然、愉悦的阅读氛围中与教师交流。

（二）表演区

表演区为幼儿提供了语言表达和表现的舞台，给予幼儿展现自我的机会。在表演区中，教师可以投放幼儿熟悉的道具、服装以及他们喜欢的饰品。借助这些材料，幼儿可以表演听过的故事、读过的图画书以及熟悉生活场景中的事件。在个人表演中，教师不需要急于指导幼儿的表演技能，只需要为幼儿创设一个自然、自由、自主、自在的表演环境，促使幼儿大胆地表演。在合作扮演中，幼儿要与同伴商量通过扮演不同的角色，合作完成一个故事表演或情景剧表演。扮演不同的角色不仅让幼儿发展了语言能力，还发展了组织能力、协调能力、评价能力等。

（三）书写区

研究发现，一些幼儿已经有能力从乱涂乱画发展到写字，但是因为写的东西很少能被识别，所以这样的书写行为没有得到鼓励。[①]幼儿园设立书写区域，幼儿可以通过摆弄书写工具，将这个自然即兴的经验变成书写活动，就像他们操作绘画工具一样。教师要为这个自然过程提供便利，鼓励幼儿获得书写的经验，但并非正式地教他们写字。教师要为幼儿提供书写工具（如马克笔、铅笔）、纸张、标签等。然后，适时添加一些其他材料，如空白的明信片、贺卡、信封等。教师可以在活动室或墙面增加一块公告板，让幼儿在上面展示他们的书写作品。

四、专门的语言教育活动中的语言教育

专门的语言教育活动是教师有目的、有计划、有组织地对幼儿进行语言教育的活动。它可以将幼儿在日常生活、游戏或其他领域活动中获得的零乱的、不成体系的语言信息转化为系统的语言知识，符合语言教育规律，是幼儿语言学习的有效途径。专门的语言教育活动常采用集体教学活动的形式，面向全班幼儿开展，根据幼儿园语言教育目标，设计语言教育活动目标，选择语言教育活动内容和方法。专门的语言教育活动为幼儿提供了系统的学习语言的机会，创设了专门的语言学习环境，让幼儿能在教师的指导下，学习语言知识，锻炼语言表达能力，提高幼儿的语言发展水平。

（一）专门的语言教育活动的特点

1. 专门的语言教育活动是有目的的语言学习过程

专门的语言教育活动与其他语言教育途径不同，它有明确的语言发展目标，并且不同年龄段幼儿的语言发展目标不同。教师需要根据幼儿已有的语言发展水平和实际需要，结合政策文件中对幼儿语言发展目标的规定，制订教育目标，有目的地开展语言教育活动。

2. 专门的语言教育活动是有计划的语言学习过程

与其他非正式的语言学习不同，专门的语言教育活动是有计划、有系统的语

---

① 比蒂. 学前教师技能［M］. 嵇珺，译. 南京：江苏教育出版社，2011：83-84.

言学习过程。幼儿园语言教育目标是系统的、层层递进的，因此，语言教育活动也要成体系，让幼儿在活动中获得系统的、全面的语言知识。在组织实施专门的语言教育活动时，教师需要设计语言教育活动目标，选择合适的语言教育活动内容和方法，对幼儿进行语言教育。

3. 专门的语言教育活动是有组织的语言学习过程

在专门的语言教育活动中，教师要始终关注幼儿的已有经验，结合目标要求，选择合适的教育内容，并有组织地实施活动。教师主要采用显性的方式指导幼儿的语言学习，引导幼儿达到教育目标。

（二）专门的语言教育活动的形式

根据教育目标和内容的不同，专门的语言教育活动可以划分为谈话活动、讲述活动、文学作品学习活动、早期阅读活动、听说游戏等形式。

谈话活动通过提出问题或让幼儿回答问题的方式发展幼儿的对话能力，是一种培养幼儿在一定范围内运用语言与他人进行交流的语言教育活动类型。幼儿园各年龄阶段的幼儿都可以进行谈话活动。谈话活动主要围绕一个中心话题，让幼儿在宽松、自由的环境中进行交流和分享。通过谈话活动，幼儿可以学习和掌握与人交谈的基本规则，学会获取交流的信息，与同伴建立良好的关系。

讲述活动主要通过让幼儿观察凭借物、图片，观看录像等，分析事物表达的内容，并用完整、连贯的语言表达出来。讲述活动主要发展幼儿连贯性的独白语言，侧重培养幼儿清楚、完整、连贯的表述能力。在开展讲述活动之前，教师需要丰富幼儿的生活经验，让幼儿有话可说。在讲述活动中，教师需要为幼儿提供图片、实物等凭借物，让幼儿根据已有经验对凭借物进行讲述，发展幼儿的语言表达能力。

文学作品学习活动是从儿童文学作品入手，设计并组织的语言教育活动。儿童文学作品中的儿歌、儿童诗、童话、散文、戏剧等都可以作为文学作品学习活动的教学内容。文学作品学习活动主要是为了培养幼儿的审美能力和文学理解力、想象力。通过文学作品学习活动，幼儿可以感受到文学作品描绘的美妙意境，理解不同体裁文学作品的语言特色，提高自己的文学鉴赏能力。

早期阅读活动主要以图画读物为主，有声读物为辅，通过看、听、说相结合的方式提高幼儿的阅读能力，为正规的书面语言学习打下基础。早期阅读活动从幼儿的兴趣出发，为幼儿提供适宜的图画读物，创设丰富的阅读环境，从而帮助幼儿积累社会经验和认知经验，促进幼儿的人际交往，提高幼儿的阅读能力。

听说游戏是用游戏的方式组织幼儿进行语言学习，是一种特殊的语言教育活动。听说游戏主要包括语音练习游戏、词汇练习游戏、句子和语法练习游戏、描述性讲述练习游戏等形式。听说游戏的教育目标十分具体，幼儿主要通过练习发展语言能力。

这几类活动形式、性质不同，教育目标也不同，在幼儿园语言教育中发挥着各自的作用。教师要明确各类活动形式的本质特征，并在幼儿园语言教育中灵活运用，推动幼儿语言的全面发展。

【案例 5-3】

拔 萝 卜
（小班语言领域）

一、活动目标

1. 理解故事情节，初步感知人多力量大的道理。

2. 学说重复性的对话语句。

3. 初步体验与人合作的快乐，喜欢并愿意帮助他人。

二、活动准备

物质准备：萝卜道具、萝卜图片。

经验准备：幼儿在活动之前对萝卜的生长环境有初步的了解。

三、活动过程

1. 图片导入

（1）教师出示萝卜的图片，引出故事主题。

教师出示只露出萝卜根部的图片，提问：小朋友们，你们知道地里面的植物是什么吗？（幼儿大胆猜测。）

（2）教师总结：这是一位老爷爷在地里种的萝卜。老爷爷每天浇水施肥，秋天到了，种子已经长成了大萝卜，可是老爷爷却遇到了大麻烦，老爷爷想把萝卜拔出来，可是他很努力地拔呀拔，怎么也拔不出来，你们猜一猜老爷爷该怎么办？（幼儿回答。）接下来我们听一听故事中老爷爷是怎么拔出萝卜的吧！

2. 教师完整讲述故事

（1）教师讲述老爷爷拔萝卜的片段，并加入拔萝卜的动作。

（2）教师讲述老奶奶和小姑娘加入拔萝卜的片段，并请一位幼儿上前展示。

（3）教师讲述小花狗和小花猫加入拔萝卜的片段。

（4）教师提问：小朋友们，最后萝卜拔出来了吗？是怎么样拔出来的呢？（引导幼儿说出老爷爷请了其他人帮忙，嗨哟，嗨哟，拔萝卜，嗨哟，嗨哟，终于把萝卜拔出来了。）

（5）教师总结：所以，一开始老爷爷一个人拔不出萝卜，要很多人一起帮他才能拔出萝卜，人多力量才大。

3. "拔萝卜"活动

教师作为拔萝卜的第一个人，邀请三名幼儿上前帮助教师拔萝卜，让幼儿在实际操作中感知人多力量大的道理。

教师总结：小朋友们，老师刚刚一个人拔出萝卜了吗？老师请了三名小朋友一起帮老师拔萝卜，萝卜才被拔出来，对不对？所以，一个人的力量是不够的，人多力量才大。

4. 教师小结

教师：小朋友们，今天，我们听了《拔萝卜》这个故事，还和老师一起拔了萝卜，知道一个人是拔不出大萝卜的，要很多人一起帮忙才能拔出大萝卜。人多力量才大，我们小班的小朋友在遇到困难时要学会请求小朋友、家长和老师的帮助，让大家一起解决问题。现在请小朋友们坐在自己的小椅子上，我们一起来拔一拔这个大萝卜。（引导幼儿说出"嗨哟，嗨哟，拔萝卜，嗨哟，嗨哟，萝卜拔出来了"。）

四、活动延伸

区角活动：在表演区投放《拔萝卜》故事中的萝卜道具和相关角色头饰，鼓励幼儿相互帮助，一起合作拔萝卜。

评析：

小班语言活动"拔萝卜"属于文学作品学习活动。教师结合图片讲述"拔萝卜"的故事，并组织幼儿一起玩"拔萝卜"游戏，感知文学作品中蕴含的"人多力量大"的道理。并且，在活动过程中，教师有意识地引导幼儿学习故事中重复性的语句，锻炼了幼儿的语言表达能力。

（三）组织专门的语言教育活动应注意的问题

1. 教师要了解幼儿，熟悉活动设计

在组织专门的语言教育活动之前，教师必须充分了解班级幼儿的语言发展水平，并在幼儿已有水平的基础上设计活动目标。同时，教师要对活动目标、活动内容、活动各环节的组织实施有足够的认知，保证活动的顺利进行。在准备过程中，教师还要预测活动中幼儿可能做出的反应，并提前想出应对的方法，在出现突发情况时能够灵活应对。

2. 做好物质准备和心理准备

一方面是创设活动环境，准备充足的、种类丰富的玩教具；另一方面是做好心理建设，教师要酝酿情绪，讲述故事，感染幼儿，帮助幼儿更好地理解文学作品内容。

3. 活动要具有趣味性

在设计活动时，教师要充分考虑幼儿的兴趣，通过游戏等形式激发幼儿的兴趣和参与热情。

4. 为幼儿创造自由交谈的机会

在一次语言教育活动中，不可能做到让每一个幼儿都当众回答问题。为了锻炼幼儿的语言表达能力，教师需要为幼儿提供自由交谈的机会。在自由交谈中，幼儿有机会运用和学习语言，发表自己的看法。

5. 对幼儿的语言表述做出反馈和评价

反馈和评价能帮助幼儿明确自己语言表述中存在的问题，并能及时改正，同时，正向的反馈和激励能让幼儿有勇气当众表达自己，锻炼语言表达能力。因此，教师要及时地对幼儿的语言表达做出反馈和评价，要多关注幼儿语言表述中的闪光点，给予幼儿鼓励和表扬，从而增强幼儿的自信心。

五、幼儿园其他领域中渗透的语言教育

《纲要》将幼儿园的教育内容划分为健康、语言、社会、科学、艺术五个领域。健康、社会、科学、艺术领域的教育活动虽然不以语言教育为主要内容，不以发展幼儿语言为核心任务，但也包含了幼儿园语言教育的内容，是幼儿园语言教育活动的重要途径。在这些教育活动中，幼儿也在不断地积累语言经验，运用语言与教师和同伴进行交流。因此，教师可以通过这些领域的教育活动对幼儿进行语言教育，促进幼儿语言的全面发展。

（一）其他领域教育活动与语言教育的关系

1. 其他领域教育活动为幼儿的语言表达和交际创造了条件

教师是教育活动的组织者和实施者，在教育活动中，教师需要提出指令或要求，有效地组织和衔接教育活动的各个环节，引导幼儿根据教师的指令和要求逐步完成活动任务。在这个过程中，幼儿需要理解教师的指令和要求，并能根据指令或要求做出相应的行为，从而锻炼了幼儿的倾听能力和理解语言的能力，而这也在一定程度反映了语言教育目标的要求。此外，为了保证高效率地实现教育活动目标，教师在组织实施各种教育活动时会综合考虑活动目标、活动内容等因素，选择合适的活动组织形式。目前，教师在组织活动时往往采用集体教学活动、小组活动和个别活动等相结合的形式。

在集体教学活动中，幼儿有时会集体回答教师的提问，有时会面向集体发表自己的意见，有时会和同伴进行交流，再面向集体发言；在小组活动中，幼儿常与同伴进行交谈，或分享自己的见解，或分工合作完成任务；在个别活动中，幼儿会得到教师的单独指导，有与教师一对一交流的机会。多样化的教育活动组织形式为幼儿创造了语言交流和表达的机会，锻炼了幼儿的语言表达能力和倾听能力，也为幼儿积累了不同情境下语言交往的经验。其他领域教育活动为幼儿提供了语言学习和表达的机会，有助于幼儿语言能力的提高。

2. 其他领域教育活动为幼儿提供了丰富的语言素材

幼儿在其他领域教育活动中接触和了解大量的事物，观察各种各样的现象，进行各种操作活动，探究事物之间的关系。一方面，这些经验丰富了幼儿语言表达的内容，让幼儿有话可说；另一方面，这些经验让幼儿能够理解和运用不同种

类的词语，理解反映事物之间关系的句式，提升了幼儿的语言表达能力以及理解和概括能力。

3. 其他领域教育活动中的各种符号学习有助于幼儿理解语言符号的特性

语言是服务于交际的一种特殊符号，幼儿语言学习就是要学习语言符号系统，并与其代表的事物之间建立联系。除语言符号外，生活中还有许多其他符号，如数字符号、美术符号、音乐符号等，这些非语言的符号与语言符号可以相互转换。例如，音乐作品通过音符组成的旋律描述景物、表达情感，我们可以运用语言将音乐表述的内容描述出来。与其他符号相同，语言也是人们用来描述事物和表达思想情感的一种手段。教师需要引导幼儿将语言符号和非语言符号联系起来，有意识地为幼儿创造运用非言语表达手段的机会，让幼儿认识到语言符号的特殊性，学会用语言符合和非语言符号表达自己的思想情感。例如，在美术教育活动中，教师可以让幼儿在画好一幅作品后用语言描述画面的内容；在音乐教育活动中，教师可以请幼儿在听过一首儿歌或观看一段音乐视频后交流自己的感受；在体育活动中，教师可以让幼儿用身体姿势或动作表现某种事物，并让同伴进行猜测。幼儿通过理解语言符号的特性，以及语言符号和非语言符号之间的相互转换，能更有效地学习语言，表达思想情感。

（二）在其他领域教育活动中随机渗透语言教育

幼儿园各个领域的教育内容相互渗透、相互促进，共同促进幼儿的全面发展。各领域的教育内容都需要语言的表述和交流，语言是连接各领域的重要工具。

1. 在音乐教育活动中渗透语言教育

语言与音乐有着非常密切的关系。幼儿对音乐有着独特的情感和领悟力，在音乐教育活动中，教师可以让幼儿用语言表达出一首音乐、一段旋律或一段音乐视频所表达的内容和情感，请幼儿通过音乐剧等形式再现音乐的内容，鼓励幼儿对音乐内容进行故事改编。在音乐教育活动中渗透语言教育，可以发展幼儿的语言表达能力和倾听能力。

2. 在数学教育活动中渗透语言教育

与语言教育活动不同，数学教育活动没有丰富的词汇，也没有优美华丽的语句，但它需要幼儿有敏捷的思维能力、快速的反应能力和精确的语言表达能力。教师可以采用游戏的方式提高幼儿对数学的学习兴趣，帮助幼儿学习和运用数学知识。例如，在学习十以内的加减法时，教师可以开设水果超市，聘请幼儿为超市的员工，帮助教师摆放和拿取水果，通过这种方式巩固幼儿对十以内加减法的理解；在幼儿熟练掌握之后，教师可以提升游戏的难度，给超市里的每一种水果用数字标上相应的价格，给幼儿发游戏纸币，让幼儿充当顾客购买水果，这种方式可以帮助幼儿理解数字的含义。

3. 在美术教育活动中渗透语言教育

绘画是幼儿表达对这个世界认知的最常见手段，也是幼儿较为喜欢的活动。教师可以邀请幼儿在完成绘画作品后在同伴面前或面向集体对自己的作品进行描述。同时，教师可以让幼儿根据故事或儿歌的内容，进行大胆的想象，创作相应的绘画作品。美术教育活动中渗透的语言教育可以发展幼儿的想象力，锻炼幼儿的语言表达能力。

4. 在体育活动中渗透语言教育

在体育活动中，教师需要让幼儿先观看自己的示范动作，之后请幼儿讨论和讲述教师动作的要领和注意事项，然后，教师可以请一名幼儿模仿自己的动作，再请其他幼儿观察和讨论该名幼儿动作的规范性，并让幼儿自己讲述这个动作需要注意的问题和做好动作的经验。这种方式既满足了体育活动动静交替的需要，又能让幼儿在交流和讨论中锻炼自己的语言表达能力。

5. 在科学教育活动中渗透语言教育

科学教育活动中的信息交流主要包括描述和讨论两种方式。在描述和讨论中，幼儿既可以提出自己的观点和想法，又可以与同伴交流自己的操作过程和操作方法，从中汲取有益的经验。通过交流和讨论，幼儿可以获得丰富的信息，有助于幼儿理解事物与事物之间的关系，同时提高了语言表达能力。

【案例 5-4】

我会扔垃圾

（大班科学领域）

一、活动目标

1. 了解"可回收"和"不可回收"的标识和垃圾分类的简单知识。

2. 能按标识给垃圾进行分类。

3. 产生对垃圾分类的兴趣。

二、活动准备

1. 经验准备：活动前，教师请幼儿和父母一起查找有关"可回收"垃圾和"不可回收"垃圾的知识资料，并制作一张家里的垃圾记录表，认真填写。

2. 物质准备：动画《垃圾分类》，各种生活垃圾（废纸、塑料瓶、电池、香蕉皮等）图片（20 组）、两种小垃圾箱（各 20 个）。

三、活动过程

1. 交流分享，直接导入

教师：前几天老师请小朋友们记录一下家里产生的垃圾都有什么，今天让我们一起分享一下大家的记录结果吧！

（1）交流分享。教师请幼儿与同伴分享一下自己的记录，之后，邀请个别幼儿到前面分享自己的记录结果。

（2）教师小结。教师根据幼儿的讨论进行总结：每天我们的家里会产生许多垃圾，主要包括废纸、塑料、金属、玻璃、织物、厨余、有毒有害的垃圾。这么多垃圾你们平时是怎么处理的？（幼儿自由回答。）

2. 观看动画，了解垃圾分类方法及标识

（1）播放动画，引导幼儿进行垃圾分类。在播放之前，教师提出问题：视频里的垃圾可以分成几类？哪些垃圾可以回收？教师播放动画《垃圾分类》，引导幼儿进行观察，让幼儿了解垃圾的种类，知道哪些垃圾可以回收，哪些垃圾有害，以及垃圾对我们生活的影响。

（2）认识垃圾分类标识。教师出示"可回收"和"不可回收"标识的图片，引导幼儿观察（颜色、标识），幼儿自由讨论后请几个幼儿讲述自己的发现。

教师总结：这是可回收标识，这是不可回收标识。回收以后经过特殊处理能再为我们服务的就是可回收垃圾，这样的垃圾应该扔到可回收垃圾箱中；不可回收垃圾应该扔进不可回收垃圾箱中。

3. 游戏"我把垃圾送回家"

教师："小朋友们，现在垃圾都被放在了袋子里，接下来请小朋友们帮它们找到正确的家，大家一起送垃圾回家吧！"

（1）幼儿两人一组，教师给每组幼儿分发材料，让幼儿将垃圾进行分类，放到正确标识的垃圾桶里。教师巡回指导。

（2）教师公布正确答案，请幼儿将放错的垃圾放回正确的垃圾桶里。

4. 教师总结

教师对垃圾分类的知识进行总结，让幼儿了解垃圾分类可以使我们的环境变得更美丽、更整洁。

四、活动延伸

教师出示"厨余垃圾""有害垃圾""其他垃圾"的标识，提出疑问："这些标识又是什么呢？它们和我们今天学的标识有什么联系呢？"请幼儿回家和父母通过查找资料进行了解。

评析：

大班科学教育活动"我会扔垃圾"将语言教育融合到科学教育活动中，在活动的每一个环节都为幼儿提供了运用语言的机会。例如，在导入环节，教师邀请幼儿交流和分享自己的收集结果；在认识标识环节，教师通过提问的方式让幼儿进行表达；在游戏环节，教师对幼儿进行一对一指导。通过开展本次活动，幼儿既可以了解垃圾分类的简单知识，学会垃圾分类，又可以提升语言表达能力。

六、家园合作共育中的语言教育

（一）指导家长为幼儿创设良好的语言环境

语言是重要的交流和沟通工具，由于幼儿模仿能力很强，家长的语言示范作用就显得尤为重要。教师应引导家长为幼儿创设一个良好的语言环境，为幼儿的语言学习起到良好的示范作用。此外，教师还应指导家长为幼儿选择合适的动画片，为幼儿提供合适的绘本或图书等。

（二）指导家长在日常生活中对幼儿进行语言教育

有了良好的语言环境，家长还应该在日常生活中有目的、有计划地对幼儿的语言学习进行引导和教育。教师应指导家长注意在生活中利用各种机会、资源对幼儿进行语言教育，例如，在日常生活中家长可以通过让幼儿认识路、街牌、各种公共标识、广告语等来学习语言。教师还可以让家长帮助幼儿准备天气预报、新闻播报、讲故事等内容，从而为幼儿在幼儿园进行相关活动做好充分的准备，增强幼儿的自信心，发展幼儿的语言。

（三）语言教育活动延伸中的家园共育

在幼儿园进行的专门的语言教育活动，都可以将活动延伸到家庭中。这就需要教师和家长进行充分的沟通，一方面让家长了解幼儿园语言教育活动的主要内容，另一方面让家长能够与幼儿进行良好的沟通，和幼儿共同完成延伸活动。如谈话活动"美丽的春天"，教师就可以让幼儿回家给家长讲一讲春天都有哪些特征，并且和家长共同寻找"春天的故事"。

【走进幼儿园】

赵老师在班里常遇到这种情况：幼儿经常会跑到她这里告状："老师，乐乐又骂人了！"乐乐总是对着小朋友说"笨蛋""傻瓜"之类的话。赵老师通过与乐乐家长沟通发现，乐乐家长经常会在家里说类似的话，潜移默化地影响了乐乐的语言表达。

面对上述情境，你会怎样做？为什么？

本项目介绍了幼儿园语言教育的原则，即面向全体幼儿、发挥幼儿学习语言的主体性、加强语言教育与其他领域教育的联系、以发展的眼光对待幼儿、注重个体差异，提出了幼儿园语言教育的方法和途径，为幼儿园语言教育提供了具体可操作的建议。

1. 小芳老师特别喜欢讲话流利的孩子，常常在提问时让讲话流利的孩子回答问题。但是，班上那些说话不流畅的孩子便没有了表达的机会，即使他们举手发言，小芳老师也当作没看见，还是请讲话流利的孩子回答。渐渐地那些说话不流畅的孩子再也不举手回答问题了。

请问小芳老师的做法违背了幼儿园语言教育的哪项原则？如果你是小芳老师，你应该怎么做？

2. 李老师以"森林大冒险"为主题开展语言教育活动（故事图片见图5-1、图5-2、图5-3），并设计目标"仔细观察图片中角色的表情、动作并展开想象，根据提示完整讲述故事内容"。

图5-1　故事图片1

图5-2　故事图片2

图5-3　故事图片3

　　为了调动幼儿的积极性，达成活动目标，请帮助李老师选择 2~3 种方法开展活动，并详细说明方法的具体运用。

周兢，陈思 . 学前语言教育的新取向：重视儿童学业语言的发展 [J] . 学前教育研究，2014（6）：39-44.

　　目前国际语言与教育研究特别关注儿童学业语言的发展和教育。学业语言是儿童语言发展过程中所学习运用的一种特别的语言能力。学业语言是一种可以通过口头语言进行交流，但是具有书面语言特征的语言。学前儿童学业语言发展具有自身的年龄特点。学前教育工作者应该认识到阅读是促进儿童学业语言发展的重要途径，应在阅读基础上或者围绕某个学习内容开展拓展性讨论，应关注说明性讲述活动，帮助学前儿童系统使用学业语言进行表达。

☞ 推荐阅读资料包

项目六　幼儿园倾听与表达活动的设计

📖 内容导读

幼儿期是口语发展的关键期，幼儿园语言教育是通过倾听与表达、阅读与书写这四部分来体现的，倾听与表达能力的培养是幼儿语言学习的重要环节，幼儿需要学习倾听、理解交流者的言语，并且在不同的社会情境中通过言语来表达自己的想法。本项目主要阐述倾听与表达活动的目标确定、内容选择以及实施。

🧠 思维导图

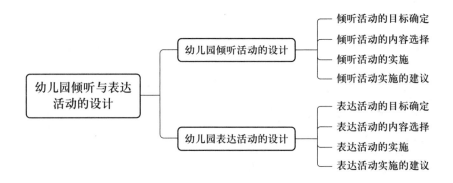

项目目标

1. 掌握幼儿园倾听与表达活动各层次目标，学会比较不同年龄段倾听与表达活动目标之间的联系与差异。

2. 依据幼儿的发展需要，选择适宜的倾听与表达活动内容。

3. 根据幼儿园倾听与表达活动目标和内容，提供合适的材料和活动促进幼儿倾听与表达能力发展。

情境导入

许多教师都会遇到这样的问题：幼儿不能安静地听别人讲话；随意插嘴，打断别人讲话；在集体教学活动中，自我表现欲较强，不给同伴发言的机会等。

讨论：假如你是幼儿园教师，你会怎么办？

任务一　幼儿园倾听活动的设计

【任务目标】

1. 掌握各年龄段幼儿倾听活动目标和具体内容。

2. 能够设计各年龄段幼儿倾听活动的方案，提供合适的材料和活动促进其倾听能力发展及倾听习惯养成。

3. 重视并乐于研究幼儿园倾听活动。

倾听是口语学习的开始，也是幼儿感知和理解语言的行为表现。就幼儿语言学习和发展而言，倾听是不可缺少的一种行为能力，对未来学习说、读和写都具有非常重要的意义。[①] 只有懂得倾听、乐于倾听并且善于倾听的人，才能真正理解语言的内容、形式和运用的方式，掌握与人进行语言交流的技巧。幼儿园倾听活动是幼儿通过听觉、视觉等感官对发生在外部的信息（如教师引导、故事儿歌、同伴言语等）进行全身心的感知，并不断进行内化理解的活动。

一、倾听活动的目标确定

语言领域倾听活动目标一般可以分为总目标、年龄阶段目标和活动目标三个不同的层次。《纲要》和《指南》等政策文件对倾听活动的总目标做出明确要求，基于倾听活动的总目标及幼儿的年龄特点，可以分化出适切的年龄阶段目标，最终教师根据不同活动种类的特点，设计具体倾听活动的活动目标。

（一）倾听活动的总目标

《纲要》和《指南》对倾听活动的总目标做了明确要求（见表6-1）。

表6-1　倾听活动的总目标

《纲要》中倾听活动的总目标	《指南》中倾听活动的总目标
1. 注意倾听对方讲话，能理解日常用语 2. 喜欢听故事 3. 能听懂普通话	1. 认真听并能听懂常用语言 2. 具有文明的语言（倾听）习惯

由此可见，《纲要》和《指南》在语言领域中倾听活动目标的指向一致，都强调对幼儿语音语调的感知、对语义内容的理解和形成文明的倾听习惯的培养，要求教师帮助幼儿形成倾听能力和文明的倾听习惯。其中，倾听能力包括有意识倾听和理解性倾听。具体而言，有意识倾听是指集中注意力地倾听；理解性倾听

---

① 李季湄，冯晓霞.《3—6岁儿童学习与发展指南》解读［M］.北京：人民教育出版社，2013：79.

是指在倾听时掌握主要内容、联系上下文的意思。

（二）倾听活动的年龄阶段目标

《指南》在明确提出倾听活动总目标的同时，也对各个年龄段幼儿倾听能力和习惯大致可以达到什么发展水平提出了合理期望，主要是从有意识倾听、理解性倾听和文明的倾听习惯三个方面，对幼儿各年龄阶段的典型表现进行具体描述，形成逐步发展幼儿倾听能力的具体目标（见表6-2）。

表6-2　倾听活动的年龄阶段目标[①]

发展目标	年龄阶段		
	3—4岁	4—5岁	5—6岁
1. 有意识倾听	别人对自己说话时能注意听	在群体中能有意识地听与自己有关的信息	在集体中能注意听老师或其他人讲话
2. 理解性倾听	能听懂日常会话	能结合情境感受到不同语气、语调所表达的不同意思 方言地区和少数民族的幼儿能基本听懂普通话	听不懂或有疑问时能主动提问 能结合情境理解一些表示因果、假设等相对复杂的句子
3. 文明的倾听习惯	与别人讲话时知道眼睛要看着对方，并做出回应	别人对自己讲话时，能回应 能安静倾听，不随意插话、打断他人的发言	别人讲话时，能积极主动地回应 能不打断他人发言，耐心等待对方说完话

（三）倾听活动的具体目标

幼儿的倾听能力和习惯主要是在生活活动、游戏活动、集体教学活动中获得发展。其中，集体教学活动包括语言集体教学活动和其他领域的教学活动，本项目着重阐述在语言集体教学活动中的倾听活动的具体目标。[②]

1. 生活活动中的倾听目标

生活活动的各环节都蕴含着发展幼儿倾听的机会，具有很大的教育价值。生活活动中的倾听目标如表6-3所示。

表6-3　生活活动中的倾听目标

发展目标	年龄阶段		
	3—4岁	4—5岁	5—6岁
1. 有意识倾听	别人对自己说话时能注意听	在生活中能有意识地听与自己有关的提问、对话、讨论、要求等	在集体中能注意听老师或其他人的提问、对话、讨论、要求等

[①] 倾听活动的年龄阶段目标是基于《指南》中语言领域"倾听与表达"目标中"倾听"部分"各年龄段典型表现"进行的概括与分类。

[②] 倾听活动目标是倾听活动年龄阶段目标在各个活动情境的具体表现或细化；此外，结合各活动特点，各活动中的倾听目标应各有所侧重，如在组织听说游戏的过程中幼儿很少出现不回应、插话等不文明的倾听习惯，因此可不将"文明的倾听习惯"纳入听说游戏的倾听目标中。

续表

发展目标	年龄阶段		
	3—4 岁	4—5 岁	5—6 岁
2. 理解性倾听	能听懂日常交流、生活常规、故事等内容	能在不同的生活情境中感受到不同的语气、语调所表达的情绪；理解各种生活指令的含义 方言地区和少数民族的幼儿能基本听懂普通话	听不懂或有疑问时能主动提问 能结合生活情境或故事理解一些表示因果、假设等相对复杂的句子
3. 文明的倾听习惯	与别人讲话时知道眼睛要看着对方，并做出回应	别人对自己讲话时，能回应 能安静倾听，不随意插话、打断他人的发言	别人讲话时，能积极主动地回应 能不打断他人发言，耐心等待对方说完话

2. 游戏活动中的倾听目标 [①]

游戏活动是培养幼儿倾听的语言环境之一，能拓展幼儿倾听经验。游戏活动中的倾听目标如表 6-4 所示。

表 6-4 游戏活动中的倾听目标

发展目标	年龄阶段		
	3—4 岁	4—5 岁	5—6 岁
1. 有意识倾听	别人对自己说话时能注意听并做出回应	在游戏中能有意识地听与自己有关的内容	在游戏中能注意听游戏开始与结束信号、游戏注意事项、同伴游戏计划、同伴对话和游戏言语、游戏讨论等
2. 理解性倾听	能听懂游戏规则、游戏流程、游戏过程中的对话等内容	能结合游戏情境感受到不同语气、语调所表达的情绪 方言地区和少数民族的幼儿能基本听懂普通话	听不懂或对游戏规则、游戏玩法等有疑问时能主动提问 能结合游戏情境理解一些表示因果、假设等相对复杂的句子
3. 文明的倾听习惯	与别人讲话时知道眼睛要看着对方，并做出回应	别人对自己讲话时，能回应 能安静倾听，不随意插话、打断他人的发言	别人讲话时，能积极主动地回应 能不打断他人发言，耐心等待对方说完话

3. 语言集体教学活动中的倾听目标

语言集体教学活动包括谈话活动、讲述活动、听说游戏、文学作品学习活动

[①] 听说游戏纳入语言集体教学活动，不包括在内。

和早期阅读活动等。其中，早期阅读活动着重强调幼儿书面语言能力的发展，因此未展开介绍其倾听目标。

（1）谈话活动中的倾听目标

谈话活动包含了其他专门语言教育活动不具备的一些要素，如有趣的中心话题、对语境的敏感性、轮流谈话等。[①] 因此，在谈话活动中可以着重实现以下倾听目标（见表6-5）。

表6-5 谈话活动中的倾听目标

发展目标	年龄阶段		
	3—4岁	4—5岁	5—6岁
1. 有意识倾听	他人与自己面对面表达个人见解时，能注意听 愿意倾听他人关于有趣中心话题的交流	交谈过程中，能有意识地听与自己有关的内容 能有意识倾听教师要求重点倾听的内容	交谈过程中，能注意听老师或同伴的谈话内容
2. 理解性倾听	能听懂交谈的内容 能听懂本民族或本地区的语言	能根据谈话对方语气、语调的变化感知对方的情绪变化 能理解谈话语境中的地点场所、事态状况等空间信息 能理解谈话语境中的时期、时刻等时间信息 方言地区和少数民族的幼儿能基本听懂普通话	听不懂或有疑问时能主动提问 能结合谈话情境理解一些表示因果、假设等相对复杂的句子 能理解交谈者的期待、想法等
3. 文明的倾听习惯	别人对自己讲话时，知道要做出语言回应 别人讲话时，知道眼睛要看着对方	别人对自己讲话时，能回应 能安静倾听，不随意插话、打断他人的发言	别人讲话时，能积极主动地回应 当与他人意见不一致时，能耐心等待他人发言后，再表达个人观点

（2）讲述活动中的倾听目标

讲述活动包含了其他专门语言教育活动不具备的一些要素，如对特定讲述对象的理解、说出自己的经历或想法、独立构思等。因此，在讲述活动中可以着重实现以下倾听目标（见表6-6）。

---

① 余珍有.幼儿园语言领域教育精要：关键经验与活动指导［M］.北京：教育科学出版社，2015：78-79.

表6-6　讲述活动中的倾听目标

发展目标	年龄阶段		
	3—4岁	4—5岁	5—6岁
1. 有意识倾听	能注意倾听关于讲述对象特点的讨论　别人讲述时，能注意倾听他人对讲述对象的理解	能有意识倾听关于讲述对象特点的讨论　别人讲述时，能有意识倾听他人对讲述对象的理解　别人讲述时，能有意识地听他人使用的语言、讲述的方法等讲述经验	能仔细、耐心地倾听关于讲述对象特征的讨论　别人讲述时，能仔细、耐心地倾听他人对讲述对象的理解　别人讲述时，能仔细、耐心地倾听他人的讲述思路、所使用的语言、讲述的方法等讲述经验
2. 理解性倾听	能听懂他人所讲述的内容　能理解讲述对象的特点　能听懂本民族或本地区的语言	能理解他人见解和新的讲述经验　方言地区和少数民族的幼儿能基本听懂普通话	听不懂或有疑问时能主动提问　能结合讲述情境理解一些表示因果、假设等相对复杂的句子
3. 文明的倾听习惯	别人讲述时，知道眼睛要看着对方	能安静倾听，不随意插话、打断他人的讲述	当与他人见解不一致时，能耐心等待他人讲述结束后，再表达个人观点

（3）听说游戏中的倾听目标

听说游戏包含了其他专门语言教育活动不具备的一些要素，如娱乐性、隐含语言学习的目标、无意识地学习语言等。因此，在听说游戏中可以着重实现以下倾听目标（见表6-7）。

表6-7　听说游戏中的倾听目标

发展目标	年龄阶段		
	3—4岁	4—5岁	5—6岁
1. 有意识倾听	能注意听游戏指令、游戏规则和游戏流程　能注意听教师的游戏组织言语	在游戏中能有意识地听游戏指令和游戏规则等	在游戏中能认真倾听游戏指令、游戏规则和游戏对话等
2. 理解性倾听	能听懂较简单的听说游戏指令、游戏规则、游戏流程	能理解游戏规则、游戏流程等　能在听说游戏中辨析不同语音　方言地区和少数民族的幼儿能基本听懂普通话	对游戏规则和游戏流程有疑问时，能主动提问　能理解游戏中较复杂的指令

（4）文学作品学习活动中的倾听目标

文学作品学习活动主要是以口头语言形式呈现，发展幼儿书面经验的专门语言教育活动，包含了其他专门的语言教育活动不具备的一些要素，如生动形象的语言，旨在获得初步的审美意识和技能，伴随情感的表达等。因此，在文学作品学习活动中可以着重实现以下倾听目标（见表6-8）。

表6-8　文学作品学习活动中的倾听目标

发展目标	年龄阶段		
	3—4岁	4—5岁	5—6岁
1. 有意识倾听	喜欢听故事、韵律感强的儿歌及童谣等　能注意听他人读或讲的文学作品　能注意听他人对文学作品的感想	喜欢倾听文学作品，并能感受到文学作品的语言美　能够带着问题倾听他人讲述的文学作品	乐意倾听不同体裁、不同风格的文学作品　能够认真倾听他人讲述的文学作品
2. 理解性倾听	能听懂短小的故事、儿歌和童谣等	能根据讲述者语气语调的变化，感受文学作品情节的发展与转变，以及作品的情感基调　方言地区和少数民族的幼儿能基本听懂普通话	能完全理解所听作品的内容及其表达的主题　听不懂或有疑问时能主动提问　能结合文学作品上下文，理解一些表示因果、假设等相对复杂的句子

二、倾听活动的内容选择

倾听活动的内容是实现倾听发展目标的重要手段，是幼儿倾听能力与习惯培养的载体。倾听活动的内容需要自然地融入适宜的活动和教育环境之中。具体而言，是指寓倾听活动内容于生活活动的各个环节中，寓倾听活动内容于游戏活动中，以及寓倾听活动内容于专门的语言教育活动中等。

（一）生活活动中的倾听内容

生活活动不仅是满足幼儿生活之需不可或缺的环节，也是培养幼儿倾听习惯和倾听能力的重要活动形式。生活活动主要包括入园活动、照料自己的活动、照顾环境的活动、学习社交礼仪行为、过渡环节的活动、离园活动等。[①] 教师应有意识地在生活活动各环节中，挖掘练习倾听的教育契机，发展幼儿倾听能力，养成倾听习惯（见表6-9）。

---

① 黄人颂.学前教育学［M］.3版.北京：人民教育出版社，2015：356-363.

表6-9 生活活动中的倾听内容

生活活动		倾听内容
入园活动	晨检	问好、寒暄 保健医提问
	整理衣物	同伴交流
	喝水	喝水常规
	自由游戏	同伴交流
	教师与幼儿个别交谈	教师说的话
	点名	自己及同伴相关的信息
离园活动	离园前的准备	同伴交流 离园要求
	安全交接	自己相关的信息
	其他	回顾一日生活 讲故事等活动
照料自己的活动	盥洗	盥洗常规 同伴交流
	如厕	如厕常规 同伴交流
	午睡	午睡常规 午睡故事、音乐等
	进餐	进餐常规 食谱营养介绍 同伴交流
	喝水	喝水常规
照顾环境的活动	照顾动植物	照顾动植物的感受与方法 同伴交流
	园地种植	植物的名称、外形特征、生长变化、习性与生存环境的适应关系等 同伴交流
	值日生工作	值日生分工 天气预报员的天气预报 领操员的整队指令 盥洗检查员的排队、洗手提示 餐厅管理员的食谱播报 安全员对上下楼梯的安全提示 同伴交流
学习社交礼仪行为		社交礼仪规范要求 同伴交流
过渡环节的活动		同伴表达的所见所闻 同伴交流

（二）游戏活动中的倾听内容

按照在教育中的作用，游戏可分为创造性游戏和规则性游戏，其中都蕴含着大量倾听内容。

1. 创造性游戏中的倾听内容

创造性游戏包括角色游戏、结构游戏、表演游戏。大多数幼儿园将创造性游戏材料投放在活动区中，创造性游戏组织流程为：

第一步，教师发出游戏开始信号，如播放音乐、手指操、念儿歌等。

第二步，教师讲解或回顾游戏注意事项，如开展安全教育或回顾前期游戏中常见困难的解决办法等。

第三步，幼儿表达自己的游戏计划，如选择哪个活动区、具体怎么玩游戏。

第四步，协商游戏分组、角色分配。

第五步，幼儿进行游戏，教师观察（记录）、互动与引导。

第六步，教师发出游戏结束信号，如播放音乐、手指操、念儿歌等。

第七步，游戏讨论，如教师介绍游戏材料，幼儿回顾游戏过程、游戏过程中遇到困难的解决办法等。

创造性游戏中的倾听内容如表 6-10 所示。

表 6-10　创造性游戏中的倾听内容

创造性游戏	倾听内容
角色游戏 结构游戏 表演游戏	游戏开始与结束信号（听到游戏信号后做出回应） 游戏注意事项 同伴游戏计划（理解可选的活动区有哪些及如何玩游戏） 同伴对话和游戏言语 游戏讨论

以角色游戏娃娃家为例，幼儿在游戏中经常会抱着娃娃说"小宝宝你是不是困了呀，妈妈哄你睡觉"。在此过程中，教师要引导幼儿听同伴对话和游戏言语（有意识倾听），辨析同伴说话语气传递出的不同情绪（理解性倾听），理解同伴表达的意思是什么并作出回应（理解性倾听）。由此可见，创造性游戏组织流程中蕴含着大量倾听内容。

2. 规则性游戏中的倾听内容

规则性游戏包括体育游戏、智力游戏、语言游戏、音乐游戏。规则性游戏常见的组织流程为：

第一步，介绍游戏名称。

第二步，介绍游戏规则和组织步骤，一般采取教师示范，或幼儿配合教师示范的方式。

第三步，请幼儿尝试玩游戏。

第四步，正式开始游戏。

第五步，游戏讨论，如游戏体验、游戏技巧、安全教育等。

规则性游戏中的倾听内容如表 6-11 所示。

表 6-11　规则性游戏中的倾听内容

规则性游戏	倾听内容
体育游戏 智力游戏 语言游戏 音乐游戏	游戏名称 游戏规则 游戏步骤 游戏指令（包括乐器猜谜、听音乐做动作等） 游戏讨论

以游戏"大风和树叶"为例，幼儿需要理解游戏规则和游戏步骤（理解性倾听），并且集中注意力倾听教师的游戏指令（有意识倾听），才可能准确地根据音乐信号的强弱、快慢，做出落叶的动作。此外，为了能提高游戏水平，幼儿还要注意听并理解游戏讨论的内容（有意识倾听、理解性倾听）。由此可见，规则性游戏组织流程中蕴含着大量倾听内容。

（三）语言集体教学活动中的倾听内容

语言集体教学活动，包括谈话活动、讲述活动、听说游戏、文学作品学习活动和早期阅读活动等。其中，早期阅读活动着重强调幼儿书面语言能力的发展，因此未呈现其倾听内容。语言集体教学活动中的倾听内容如表 6-12 所示。

表 6-12　语言集体教学活动中的倾听内容

语言集体教学活动	倾听内容
谈话活动	谈话情境 同伴对谈话话题的个人见解 教师在谈话过程中的组织性言语（谈话规则、谈话思路等）、反馈性言语（鼓励、简单的个人见解等）
讲述活动	讲述对象特征的讨论 同伴对讲述对象的见解 教师对新的讲述经验的示范、引导、讨论 同伴采用新的讲述经验讲述的见解
听说游戏	游戏情境 游戏规则、步骤和常规的讨论 游戏指令、同伴对话
文学作品学习活动	幼儿诗歌、童话故事、生活故事、幼儿散文 文学作品的情节、人物形象和主题倾向的讨论 文学作品的故事表演 文学作品的仿编

教师在选择谈话主题、讲述对象和文学作品时，要有意识选择中华优秀传统文化的内容。其载体形式可以是经典篇目、人文典故、基本常识、科技成就、特色技艺和其他文化遗产等。

三、倾听活动的实施

幼儿园的一日生活是幼儿园内所发生的一切活动的总称，在一日生活的各类活动中，教师应有意识地设计促进幼儿倾听发展的环节。

（一）生活活动中倾听活动的实施

生活活动为幼儿倾听发展提供了真实的语言情境，幼儿以生活中的倾听内容为主要学习对象。生活活动中的倾听活动是按照生活环节展开的。

1. 入园活动

整理衣物：教师在此环节应关注幼儿是否能听懂教师说的整理要求。

教师与幼儿个别交谈：通常个别交谈只有教师与幼儿两人，因此在交谈过程中教师应关注幼儿的理解性倾听行为，关注幼儿能否结合当时情境认真听教师说的话并感受到不同语气、语调所表达的情绪、重要程度、紧急程度，并做出回应。教师应注意幼儿的年龄特点并运用儿童化的语言进行描述，在对话中可多选择用疑问句，倾听幼儿的想法。

2. 离园活动

离园前的准备：离园时教师可关注幼儿与同伴交流时的有意识倾听，幼儿能否注意听教师或其他人所说的话，是否听懂并作出回应。离园时教师可通过幼儿的倾听表现判断幼儿今天的情绪状态，注意倾听个别幼儿的需求。

3. 照料自己的活动

进餐：进餐环节教师可关注幼儿是否倾听教师或值日生提示的进餐常规及食物营养介绍，如请自己拿碗、小手不离开碗和勺子，一口饭一口菜等。教师讲述常规时要分条叙述，条理清晰，易被幼儿理解。进餐环节的倾听活动能够实现幼儿有意识倾听、理解性倾听、文明的倾听习惯多个目标。

4. 照顾环境的活动

照顾动植物：教师可在照顾动植物的环节关注幼儿是否认真倾听同伴对照顾动植物的感受与方法的分享，对听不懂的内容是否能够进行提问。同时关注幼儿是否愿意倾听同伴间的日常对话。教师及时表扬认真倾听的幼儿，及时提醒走神没有注意倾听的幼儿（轻拍肩膀、轻声提醒等），从而达成培养有意识倾听的目标。

5. 学习社交礼仪行为

在学习社交礼仪行为时教师可关注幼儿文明的倾听习惯方面的情况，适时地引导幼儿养成文明的倾听习惯，如听别人说话时，眼睛要看着对方，聚精会神地听；在别人还没讲完时，不要着急发表自己的看法。教师可为幼儿树立倾听榜样（教师示范、评选倾听礼仪之星）、创设文明倾听的班级环境（图画或提示语）、观看与倾听礼仪有关的动画视频。

6. 过渡环节的活动

在过渡环节教师应关注幼儿能否认真倾听教师说的话并做出回应，观察幼儿有意识倾听目标的达成情况，如集体活动结束进行下一个活动前，教师通常会说："请小朋友们小便、洗手、喝杯水到门口排队。"认真倾听的幼儿会主动将几件事情做完，此时教师应及时表扬；没有认真倾听的幼儿可能会出现只做部分事情或者不知道该做什么事情的情况，此时教师可重复提示，表扬与提示的目的都是为了幼儿更好地进行理解性倾听。

（二）游戏活动中倾听活动的实施

游戏活动中的倾听具有自由、自发性和自主性，游戏活动中的倾听活动按幼儿园游戏分类展开。

1. 创造性游戏

在创造性游戏中，教师可关注幼儿能否听懂游戏开始与结束的信号，游戏规则一般由师幼共同制订。在游戏开始前，教师可与幼儿共同确定游戏开始与结束的信号，如铃声响起说明游戏开始（教师可请幼儿轮流摇铃，增强幼儿游戏的自主性），音乐响起说明游戏结束（教师可轮流更换幼儿喜欢的音乐，增加幼儿对游戏规则制订的参与感）。关注幼儿能否倾听同伴的游戏计划。在游戏过程中，教师需关注幼儿能否听懂游戏开始与结束的信号，是否遵守倾听的文明礼仪和注意事项。游戏计划一般由幼儿自主设计，特别考验幼儿的倾听、合作、协商能力，与同伴间的对话是促进游戏发展的关键，因此教师应注意幼儿在游戏中是否愿意倾听同伴的游戏言语，是否能听懂在不同情境下同伴所表达的不同意思与情绪，遇到疑问或听不懂时是否主动提问。在游戏结束后的讨论环节中，教师应关注幼儿能否注意听他人讲话。

2. 规则性游戏

在规则性游戏开始前，教师需要关注幼儿能否倾听教师对游戏名称的介绍。在游戏过程中，教师需要关注幼儿能否听懂游戏步骤、游戏规则及指令并做出回应。在游戏结束后的讨论环节，在集体分享、总结游戏经验时，教师应关注幼儿在集体中能否注意听他人讲话。

（三）语言集体教学活动中倾听活动的实施

1. 谈话活动

谈话活动的实施步骤：创设谈话情境，引出谈话话题；幼儿围绕话题自由交谈；引导幼儿逐步拓展谈话范围，学习新的谈话经验。在谈话活动中发展幼儿倾听的实施要点如下：

第一步，创设谈话情境，引出谈话话题

创设谈话情境是谈话活动不可缺少的一个环节，有利于激发幼儿倾听的兴趣，重点引导幼儿产生有意识倾听行为。创设谈话情境的方式主要分为两种：一是实物创设情境，即教师利用活动区布置、墙饰、桌面玩具、实物摆设、图片创设谈话情境；二是语言创设情境，即教师通过提问题引入谈话话题。为了能够吸引幼儿有意识倾听，教师在创设谈话情境时选取的实物，应是既能吸引幼儿的注意，又不至于造成幼儿注意力分散的实物，如清晰、鲜亮、主题突出、无与主题不相关内容的实物；教师在创设谈话情境时的语言，应该是生动的，也可以是带有悬念的、设问的。

为了能够吸引幼儿有意识倾听，教师选择的谈话话题应具有以下三个特点：一是幼儿亲身体验和感受的内容；二是幼儿有一定熟悉度的内容；三是谈话素材丰富的内容。

第二步，幼儿围绕话题自由交谈

引出谈话话题后，教师要给幼儿提供自由交谈的机会，目的在于调动幼儿对谈话话题的知识储备，运用已有的谈话经验交流个人见解。此环节重点发展幼儿有意识倾听能力、理解性倾听能力及文明的倾听习惯。操作要点如下：

一是关于交谈对象的选择。既可以由幼儿自由选择交谈对象，也可以由教师划分小组进行交谈。但是，结合幼儿倾听发展的年龄特点，交流对象的数量要有所区别，小班建议一对一交流，重点引导幼儿注意听同伴说话；中大班建议根据幼儿的实际发展水平，不断增加交流对象的人数，重点发展幼儿在群体中有意识倾听与自己有关的信息。

二是鼓励幼儿在自由交谈时增加"动作"。幼儿口头语言发展呈现情境语言早于连贯语言的特点，3—5岁幼儿语言带有情境性，交流时常出现缺乏连贯性的短句，需要辅以各种手势和面部表情；直到6岁左右，幼儿才能完整地、连贯地说话。为了能够引起倾听者的注意，也为了能够帮助倾听者理解对方所表达的信息，教师应结合幼儿的实际发展水平，鼓励幼儿在自由交谈时增加"动作"。

三是营造自由宽松的交谈氛围。在此过程中，教师应不急于纠正幼儿在谈话中出现的遣词造句错误，允许幼儿表达对话题的任何看法。但是，当幼儿出现不理解、不注意听、不回应或去做与谈话无关的其他事情时，教师要通过提问、平行示范、语言提示等方式加以引导。

第三步，引导幼儿逐步拓展谈话范围，学习新的谈话经验

经过幼儿自由开放的交谈后，教师有必要集中引导幼儿，逐步拓展谈话范围，让幼儿学习新的谈话经验。此环节重点发展幼儿有意识倾听能力、理解性倾听能力及文明的倾听习惯。以谈话活动"我的妈妈"为例，说明如何在集中交谈环节拓展谈话范围。在自由交谈环节，幼儿可以自由地交流妈妈的外貌特征、性格、职业等。在集中交谈环节，教师可以依据幼儿的年龄发展特点，围绕谈话活动的目的指定谈话的问题。如在小班集体交谈环节，教师请幼儿围绕着"我妈

妈的样子"“我喜欢和妈妈在一起做什么"展开交谈；在中班集体交谈环节，教师请幼儿围绕着“我妈妈的职业"“妈妈很累时，我会为妈妈做什么事"展开交流。

新的谈话经验是指谈话思路和谈话方式的总和，即“说什么"和“怎么说"，而不是将其视为一种句式或几个词语的学习。在集中交谈环节学习新的谈话经验，不是通过教师显性示范，或用指示的方法要求幼儿怎么说，而是通过用提问、平行谈话的方法，引入新的谈话经验，让幼儿在谈话过程中不知不觉地沿着新的思路去说，潜移默化地应用新的谈话经验。以中班谈话活动“我的好朋友"为例，教师在集体交谈环节采用平行谈话的方式提供新的谈话经验，“我的好朋友她是谁呢？我先不告诉大家她的名字，大家根据我的描述猜猜她是谁。她是一个女孩（性别），白白的、长头发、爱穿裙子（外貌特征），她爱玩娃娃家、爱画画（爱好），我之所以认为她是我的好朋友是因为……"

此环节的操作要点是：一是明确要求、提问的方式，提示幼儿注意听、耐心听教师和同伴的讲话；二是鼓励幼儿对听不懂的地方主动提问。

2. 讲述活动

讲述活动的实施步骤：第一，感知、理解讲述对象；第二，运用已有经验讲述；第三，引进新的讲述经验；第四，巩固和迁移新的讲述经验。在讲述活动中发展幼儿倾听的实施要点如下：

第一步，感知、理解讲述对象

开展讲述活动，首先教师要帮助幼儿感知、理解讲述对象，为幼儿的讲述活动奠定知识基础。最常见的感知途径是视觉感知，此外还可以利用听觉、触觉、味觉、嗅觉等感觉器官获取信息。

在众多感知途径中，听觉对幼儿有意识倾听能力和理解性倾听能力的发展影响最为显著。听觉有利于幼儿萌发有意识倾听；依靠听觉感知周围人和物的声音特性、分辨发声体及声音传递的情绪，有利于发展幼儿的理解性倾听；感知人物对话、故事等内容，也有利于发展幼儿的理解性倾听。即使是通过其他感觉途径感知讲述对象，在此过程中教师也要重点引导幼儿有意识倾听并理解讲述类型的特点和感知对象的特点。

第二步，运用已有经验自由讲述

在幼儿感知、理解讲述对象的基础上，教师指导幼儿运用已有的经验进行讲述。此环节重点发展幼儿有意识倾听能力、理解性倾听能力及文明的倾听习惯。

此环节的操作要点是：一是应根据幼儿的倾听能力确定讲述的组织形式。整体而言，呈现由个别交流讲述向小组讲述过渡，再向集体讲述过渡的变化趋势。二是鼓励幼儿在讲述过程中增加“动作"，有利于幼儿有意识倾听和理解性倾听的发展。三是营造自由宽松的讲述氛围，教师不急于纠错；但对不文明的倾听习惯，要采取适宜的方式加以引导。

第三步，引进并学习新的讲述经验

新的讲述经验包括讲述的思路、讲述的方式和讲述的全面性。教师主要通过示范、提示和讨论的方式引进新的讲述经验。教师引进新的讲述经验时，要提出让幼儿眼睛看着教师并注意听的要求，鼓励幼儿对听不懂或有疑问的地方要主动提问，进而发展幼儿有意识倾听能力、理解性倾听能力及文明的倾听习惯。

第四步，巩固和迁移新的讲述经验

在讲述活动中，只引进新的讲述经验是不够的，教师还需要提供幼儿实际操练新经验的机会，巩固和迁移新的讲述经验。在此环节教师要引导幼儿有意识倾听并理解同伴引进新的讲述经验后的讲述内容。

3. 听说游戏

听说游戏的实施步骤：第一，设置游戏情境；第二，介绍游戏规则；第三，教师引导幼儿游戏；第四，幼儿自主游戏。在听说游戏中发展幼儿倾听的实施要点如下：

第一步，设置游戏情境

良好的游戏情境能激发幼儿参与游戏的积极性，提升幼儿倾听的兴趣。听说游戏通常用物品、语言和动作创设游戏情境。其中，用动作创设游戏情境是指教师靠动作表演，让幼儿想象游戏的角色或者游戏场所，进而产生游戏的气氛。此环节重点发展幼儿有意识倾听。

第二步，介绍游戏规则

如果是新的游戏，教师需要通过语言解释与动作示范相结合的方式向幼儿交代游戏规则。游戏规则是保障听说游戏顺利开展的关键，教师要通过设置悬念或提要求等方式引发幼儿有意识倾听行为。此外，为了确保幼儿能够理解游戏规则，教师在交代游戏规则时应注意以下几点：一是语言要简洁明了；二是要适当减慢说话的语速；三是讲述思路要清晰，使幼儿清楚游戏开展顺序，先做什么、后做什么、什么角色做什么等；四是通过提问、请幼儿试玩等方式检验幼儿理解规则的程度，对幼儿没有掌握的地方及时进行补充讲解。

如果是已经玩过的游戏，教师通过提问"小朋友们，还记得××游戏的游戏规则是什么吗？"让幼儿回顾和总结游戏规则、游戏流程和游戏注意事项。针对上一次游戏中存在困难的幼儿，教师要通过一对一提问，让幼儿巩固游戏规则。

第三步，教师引导游戏

教师引导幼儿游戏，是一种以教师为主导来指导幼儿游戏过程的方式。教师在游戏中充当重要角色，可以控制游戏进程。幼儿参与游戏的方式有两种：一种是部分参与游戏，即一部分幼儿参与游戏，实行轮换，以便另一部分幼儿有观察、熟悉游戏的机会；另一种是全体幼儿参与游戏的一部分，待幼儿熟悉掌握每一部分游戏后，再完整参加游戏。

此外，在此过程中，参与游戏的幼儿，要有意识地倾听游戏指令、同伴游戏言语并作出回应；观察游戏的幼儿，也要通过观看他人游戏来理解游戏规则、游戏流程和游戏注意事项。

第四步，幼儿自主游戏

幼儿自主游戏是由幼儿主导游戏，教师主要负责观察幼儿的游戏水平和行为表现、指导游戏困难幼儿、协调或协助解决同伴冲突等。在此过程中，幼儿要有意识地倾听游戏指令、同伴游戏言语、教师的组织言语并作出回应。

4. 文学作品学习活动

文学作品学习活动的实施步骤：第一，创设情境，为引出文学作品做好铺垫；第二，理解、体验文学作品；第三，运用想象进行创造性的仿编或创编。在文学作品学习活动中发展幼儿倾听的实施要点如下：

第一步，创设情境，为引出文学作品做好铺垫

在理解文学作品之前，教师应为幼儿创设一个可发挥他们想象力的文学语境和空间，引导幼儿有意识倾听并理解教师所创设的情境，为幼儿理解文学作品做好铺垫。此环节有以下几个注意事项：一是创设情境的方式要结合文学作品内容，实时更新，激发幼儿倾听的欲望。二是选择符合各年龄段幼儿特点的创设情境方式，小班建议用实物配合教师讲解的方式创设情境；中班可以使用图片、幻灯片、课件等配合教师讲解的方式创设情境；大班可以直接用提问、音乐提示的方法，让幼儿在积极的思考中进入作品所描述的世界。

第二步，理解、体验文学作品

当幼儿进入文学意境后，教师需要重点引导幼儿注意倾听文学作品，并尝试理解和体验作品的主要情节、情感基调、人物特色、人物形象的心理特点和作品中蕴含的文学意境之美等。

幼儿对文学作品的理解呈现发展连续性与阶段性相统一的特点，以《少年英雄王二小》为例说明，其发展趋势为：一是听到并记住具体的故事要素，如一个故事角色（王二小）或一个故事情节（他牺牲了）。二是理解更复杂的事件以及事件发生的顺序、叙事的因果关系，如王二小为了保护转移的乡亲，把日本侵略军带进了八路军的埋伏圈，敌人发现上当后杀害了王二小。三是根据讲述者的语音、语调和语气推断人物角色、情节。四是逐渐明白叙事者的意图，对故事角色产生崇敬之心，即王二小是少年英雄，我们都应该通过做好力所能及的事情的方式爱祖国。五是理解文学作品（叙事）线和叙事方法。由此可见，教师要掌握幼

儿对文学作品理解性倾听的现有水平，并且引导幼儿在现有倾听水平的基础上进一步发展。

第三步，运用想象进行创造性的仿编或创编

当幼儿深入理解文学作品后，教师就可以激发幼儿的想象力和创造力，让他们在原作品的基础上进行仿编、创编或故事续编。在此环节，教师可以通过语言提示、非语言提示引导幼儿有意识倾听同伴对文学作品的仿编或创编；通过复述、补充说明等方式加深理解同伴对文学作品的仿编或创编。

四、倾听活动实施的建议

（一）善于发现倾听契机，适时干预性介入

倾听活动需要教师细心观察并对幼儿的反应进行灵敏的捕捉；同时要善于发现生活中适宜培养幼儿倾听能力的时机；收集幼儿感兴趣的生活话题，如周末活动安排、家中养的宠物等。积极引导幼儿结合生活情境有意识地倾听他人的提问、反馈、对话、讨论、要求并主动回应的行为。教师与幼儿对话时应结合情境运用儿童化的语言，说话条理清晰。

在倾听活动中，教师主要是一名观察者、倾听者和陪伴者，一般出现特殊情况才进行干预性介入，遇到幼儿双方都解决不了的问题或运用比较极端的方式解决问题时，教师可立即进行干预，协助幼儿分析事件发生的原因，反思自身的行为表现、共同寻找解决的办法。

（二）关注不同年龄幼儿的特点，适当给予信息提示

幼儿是从无意识倾听发展到学习有意识倾听，因此，教师应注意幼儿年龄阶段的特点。例如，针对小班幼儿，教师可将重要的信息进行反复提示，到了中班，教师逐渐有意识减少提示，到了大班，教师可将提示的权利交给幼儿。

（三）创设适宜的倾听环境，助力倾听目标实现

教师应有意识地为幼儿提供倾听的语言环境与机会，使幼儿在不同情境下获得倾听经验，发展倾听能力和习惯。适宜的倾听环境有助于幼儿达成有意识倾听、理解性倾听与文明倾听习惯的目标。

【走进幼儿园】

大班新入职的晓丽老师最近遇到了难题：每当她说话时，有一些幼儿就会打断她的话，或插话或告状，不停地喊老师；有一些幼儿会举手示意她，但当晓丽老师不叫他时，就会表现得不耐烦。尽管晓丽老师一再向幼儿强调老师讲话时要认真听，会给他们交流的时间，但幼儿仍旧交头接耳，乐此不疲。

请运用幼儿园倾听活动的相关知识，从目标确定、内容选择以及实施策略等方面谈一谈晓丽老师应该怎么做。

任务二　幼儿园表达活动的设计

【任务目标】

1. 掌握各年龄段幼儿表达活动的目标和具体内容。

2. 能够设计各年龄段幼儿表达活动的方案，提供合适的材料和活动促进其表达能力发展、表达习惯养成。

3. 重视并乐于研究幼儿园表达活动。

表达是以一定的语言内容、语言形式以及语言运用方式表现和交流个人观点的行为，是幼儿语言学习和语言发展的主要表现之一，是阅读和书写的基石。[①] 幼儿园表达活动是幼儿根据已有的经验积累，运用口头语言以及肢体语言等表达对事物的理解与看法、与其他人进行交流对话的活动。

一、表达活动的目标确定

幼儿园语言领域表达活动目标一般可以分为总目标、年龄阶段目标和活动目标三个不同的层次。《纲要》和《指南》等政策文件对表达活动的总目标做出明确要求；基于表达活动的总目标及幼儿的年龄特点，可以分化出适切的年龄阶段目标；最终教师根据不同活动种类的特点，设计具体的表达活动的目标。

（一）表达活动的总目标

《纲要》和《指南》中都对表达活动的总目标做了明确要求（见表6-13）。

表6-13　表达活动的总目标

《纲要》中表达活动的总目标	《指南》中表达活动的总目标
1. 乐意与人交谈，讲话礼貌 2. 能清楚地说出自己想说的事 3. 会说普通话	1. 愿意讲话并能清楚地表达 2. 具有文明的语言（表达）习惯

由此可见，《纲要》和《指南》对幼儿表达行为的培养，都将重点放在表达意愿、表达能力和表达习惯这三个方面，要求教师帮助幼儿形成表达的情感、认知和能力。其中，表达能力的具体表现如下，第一，侧重于用普通话表达。幼儿学习普通话具有重要意义，教师应抓住幼儿的语言学习关键期，加强普通话教育。第二，能完整表达，即说出成分完整的句子。幼儿的表达需要从某种情境、

---

① 表达分为口语表达、书面表达和肢体表达等。此部分内容所指的表达，特指口语表达，书面表达将会在项目七详细阐述。

表情、动作相联系的不完整表达，逐渐发展为句式完整、没有省略的完整表达。第三，能清晰地表达，既指发音的清晰，也指表达得有条理。第四，能连贯地表达。第五，表达所用的词汇较丰富、生动等。

（二）表达活动的年龄阶段目标

《指南》在明确提出表达活动总目标的同时，也对各个年龄段幼儿表达大致可以达到的发展水平提出了合理期望，主要是从表达意愿、表达能力和表达习惯三个方面，对幼儿各年龄阶段的典型表现做具体描述（见表 6-14）。[①]

表 6-14　表达活动的年龄阶段目标

发展目标		年龄阶段		
		3—4 岁	4—5 岁	5—6 岁
1. 表达意愿		愿意在熟悉的人面前说话，能大方地与人打招呼　愿意表达自己的需要和想法	愿意与他人交谈，喜欢谈论自己感兴趣的话题	愿意与他人讨论问题，敢在众人面前说话
2. 表达能力	用普通话表达	基本会说本民族或本地区的语言	会说本民族或本地区的语言，基本会说普通话。少数民族聚居地区幼儿会用普通话进行日常会话	会说本民族或本地区的语言和普通话，发音正确清晰。少数民族聚居地区幼儿基本会说普通话
	完整、清晰、连贯地表达	愿意表达自己的需要和想法，必要时能配以手势动作　能口齿清楚地复述儿歌、童谣或简短的故事	能基本完整地讲述自己的所见所闻和经历的事情　讲述比较连贯	能有序、清楚地讲述一件事情　能连贯地讲述一件事情
	用词丰富	讲述时能使用常见的名词、动词等	讲述时能熟练地使用名词、动词，初步使用形容词等	讲述时能使用常见的形容词、同义词等，语言比较生动
3. 文明表达	恰当表达	说话自然，声音大小适中	能根据场合调节自己说话声音的大小	能根据谈话对象和需要，调整说话的语气　能依据所处情境使用恰当的语言。如在别人难过时会用恰当的语言表示安慰
	礼貌用语	能在成人的提醒下使用恰当的礼貌用语	能主动使用礼貌用语，不说脏话、粗话	能根据情境恰当地使用礼貌用语
	礼貌习惯	与别人讲话时知道眼睛要看着对方	别人对自己讲话时能回应	别人讲话时能积极主动地回应　懂得按次序轮流讲话，不随意打断别人

[①] 表达活动的年龄阶段目标是基于《指南》中语言领域"倾听与表达"目标中"表达"部分"各年龄段典型表现"进行概括与分类。

（三）表达活动的具体目标

幼儿的表达意愿、能力和文明习惯主要是在生活活动、游戏活动、集体教学活动等活动中获得发展的。幼儿通过一个个具体的表达活动，逐渐实现表达发展的年龄阶段目标。[①]

1. 生活活动中的表达目标

真实而平常的生活活动中蕴含着大量训练、拓展幼儿表达经验的机会，具有很大的教育价值。生活活动中的表达目标见表6-15。

表6-15 生活活动中的表达目标

发展目标		年龄阶段		
		3—4岁	4—5岁	5—6岁
1. 表达意愿		愿意在教师、同伴面前说话 愿意表达自己的需要和想法 能大方地与他人打招呼	愿意与他人交谈 喜欢谈论自己感兴趣的话题	敢在众人面前说话 愿意与他人讨论问题
2. 表达能力	用普通话表达	基本会说本民族或本地区的语言	会说本民族或本地区的语言，基本会说普通话。少数民族聚居地区幼儿会用普通话进行日常会话	会说本民族或本地区的语言和普通话，发音正确清晰。少数民族聚居地区幼儿基本会说普通话
	完整、清晰、连贯地表达	愿意表达自己的需要和想法，必要时能配以手势动作 能口齿清楚地复述洗手歌、叠衣服儿歌等 能口齿清楚地复述简短的故事	能基本完整地讲述自己的活动过程、所见所闻和经历的事情 能向同伴比较连贯地介绍自己的所见所闻	能清楚地介绍玩具或游戏的玩法和游戏规则等 能清楚地介绍蔬菜的名称、营养等 能清楚地介绍植物的名称、外形特征、生长变化、习性与生存环境的适应关系等 能在集体面前向同伴连贯地讲述自己的所见所闻
	用词丰富	自由交流时能使用常见的名词、动词等	自由交流时能熟练地使用常见名词、动词，初步使用形容词等	自由交流时能使用常见的形容词、同义词等 能用生动的语言讲故事、自己的所见所闻

[①] 表达活动目标是表达活动年龄阶段目标在各个活动情境的具体表现/细化。结合各活动特点，各活动中的表达目标会有所侧重，有的活动未涵盖全部"表达活动年龄阶段目标"，如讲述活动中的表达目标；有的活动还增设了非"表达活动年龄阶段目标"的条目，如听说游戏中的表达目标。

发展目标		年龄阶段		
		3—4 岁	4—5 岁	5—6 岁
3.文明表达	恰当表达	与他人用自然、音量适中的打招呼、请求帮助、自由交流等	在午睡等需要安静的生活环节，能压低说话声音 在组织值日生活动等环节，能适当地调高说话声音，确保同伴听清楚	能根据谈话对象和需要，调整说话的语气 当与别人发生冲突时，能和善而坚定地表达自己的想法、解决方案 当别人难过时，会用恰当的语言表示安慰 当别人开心时，会用恰当的语言表示祝贺
	礼貌用语	能在教师的提醒下，使用恰当的礼貌用语	能主动使用早上好、再见、谢谢、对不起、不用客气、请、您等礼貌用语 能不说脏话、粗话	能主动使用请问、麻烦你、请原谅、辛苦了等礼貌用语
	礼貌习惯	与别人交流时知道眼睛要看着对方 在室内不大声喧哗	别人对自己讲话时能用语言回应	别人讲话时，能积极主动地回应他人 日常交流时，不抢话，不随意打断别人

2. 游戏活动中的表达目标

游戏活动是培养幼儿表达能力的语言环境之一，有利于增强幼儿表达的意愿、表达的技巧，并帮助幼儿形成文明表达的习惯。游戏活动中的表达目标见表6-16。

表6-16 游戏活动中的表达目标

发展目标		年龄阶段		
		3—4 岁	4—5 岁	5—6 岁
1.表达意愿		愿意念儿歌、做手指操游戏等 愿意与同伴、教师讲述游戏过程 愿意与同伴、教师讨论游戏困难的解决办法	愿意向同伴、教师复述游戏注意事项 在游戏过程中，愿意与同伴交谈 愿意和同伴、教师讲述或讨论游戏计划	敢在众人面前介绍游戏注意事项、游戏计划、游戏困难的解决方案等 愿意与同伴、教师讨论游戏新玩法等
2.表达能力	用普通话表达	基本会说本民族或本地区的语言	会说本民族或本地区的语言，基本会说普通话。少数民族聚居地区幼儿会用普通话进行游戏交流	会说本民族或本地区的语言和普通话，发音正确清晰。少数民族聚居地区幼儿基本会说普通话
	完整、清晰、连贯地表达	愿意表达自己的想法，必要时能配以手势动作 能口齿清楚地复述手指操、念儿歌、讲述游戏过程等	能基本完整地讲述自己的游戏计划、游戏过程等 能向同伴、教师比较清楚、连贯地介绍自己的游戏计划、游戏过程等	能完整地讲述游戏注意事项、游戏计划、游戏过程、游戏困难的解决方案、游戏新玩法等 能在集体面前向同伴清楚、连贯地讲述注意事项、游戏计划、游戏过程、游戏困难的解决方案、游戏新玩法等

续表

发展目标		年龄阶段		
		3—4岁	4—5岁	5—6岁
3.文明表达	恰当表达	与他人自然、音量适中地自由交流、请求帮助等	在游戏中说话音量适中 结合游戏情境进行符合游戏角色的对话	当与别人发生游戏冲突时，能和善而坚定地表达自己的想法、解决方案
	礼貌用语	能在教师的提醒下，使用恰当的礼貌用语	能主动使用谢谢、对不起、不用客气、请等礼貌用语 能不说脏话、粗话	能主动使用请问、麻烦你、请原谅等礼貌用语
	礼貌习惯	与别人交流时知道眼睛要看着对方	别人对自己讲话时能语言回应	游戏交流过程中，能积极主动地回应他人 游戏讨论、交流时，不抢话，不随意打断别人

3. 语言集体教学活动中的表达目标

语言集体教学活动包括谈话活动、讲述活动、听说游戏、文学作品学习活动和早期阅读活动等。其中，语言集体教学活动中的早期阅读活动着重强调幼儿书面语言能力的发展，因此未展开介绍其表达目标。

（1）谈话活动中的表达目标

谈话活动包含了其他语言活动不具备的一些要素，如拥有一个具体的且幼儿感兴趣的中心话题、多方交流的活动、语境宽松自由、语言使用的流畅性、对语境的敏感性、轮流谈话等。因此，在谈话活动中可以着重实现以下表达目标（见表6-17）。

表6-17　谈话活动中的表达目标

发展目标		年龄阶段		
		3—4岁	4—5岁	5—6岁
1.表达意愿		愿意参与有趣的、感兴趣的话题讨论 在交谈中，愿意表达自己的个人见解	愿意参与话题讨论 在交谈中，积极地表达自己的个人见解	敢在众人面前表达自己对话题的见解
2.表达能力	用普通话表达	基本会说本民族或本地区的语言	会说本民族或本地区的语言，基本会说普通话。少数民族聚居地区幼儿会用普通话进行交谈	会说本民族或本地区的语言和普通话，发音正确清晰。少数民族聚居地区幼儿基本会说普通话
	完整、清晰、连贯地表达	能口齿清晰地表达个人见解 表达自己见解时，必要时可以配以手势动作	能围绕一定的话题谈话，不跑题 能基本完整地表达个人见解 能比较连贯地表达个人见解	能清楚地表达个人见解 能连贯地表达个人见解

续表

发展目标		年龄阶段		
		3—4 岁	4—5 岁	5—6 岁
3.文明表达	恰当表达	用自然的、音量适中的语音交流，如不要声音太大或太小	用自然的、音量适中的语音交流，如不要拉长音、大喊着说话	能根据交谈对象和需要，调整说话的语气 能依据谈话情境使用恰当的语言
	礼貌习惯	与他人说话时，知道眼睛要看着对方	能用轮流的方式交谈	交谈的过程中，轮流发表个人观点，不抢话 他人的观点与自己不一致时，不随意打断别人，要等待对方表达完再表达

（2）讲述活动中的表达目标

讲述活动包含了其他语言活动不具备的一些要素，如对特定讲述对象的理解、说出自己的经历或想法、相对正式的语言、独立构思等。因此，在讲述活动中可以着重实现以下表达目标（见表6-18）。

表6-18　讲述活动中的表达目标

发展目标		年龄阶段		
		3—4 岁	4—5 岁	5—6 岁
1.表达意愿		愿意参与对特定讲述对象的讨论 愿意表达对特定讲述对象的个人见解	积极主动地表达对特定讲述对象的个人见解	敢于在众人面前自然地讲述 愿意尝试采用新的讲述经验表达个人见解
2.表达能力	用普通话表达	基本会说本民族或本地区的语言	会说本民族或本地区的语言，基本会说普通话	会说本民族或本地区的语言和普通话，发音正确清晰。少数民族聚居地区幼儿基本会说普通话
	完整、清晰、连贯地表达	愿意表达自己的需要和想法，必要时能配以手势动作 能口齿清晰地表达个人见解	能基本完整地表达个人见解 讲述思路比较清晰	讲述思路清晰、有新意
	有逻辑的表达	表达时初步具有一定逻辑性	能尝试使用新的讲述思路讲述	能采用新的讲述思路，有序地表达
	用词丰富	能使用较为常见的名词、动词等	能使用较为恰当、精准的语句表达	讲述时能使用常见的连词等

（3）听说游戏中的表达目标

听说游戏包含了其他语言活动不具备的一些要素，如娱乐性、在游戏中隐含语言学习的目标、游戏规则即语言学习的重点内容、活动过程中逐步扩大游戏的成分。因此，在听说游戏中可以着重实现以下表达目标（见表6-19）。

表 6-19　听说游戏中的表达目标

发展目标		年龄阶段		
		3—4 岁	4—5 岁	5—6 岁
1. 表达意愿		喜欢参与听说游戏，在游戏中敢于大胆说话	积极主动地参与听说游戏 能在教师指导下用游戏规则创编新的游戏	能运用游戏规则创编新的游戏
2. 表达能力	用普通话表达	基本会说本民族或本地区的语言	会说本民族或本地区的语言，基本会说普通话	会说本民族或本地区的语言和普通话，发音正确清晰。少数民族聚居地区幼儿基本会说普通话
	清晰表达	能口齿清楚地复述儿歌、谜语、绕口令等 能发准某些较难的发音	能较为准确地传递有相近音的语句，如小梁赶着一群羊，半路遇到一只狼	能快速、准确地传话
	能按规则表达	能按照游戏中简单的语言规则表达 在词语搭配游戏中，能拓展动词、名词等	能较准确地按照游戏中的语言规则表达 在描述性讲述练习的听说游戏中，能较为完整、连贯地描述事物 在词语搭配游戏中，能拓展形容词、方位词等	能按照复杂的多重指令表达 在描述性讲述练习的听说游戏中，能完整、连贯地描述事物 在词语搭配游戏中，能拓展词汇量 能尝试编谜语

（4）文学作品学习活动中的表达目标

文学作品学习活动包含了其他语言活动不具备的一些要素，如生动形象的语言、旨在获得初步的审美意识和技能、伴随情感的表达等。因此，在文学作品学习活动中可以着重实现以下表达目标（见表 6-20）。

表 6-20　文学作品学习活动中的表达目标

发展目标		年龄阶段		
		3—4 岁	4—5 岁	5—6 岁
1. 表达意愿		喜欢跟读韵律感强的儿童诗、童谣 愿意表达自己对文学作品的理解和想法	喜欢把听过或看过的文学作品讲给别人听 愿意与他人交谈对文学作品的理解	喜欢与他人讨论文学作品的有关内容 愿意续编、仿编、改编、创编文学作品
2. 表达能力	用普通话表达	基本会说本民族或本地区的语言	会说本民族或本地区的语言，基本会说普通话	会说本民族或本地区的语言和普通话，发音正确清晰。少数民族聚居地区幼儿基本会说普通话
	清晰、准确地表达	能口齿清晰地背儿歌、童谣或讲简短的故事	能口齿清晰地讲重复结构的故事	能口齿清晰，恰当结合语气、语调讲复杂结构的故事

续表

发展目标		年龄阶段		
		3—4岁	4—5岁	5—6岁
2. 表达能力	创造性表达	能用表演等形式，再现故事片段 能用语言结合动作的方式，再现故事中的人物形象等信息	能初步尝试仿编、续编文学作品 能用表演等形式，再现故事主要情节 能用较恰当的语气、语调，再现故事中的人物形象、情境等信息	能对文学作品进行续编、仿编、改编、创编等 能将文学作品中生动、形象、准确的表达，迁移到其他表达中

二、表达活动的内容选择

幼儿园表达活动的内容需要自然地融入适宜的活动和教育环境中。具体而言，主要是指寓表达内容于生活活动各个环节中，寓表达内容于游戏活动中，以及寓表达内容于语言集体教学活动中等。

（一）生活活动中的表达内容

生活活动不仅是满足幼儿生活之需不可或缺的环节，也是发展幼儿表达的主要语言环境，因此，教师应该有意识地为幼儿提供感受生活、对话生活、分享生活的开放空间，让幼儿能够主动、清晰、完整、连贯、有序地表达自己的想法。生活活动主要包括入园活动、照料自己的活动、照顾环境的活动、学习社交礼仪行为、过渡环节的活动、离园活动等。教师应有意识地在生活活动各环节中，挖掘表达练习的教育契机，引导幼儿愿意表达、会表达和文明表达（见表6-21）。

表6-21　生活活动中的表达内容

生活活动		具体内容
入园活动	晨检	互问"早上好" 回答保健医提问
	整理衣物	整理衣物遇到困难，主动寻求帮助 自由交流
	自由游戏	交换、分享玩具 交流游戏玩法 协商解决同伴冲突 游戏言语
	教师与幼儿个别交谈	情感分享 与教师针对某个事件做特殊约定
	点名	用不同的动作、语音、语调答"到"
	其他	幼儿园特色、非常规的项目

续表

生活活动		具体内容
离园活动	离园前的准备	自由交流
	安全交接	互相说"再见"
	其他	回顾一日生活 讲故事等活动
照料自己的活动	盥洗	念洗手歌 自由交流
	如厕	自由交流
	午睡	边整理衣物边说"叠衣服儿歌"
	进餐	说一说蔬菜的名称、营养 说食用量 适当地自由交流
照顾环境的活动	照顾动植物	分享照顾动植物的感受与方法 自由交流
	园地种植	讨论植物的名称、外形特征、生长变化、习性与生存环境的适应关系等 自由交流
	值日生工作	协商值日生分工 "天气预报员"预报天气（日期、温度、晴雨表、增减衣物提示） "领操员"整队指令 "盥洗检查员"提示排队、认真洗手 "餐厅管理员"播报食谱 "安全员"上下楼梯进行安全提示 自由交流
学习社交礼仪行为		用适当方式与别人打招呼 用适当方式请人帮忙 得到别人帮助要道谢 打断别人说话、做事时要道歉 面对冒犯时会要求对方停止 自由交流
过渡环节的活动		在集体面前向同伴介绍自己的所见所闻 自由交流

（二）游戏活动中的表达内容

游戏是幼儿表达的主要语言环境，轻松愉悦的游戏氛围能消除幼儿的紧张感与压迫感，增强幼儿的表达愿望与动机。创造性游戏和规则性游戏中蕴含着丰富的表达内容。

1. 创造性游戏中的表达内容

在创造性游戏开展的各个环节中，教师都可以引导幼儿愿意表达、会表达和文明表达。在创造性游戏过程中蕴含的促进幼儿表达发展的内容见表 6-22。

表 6-22　创造性游戏中的表达内容

创造性游戏	表达内容
角色游戏 结构游戏 表演游戏	游戏开始与结束信号（手指操、念儿歌） 游戏注意事项（开展安全教育或回顾前期游戏中常见困难的解决办法等） 游戏计划（选择哪个活动区、具体怎么玩） 同伴对话和游戏言语 游戏讨论（回顾游戏过程、游戏过程中困难的解决办法等）

2. 规则性游戏中的表达内容

在规则性游戏开展的各个环节中，教师都可以引导幼儿愿意表达、会表达和文明表达。在规则性游戏过程中蕴含的促进幼儿表达发展的内容见表 6-23。

表 6-23　规则性游戏中的表达内容

规则性游戏	表达内容
体育游戏 智力游戏 语言游戏 音乐游戏	游戏规则（游戏创编时幼儿参与游戏规则的制订） 游戏步骤（游戏创编时幼儿参与游戏步骤的制订） 游戏试玩（如比画猜、三个字、词语接龙、唱歌接龙等） 正式游戏（幼儿发出游戏指令、游戏对话） 游戏讨论（游戏开心事、游戏技巧、安全教育等）

（三）语言集体教学活动中的表达内容

语言集体教学活动包括：谈话活动、讲述活动、听说游戏、文学作品学习活动和早期阅读活动等；其中，早期阅读活动着重强调幼儿书面语言能力的发展，因此未呈现其表达内容。在语言集体教学活动组织过程中融入的表达内容见表 6-24。

表 6-24　语言集体教学活动中的表达内容

语言集体教学活动	表达内容
谈话活动	对谈话话题的个人见解 教师在谈话过程中的组织性言语（谈话规则、新的语言经验点、谈话思路等）、反馈性言语（鼓励、简单的个人见解等）
讲述活动	讲述对象的讨论 对讲述对象的见解 新讲述经验的讨论 采用新的讲述经验讲述的见解
听说游戏	游戏规则、步骤和常规的讨论 游戏指令、同伴对话
文学作品学习活动	复述简单的幼儿诗歌、童话故事、生活故事、幼儿散文 讨论文学作品的情节、人物形象和主题倾向 对文学作品的故事表演 对文学作品的仿编

三、表达活动的实施

（一）生活活动中表达活动的实施

生活活动为幼儿语言表达提供了真实的语言情境，幼儿通过自主意识或教师引导，在生活活动各环节中进行语言表达学习。

1. 入园活动

（1）教师与幼儿个别交谈

个别交谈环节通常只有幼儿与教师两个人，教师应关注幼儿是否愿意分享自己对某件事情的感受和想法，能否完整清晰地讲述自己的所见所闻和经历的事情。在谈话过程中教师可关注并培养幼儿的表达意愿、表达能力以及文明表达习惯。

例如，教师与说脏话的幼儿进行个别交谈：第一，要清楚幼儿在语言发展敏感期的特征，同时了解幼儿说脏话的情境，请幼儿先说说刚刚发生的事情。第二，教师在与幼儿交流的过程中需要让幼儿感受到教师是了解他的，然后让幼儿了解说脏话这种行为是没有礼貌的；教师可以让他换位思考一下他人的心情。其实，教师应了解，幼儿有时只是觉得脏话很新奇，所以会反复地学说。第三，教师可以与幼儿定下秘密约定，不说让人伤心的话，可以用另外一个词代替不礼貌的词；同时与家长进行沟通，做到家园教育一致，尽快帮助幼儿改掉说脏话的行为。

（2）点名

点名是一日生活中的重要环节，教师可关注幼儿在听到自己的名字后能否在大家面前清晰地做回应，同时可关注幼儿是否对请假的同伴表示关心。教师可运用多种点名方式激发幼儿的参与兴趣，从而使幼儿愿意并且会表达。常见点名方式如下：

"一句式点名"是教师结合主题活动提出问题，请幼儿说说自己喜欢的运动/颜色/水果/动画片等，如在"好吃的食物"主题活动中，教师请小朋友听到自己名字后站起来响亮地告诉大家自己喜欢吃的水果，"我喜欢吃××（水果）"。

"游戏化点名"是教师创设如今天我们逛动物园之类的情境，请点到名字的幼儿模仿一种动物的叫声及动作，幼儿的叫声、动作不能重复。

"个性化点名"是幼儿想好属于自己的问候方式，可以有不同的动作、语音、语调，教师请被点到名字的幼儿起立用自己独特的方式向大家问好，给予幼儿表达的自主性。幼儿的问候方式多样化，大家听得也会津津有味，点名就成为一个妙趣横生的环节。

2. 离园活动

安全交接：在安全交接环节关注幼儿能否与熟悉的教师、保安叔叔、小朋友们互说"再见"，这也是培养幼儿主动使用礼貌用语的过程。

3. 照料自己的活动

（1）盥洗

在盥洗环节，教师应关注幼儿是否愿意与同伴进行交流，能否根据场合调节自己说话声音的大小，如边洗手边小声念洗手歌。能做到调整声音的幼儿，教师要及时表扬，不能做到调整声音的幼儿教师需轻声提醒。根据场合调节自己说话声音的过程，是培养幼儿根据谈话对象和需要，调整说话语气的过程。

（2）进餐

在进餐环节，教师应关注幼儿是否愿意与同伴分享自己知道的蔬菜名称与营养知识，能否向保育员清晰地表达自己想多盛一点饭还是少盛一点饭；能否礼貌、适时、适度地与他人交流，如在保育员分餐后，主动表达"谢谢"；进餐时不随意说话等。

4. 照顾环境的活动

值日生工作：教师应关注在协商值日生分工时，幼儿是否愿意与同伴进行讨论，能否表达自己的想法与需要。在执行值日生具体工作时，能否用条理清晰的语言讲解示范规则，用温暖的语言关爱他人。如盥洗检查员用洗手歌提示大家认真洗手；餐厅管理员有序地播报食谱，介绍蔬菜营养价值。在做值日生的过程中，幼儿能学会适当地调整说话声音，确保同伴听清楚。同时学会使用规范性语言，使用恰当的语言对同伴表示关爱或安慰。

5. 学习社交礼仪行为

教师应关注幼儿礼貌用语的使用。人际交往中的表达礼仪蕴含在生活的方方面面，教师可通过故事、视频、突发事件等教育契机与幼儿进行分享，也可利用班级文明小卫士等方式激励幼儿学习使用礼貌用语。

6. 过渡环节的活动

教师应关注幼儿是否愿意在集体面前向同伴介绍自己的所见所闻，能否有序连贯地表达自己的想法。教师可多为幼儿提供展示的机会，并对幼儿的分享进行鼓励，激发幼儿愿意表达的愿望。如幼儿园中的分享类班务活动，幼儿将自己的所闻所见向同伴介绍，锻炼幼儿在众人前讲话不怯场，增强表达能力。

（二）游戏活动中的表达活动实施

游戏对幼儿身心健康发展和综合能力的提高起着关键性作用，游戏活动中的表达活动是按照幼儿园游戏分类展开的。

1. 创造性游戏

创造性游戏环节中的表达彰显幼儿的自主性，因此在创造性游戏环节中，教师可关注幼儿是否愿意参与游戏开始与结束信号的互动，如手指操、念儿歌等；是否愿意与同伴们讨论游戏中要注意的安全问题，表达自己的想法；游戏过程中能否与同伴进行有效的对话和沟通；游戏分享环节，幼儿能否在大家面前清晰地表达自己的游戏发现与经验，能否按次序轮流讲话，同伴进行分享时，不随意打断别人。教师应尽可能地将幼儿作品呈现出来，如照片、录像等，作品的呈现可帮助幼儿表达得更加流畅、自信。

2. 规则性游戏

规则性游戏中的表达不仅仅是随意的讲话，而是通过游戏的方式提升幼儿语言表达能力以及培养文明的语言习惯。规则性游戏中的规则通常是以教师为主导，幼儿协助制订，幼儿的游戏目标是遵守游戏规则并达成游戏任务。教师可在规则性游戏中关注幼儿是否愿意与他人讨论游戏中感兴趣的话题，敢于在众人面前清楚、完整、连贯、有序地表达自己的想法，能否根据当下情境有礼貌地说话。

（三）语言集体教学活动中表达活动的实施

1. 谈话活动

谈话活动的实施步骤：第一，创设谈话情境，引出谈话话题；第二，幼儿围绕话题自由交谈；第三，引导幼儿逐步拓展谈话范围，学习新的谈话经验。在谈话活动中促进幼儿表达的实施要点如下：

第一步，创设谈话情境，引出谈话话题

良好的谈话情境有利于激发幼儿的谈话愿望和谈话兴趣，在此环节教师应重点引导幼儿表达的意愿，所选择的谈话话题应具有以下几个特点：一是幼儿亲身体验和感受的内容；二是幼儿有一定熟悉度的内容；三是谈话素材丰富的内容。

此外，为了避免幼儿在自由交流环节出现"跑题"现象，教师创设的谈话情境应尽可能地简单明了，以便直接连接话题内容；为了保障幼儿能在自由交流和集体交流环节充分表达，此环节不应花费太多的时间。

第二步，幼儿围绕话题自由交谈

引出谈话话题后，教师要给幼儿提供自由交谈的机会，目的在于调动幼儿对谈话话题的知识储备，运用已有的谈话经验交流个人见解。此环节重点发展幼儿愿意表达、会表达和文明表达的习惯。操作要点如下：

一是营造自由宽松的交流氛围。为了激发幼儿的表达意愿，教师不应急于进行表达示范，不忙于纠正幼儿在谈话中出现的遣词造句错误，允许幼儿说任何有关话题的想法。

二是为了能够让幼儿基本会说普通话，教师应该积极为幼儿创设用普通话交流的语言环境。

三是对幼儿不文明的表达习惯做适时指导。当幼儿出现抢话、使用非礼貌用语、说话音量和语调不适宜等问题时，教师要通过提问、平行示范、语言提示等方式加以引导。

第三步，引导幼儿逐步拓展谈话范围，学习新的谈话经验

经过幼儿自由开放的交谈后，教师要集中引导幼儿，旨在逐步拓展谈话范围、向幼儿展示新的谈话经验和运用新的谈话经验进行交流。此环节重点发展幼儿愿意表达、会表达和文明表达的习惯。教师同样需要为幼儿营造自由宽松的交流氛围、积极为幼儿创设用普通话交流的语言环境，并且对幼儿不文明的表达习惯做适时指导。操作要点如下：

一是教师要依据幼儿的年龄特点、谈话活动的目的，确定谈话范围。

二是教师应当在活动前做好谈话准备，为幼儿清晰、完整、连贯、有逻辑的表达做示范，保证谈话活动的质量。

【案例 6-1】

少年英雄王二小（大班语言、社会领域）

一、活动目标

1. 愿意用语言表达对王二小的敬佩。

2. 感受革命先烈爱党爱国的情感。

3. 能用连贯的语言描述自己的观察或想法。

二、活动准备

物质准备：歌曲《歌唱二小放牛郎》、教学课件。

经验准备：7 月 1 日是中国共产党建党日，中班幼儿共同观看影片、集体阅读绘本、学习歌曲，对王二小以及当时人民的生活状况有了初步的了解。

三、活动过程

1. 听歌曲，创设谈话情境，引出谈话主题

听一听——《歌唱二小放牛郎》。

提问：小朋友们，还记得这首歌唱的是什么吗？

共同回忆歌曲中的人物与事件，鼓励幼儿围绕王二小进行交谈。

2. 拓展谈话范围，引导幼儿深入交谈

（1）提问：你们想对王二小说些什么？

教师小结：当年，许多年轻的革命先烈明明知道自己会流血、会牺牲，但是，他们义无反顾，坚定地相信我们的党、我们的国家、我们的人民。

（2）提问：你们觉得，是什么支持着他们呢？

教师将谈话内容逐渐延伸到更多的革命先烈，让幼儿感受爱党、爱国信念的伟大。

3. 合唱歌曲，升华谈话情感

唱一唱——《歌唱二小放牛郎》。

四、活动延伸

画一画——我为英雄画幅画（在活动区里开展）。

评析：

基于大班幼儿的语言发展特点，其口语表达能力应达到能清楚、连贯、有序的讲述一件事情。案例中谈话活动的难点是幼儿能用连贯的语言描述自己对王二小的看法。教师通过音乐形式导入，从而引导幼儿回忆前期经验，激发幼儿参与表达的积极性。教师以提出问题及回答问题的方式，引导幼儿大胆、充分地表达自己想对王二小说的话；教师引导幼儿逐步拓展谈话范围，了解革命先烈的爱党、爱国情怀，激发幼儿的敬佩之情。

2. 讲述活动

讲述活动的实施步骤：第一，感知、理解讲述对象；第二，运用已有经验讲述；第三，引进新的讲述经验；第四，巩固和迁移新的讲述经验。在讲述活动中促进幼儿表达的实施要点如下：

第一步，感知、理解讲述对象

开展讲述活动，首先要帮助幼儿感知、理解讲述对象，为幼儿的讲述活动奠定认识的基础。此环节重点发展幼儿愿意表达、会表达和文明的表达习惯。最常见的感知途径是视觉感知，如教师让幼儿观察图片，感知物体或人物的外形特征、动作状态、周围环境等；观察实物，感知颜色、形状、大小、结构、轻重、软硬、光滑和粗糙等特性；观看情境表演，感知时间、地点、人物形象与人物关系、事件过程及发生顺序等。此外，幼儿还可以利用听觉、触觉、味觉、嗅觉等其他感觉通道去汲取信息。例如，听觉感知，通过听各种人物对话、故事等，感知时间、地点、人物形象与人物关系、事件过程及发生顺序等；通过听不同声音、音乐等，感知声音特性（音调、响度、音色、频率）和声音传递的情绪、分辨发声体、想象声音发声的场景等。

教师应引导幼儿依据讲述类型的特点感知、理解讲述对象。例如，叙事性讲述，应重点感知、理解事件发生的过程顺序以及人物在其中的作用；描述性讲述，应重点观察物体或人物的状态、动作、特征等。

此环节的操作要点是：一是营造自由宽松的交流氛围，激发幼儿表达的意愿；二是为幼儿创设用普通话交流的语言环境，引导幼儿说普通话；三是对幼儿不文明的表达习惯进行适时指导。此外，教师在指导幼儿感知、理解讲述对象时，要先明确本次活动目标，如采用什么讲述类型、什么讲述方式、重点感知讲述对象的哪些特征，在讨论过程中不断渗透，以便为接下来的自由讲述打好基础。

第二步，运用已有经验自由讲述

在幼儿感知理解讲述对象的基础上，教师指导幼儿运用已有的经验进行讲述。此环节重点发展幼儿愿意表达、会表达和文明的表达习惯。此环节的操作要点与上一环节的操作要点基本一致。此外，在幼儿自由讲述前，教师一定要提醒幼儿围绕感知、理解对象进行讲述。

第三步，引进并学习新的讲述经验

新的讲述经验是每次讲述活动的重点。新的讲述经验主要包括：一是讲述的思路，即讲述的脉络，如先讲什么，后讲什么，重点讲什么；其中，重点讲的部分可以通过增加画面感描述、角色对话描述、情节描述、动作描述、时间描述、天气描述等进行强调。二是讲述的方式。讲述方式从不同的角度有多种划分方法，通常是按叙述的先后顺序，分为顺叙、倒叙、插叙、补叙、平叙。三是讲述的全面性，即讲述内容所包含的基本要素，如时间、地点、人物、事件、原因、结果。教师引进新的讲述经验时，要提出让幼儿眼睛看着教师并注意听的要求，鼓励幼儿对听不懂或有疑问的地方主动提问。

教师引进新的讲述经验的方式包括：一是示范新的讲述经验。切记不要要求幼儿一字不漏地复述或模仿，否则会影响幼儿表达的意愿。二是通过提示引进新的讲述经验。教师通过提问、插话的方式改变幼儿现有的讲述思路或讲述方式，引进新的讲述经验。三是与幼儿一起讨论新的讲述思路。教师可以从分析某一个幼儿的讲述内容入手，与幼儿一起归纳新的讲述思路。

此环节也会发展幼儿愿意表达、会表达和文明的表达习惯，但是重点发展的是幼儿的口头语言表达能力。具体而言，教师通过帮助幼儿厘清讲述的思路和方式，使幼儿的讲述变得连贯且具有逻辑性；通过帮助幼儿认识讲述的基本要素，使幼儿的讲述变得完整。在此过程中切记引进新的讲述经验，并非要求幼儿讲述的内容是整齐划一的。

第四步，巩固和迁移新的讲述经验

在讲述活动中，只引进新的讲述经验是不够的，还需要给幼儿提供实践新经验的机会。巩固和迁移新的讲述经验的具体做法：一是由A及B。当幼儿学习了一种新的讲述经验后，教师立即提供同类内容，让幼儿用讲A的思路去讲B。二是由A及A。教师在示范新的讲述经验并帮助幼儿厘清思路后，让幼儿尝试用新的讲述方法来讲同一件事、同一个内容。三是由A及A1。教师在原有讲述内容的基础上，提供扩展或延伸原内容的讲述机会。

3. 听说游戏

听说游戏的实施步骤：第一，设置游戏情境；第二，介绍游戏规则；第三，教师引导游戏；第四，幼儿自主游戏。在听说游戏中促进幼儿表达的实施要点如下：

第一步，设置游戏情境

听说游戏通常用物品、语言和动作创设游戏情境。此环节不应花费太多的时间，能激发幼儿参与游戏的积极性，提升幼儿的表达意愿即可。

第二步，介绍游戏规则

如果是新的游戏，交代游戏规则的方式以教师介绍、幼儿听和试玩为主；如果是已经玩过的游戏，交代游戏规则的方式倡导以幼儿回顾和演示、教师进行补充为主。尤其是已经玩过的游戏中蕴含着大量发展幼儿表达的教育契机，教师应为幼儿营造自由宽松的表达氛围，让幼儿愿意表达、敢表达、会表达；即使幼儿在回顾和演示过程中出现不准确的情况，教师也可以通过反问"是这样的吗？"与继续提问"还有没有小朋友愿意补充的？"的方式让其他幼儿继续补充。此外，教师还可以引导幼儿讨论"老游戏的新玩法"，例如，大西瓜小西瓜游戏是否可以按照指令做相反的动作。

第三步，教师引导幼儿游戏

这是引导幼儿表达发展的重要环节。为了确保幼儿愿意并能基于游戏规则表达，教师要采取部分幼儿轮流参与游戏或全体幼儿参与游戏某部分的方式，引导幼儿熟悉游戏流程、游戏规则和游戏注意事项。

第四步，幼儿自主游戏

在幼儿自主游戏阶段，教师主要负责观察幼儿游戏水平和行为表现，指导游戏困难幼儿，协调或协助解决同伴冲突等。在此过程中，教师要充分保障幼儿愿意表达、会表达、文明表达。

4. 文学作品学习活动

文学作品学习活动的实施步骤：第一，创设情境，为引出文学作品做好铺垫；第二，理解、体验文学作品；第三，运用想象进行创造性的仿编或创编。在文学作品学习活动中促进幼儿表达的实施要点如下：

第一步，创设情境，为引出文学作品做好铺垫

在理解文学作品之前，教师应为幼儿创设一个良好的可发挥他们文学想象能力的语境和空间，为幼儿理解文学作品做好铺垫。

第二步，理解、体验文学作品

当幼儿进入文学意境后，教师需要重点引导幼儿理解和体验文学作品的故事要素、主要情节、情感基调、人物特色、人物形象的心理特点和作品中所蕴含的文学意境之美等。在此过程中，教师需要营造自由宽松的交流氛围，激发幼儿对文学作品理解与体验的表达意愿；同时也需要注重对幼儿文明表达习惯的引导，抓住教育契机干预幼儿插话、不恰当地说话语气甚至说脏话、粗话等行为。

第三步，运用想象进行创造性的仿编或创编

此环节蕴含着促进幼儿表达发展的教育契机，教师应重点引导幼儿表达对文学作品的理解，以及通过续编、仿编和表演的方式对文学作品进行创造性

表达。

此环节有以下几个注意事项：一是为了激发幼儿的表达愿望，教师要鼓励每个大胆表达的幼儿，引导幼儿分享自己的见解和看法。二是为了发展幼儿的表达能力，教师要注意因材施教，确保每个幼儿都能在现有水平基础上获得发展。三是教师要时时刻刻重视对幼儿文明表达习惯的引导。

四、表达活动实施的建议

（一）创设适宜的表达环境，丰富幼儿的表达经验

教师要了解不同年龄段幼儿的表达特点，为幼儿创设适宜的表达情境，投放适宜的材料等；在日常生活中，无论幼儿的表达水平如何，教师都应该尊重和接纳幼儿不同的说话方式，认真倾听并给予积极回应，构建宽松自由的语言表达环境。

（二）示范完整适当的语言表达，引导幼儿正确的表达

教师与幼儿讲话时要运用逻辑清楚、语句完整的语言，起到示范表达的作用。教师与幼儿讲话时要注意运用合适的语气语调、正确的发音，依据幼儿的年龄特点采用儿童化的语言表达方式。如描述成千上万的人——人可真多啊，幼儿园的操场都装不下，还需要两个甚至三个这么大的操场才行。

（三）树立文明表达的榜样，正面强化幼儿的表达行为

在听幼儿表达时，教师可蹲下来，眼睛平视幼儿，耐心地听他们把话说完，无形中引导幼儿养成文明的表达习惯。教师应给予幼儿充分的表达机会，让幼儿体验运用语言交往的乐趣。教师应明确表达活动的目标，便于观察幼儿的表达状态。幼儿表达活动大多具有自我生成和更新的特性，因此多数表达也相对自由、自主，教师尽量不要中途干预幼儿的自主表达，为幼儿树立一种文明表达的榜样。

（四）提供充足的表达机会，在各类型活动中渗透表达能力教育

教师应鼓励幼儿用清晰完整的语言进行表达，善于发现并提供充足的表达机会，仔细观察幼儿的表达状态，更好地了解幼儿感兴趣的话题及语言特点。教师可主动发起对话，如随机与幼儿交流感兴趣的话题；询问、听取幼儿对某一事情的建议；讨论故事中的人物、情节或改编故事情节；结合生活环节朗诵常规儿歌等。教师应鼓励和支持幼儿与同伴一起玩耍、交谈，观察幼儿自发与同伴的对话。如讨论发生在自己身上的事情；分享发现新事物时的心情和取得成就后的自豪等。当幼儿急于表达又说不清楚的时候，教师提醒幼儿不要着急、慢慢说，耐心倾听并给予必要补充，帮助幼儿厘清思路并清晰地说出来，建立表达自信，激发表达愿望。

【走进幼儿园】

中一班的希希性格很随和，在班里的人缘非常好，不过她很少主动说话，别人说什么她便配合做什么。活动中教师提问她时，希希回答问题的声音很小，有时不回答只是看着教师。

如果你是教师，你会用怎样的方法帮助希希提升口语表达能力？

项目小结

本项目主要是对幼儿园倾听与表达活动的目标、内容、实施等内容进行具体的阐释，帮助学习者掌握符合幼儿身心发展特点的倾听与表达活动的相关知识，明晰倾听与表达活动的实施步骤。幼儿的生活活动、游戏活动以及语言集体教学活动都是激发幼儿倾听与表达意愿，增强幼儿倾听与表达能力，培养幼儿倾听与表达习惯的重要方式与途径。

思考与实训

一、选择题

1. 毛毛擅自过马路，妈妈吓唬她说"你再走试试"，毛毛听后又向前走了一步。毛毛的行为是因为她不能（　　　）。

A. 注意性倾听　　　B. 理解性倾听　　　C. 有意识倾听　　　D. 辨析性倾听

2. 一般情况下，（　　　）年龄段的幼儿能够结合情境理解一些表示因果、假设等关系相对复杂的句子。

A. 托班　　　　　B. 小班　　　　　C. 中班　　　　　D. 大班

二、活动设计题

请围绕主题"春天"，为大班幼儿设计一个谈话活动方案。

要求：

（1）在活动中要重点引导幼儿倾听与表达习惯的形成。

（2）根据主题与年龄段，设计一次谈话活动（30分钟左右）方案。

（3）方案格式完整规范，语言清晰、简洁、明了，目标设计、内容选择、方法运用等符合幼儿的年龄特征和领域特点。

推荐阅读

段蓉. 幼儿情绪语言表达能力的培养路径［J］. 学前教育研究，2019（6）：85-88.

幼儿的情绪表达是成人获取幼儿生命活动状态信息的重要依据，同时也是幼儿实现自身生命系统自我调适和理性发展的重要方式。培养幼儿用语言准确表达自身情绪的能力，有助于幼儿获得丰富的情绪概念，发展情绪认知，提高情绪表达的质量和效率。教师可以通过绘本阅读和角色游戏等活动为幼儿情绪的语言表达创造机会，并注重对幼儿日常交往活动的观察和利用，提升幼儿情绪的语言表达水平，促进幼儿情绪表达与社会交往的发展。

☞推荐阅读资料包

项目七　幼儿园阅读与书写活动的设计

内容导读

语言在幼儿社交过程中扮演重要角色，除了倾听与表达之外，阅读与书写是幼儿语言内化的重要途径。研究表明，小学生的阅读与书写能力并不是进入小学后"突然"出现的，在幼儿时期，幼儿就已经显露出对阅读与书写的兴趣。也有研究者认为，阅读是在书写符号与口头语言之间建立连接的过程；还有些学者认为，阅读过程是解决问题的过程，是幼儿运用已有图示来解释新的信息，并对信息进行编码和理解的过程，书写即为编码内容之一。无论持有哪一种观点，阅读与书写对幼儿认知的发展都具有重要作用。本项目主要阐述幼儿园阅读与书写活动的目标确定、内容选择以及实施。

思维导图

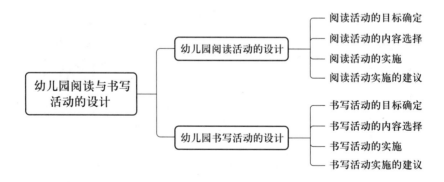

📝 **项目目标**

1. 掌握幼儿园阅读与书写活动各层次目标，学会比较不同年龄阶段阅读与书写活动目标之间的联系与差异。

2. 依据幼儿的发展需要，选择适宜的阅读与书写活动内容。

3. 根据幼儿园阅读与书写活动目标和内容，提供合适的材料和活动促进幼儿阅读与书写能力发展。

🎞 **情境导入**

幼儿书写一直是学前教育领域有争议的话题，与阅读相比，书写一直被认为是"小学化"的典型代表。通常认为，幼儿手部小肌肉群动作发展尚未成熟，无法完成书写的任务，应进入小学再进行正规的书写教育活动。之所以存在这样的争议，很大一部分原因是人们对"书写"的概念有不同的理解。

讨论：你是如何看待这一具有争议性的话题的？幼儿园到底该不该进行书写活动？

任务一　幼儿园阅读活动的设计

【任务目标】

1. 理解幼儿园阅读活动的价值。

2. 掌握各年龄阶段阅读活动的目标、内容。

3. 能掌握渗透性阅读活动的契机，根据幼儿个体差异因材施教。

4. 能熟练地对阅读材料进行科学的选材分析，设计和指导不同情境下的阅读活动。

阅读为幼儿创设的是书面语言的学习情境，使幼儿围绕阅读材料（如文字、符号、图画等）开展活动，获得初步理解与运用书面语言的经验，包括对阅读材料的兴趣和敏感性，从阅读材料中提取相关信息的方法与技能，以及运用简单的阅读材料表达自己经验和想法的能力。

一、阅读活动的目标确定

近年来，幼儿阅读活动愈发引起人们重视，国内外多项研究表明，幼儿的阅读过程与视觉、听觉、想象、联想以及语言发展等心理机制相关，这些研究成果在一定程度上改变了以往"就阅读而阅读"的情况，逐渐发展成为"理解基础上的阅读""有意义的阅读"，可以说幼儿阅读活动正在回归"真正的阅读"。

（一）阅读活动的总目标

《纲要》中关于阅读活动的目标为"喜欢听故事、看图书"。《指南》中阅读活动目标主要有两个：第一，喜欢听故事，看图书；第二，具有初步的阅读理解能力。基于此，教师在阅读活动的设计中应把握的总体目标为：

1. 喜欢听故事、看图书；

2. 具有初步的阅读理解能力。

（二）阅读活动的年龄阶段目标

《指南》中"语言"领域阐述了幼儿阅读活动在3—4岁、4—5岁、5—6岁三个年龄段的发展目标及典型表现，发展目标主要包括听故事、看图书、阅读符号、阅读理解能力。其中，阅读活动中"听故事"相关目标及典型表现归纳在项目六"幼儿园倾听与表达活动的设计"中，因此在本项目中，主要聚焦幼儿视觉阅读[①]，即看图书、阅读符号和阅读理解能力，其年龄阶段目标在《指南》中的

---

① 虽然本书将阅读活动的"听故事"部分整合在项目六中，但阅读活动中听觉活动和视觉阅读并不是割裂的，教师在活动设计与实施过程中，不能忽视"听故事"在阅读活动中所起到的重要作用。

呈现如表7-1所示。

表7-1 阅读活动的年龄阶段目标

阅读目标		年龄阶段		
		3—4岁	4—5岁	5—6岁
阅读兴趣		喜欢跟读韵律感强的儿歌、童谣；主动要求教师讲故事、读图书；爱护图书，不乱撕、乱扔	喜欢把听过的故事或看过的图书讲给别人听；对生活中常见的标识、符号感兴趣，知道它们表示一定的意义	专注地阅读图书；喜欢与他人一起谈论图书的内容；对图书和生活情境中的文字符号感兴趣，知道文字表示一定的意义
阅读方法		拿书姿势正确，能按照从上到下、从左到右的顺序阅读	能按照页码顺序从前往后翻阅图书；能将文字与图片、标识等相联系	能默读简短的阅读材料；能正确地对阅读材料做标记
理解能力	欣赏	在教师指导下愿意欣赏文字符号、标识、图画、图书等阅读材料	反复看自己喜欢的图书	能感受图书中各种题材作品的美，能初步感受语言文字的美
	读图	会看画面，能根据画面说出有什么、发生了什么事等	能根据连续画面提供的信息，大致说出故事的情节	能根据故事的部分情节或图书画面的线索猜想故事情节的发展，或续编、创编故事
	理解	能听懂短小的儿歌或故事；会看画面，能根据画面说出图中有什么，发生了什么事等；能理解图书上的文字是和画面对应的，是用来表达画面意义的	能大体讲出所听故事的主要内容；能随着情节的展开产生喜悦、担忧等相应的情绪反应，体会作品所表达的情绪情感	能说出所阅读的幼儿文学作品的主要内容；对看过的图书、听过的故事能说出自己的看法

（三）阅读活动的具体目标

本项目主要阐述不同情境下的阅读活动，即生活活动、游戏活动、语言集体教学活动中的阅读活动的具体目标。

1. 生活活动中的阅读目标

根据《指南》中阅读活动的目标，生活活动中的阅读目标如表7-2所示。

表7-2 生活活动中的阅读目标

阅读目标	年龄阶段		
	3—4岁	4—5岁	5—6岁
阅读兴趣	喜欢跟读韵律感强的儿歌、童谣；主动要求成人讲故事、读图书；爱护图书，不乱撕、乱扔	喜欢把听过的故事或看过的图书讲给别人听；对生活中常见的标识、符号感兴趣，知道它们表示一定的意义	专注地阅读图书；喜欢与他人一起谈论图书和故事的有关内容；对图书和生活情境中的文字符号感兴趣，知道文字表示一定的意义

续表

阅读目标		年龄阶段		
		3—4 岁	4—5 岁	5—6 岁
阅读方法		对生活环境中的图示、标识等，能按照从上到下、从左到右的顺序阅读	在生活环境中阅读图书时，能按照页码顺序从前往后翻阅图书；能将文字与图片、标识等相联系	能默读简短的阅读材料；能正确对阅读材料做标记
理解能力	欣赏	在教师指导下愿意欣赏生活环境中的文字符号、标识、图示等阅读材料	反复看生活环境中自己喜欢的阅读材料	能感受生活环境中标识、图示体现的美；能初步感受语言文字的美
	读图	会看生活环境中简单的图示、标识等	能根据生活环境中图示、标识等提示的信息，大致说出其内容或操作流程等	能根据生活环境中图示、标识、文字符号等提示的信息说出其内容或操作流程等
	理解	能听懂短小的儿歌或故事；理解生活中常见的文字符号，在教师指导下理解图文对应关系	能理解生活环境中图示、标识等的意思	能根据生活环境中图示、标识、文字符号等提示的信息指导实践活动

2. 游戏活动中的阅读目标

游戏活动中的阅读目标一般是指教师在游戏活动中进行有目的、有计划、有组织的阅读内容安排，根据阅读的载体更好地指导游戏活动的开展，使幼儿在游戏活动过程中，体会到阅读的乐趣，发现阅读的价值。如表 7-3 所示。

表 7-3 游戏活动中的阅读目标

阅读目标		年龄阶段		
		3—4 岁	4—5 岁	5—6 岁
阅读兴趣		关注游戏活动中的阅读符号，对阅读符号感兴趣	能识别部分游戏活动中的阅读符号，能够说出大部分阅读符号的名称	喜欢并能够利用阅读符号指导游戏活动开展
阅读方法		能按照顺序读图，获取图中有效信息，不漏项、不多项	知道阅读文字、书籍、卡片等阅读符号的顺序；能够根据阅读材料说出大概的含义，如游戏规则或指导步骤	能辨析游戏活动中的指令、图示、文字等阅读符号
理解能力	读图	能分清图中的元素，并能够说出其名称	能根据指示牌、路线图、迷宫或连续画面等内容中的信息，顺利进行游戏	能读懂图文并茂的游戏规则、游戏指导、游戏说明等材料，并按照图示进行操作
	理解	在成人的帮助下，能理解游戏中出现的阅读材料含义	能根据阅读符号判断游戏场所的类型；并能够将阅读符号与游戏场景互相对应	能识记出现频率高的阅读符号；能理解游戏规则的含义

3. 语言集体教学活动中的阅读目标

根据《指南》中阅读活动的目标，语言集体教学活动中的阅读目标如表 7-4 所示。

表7-4 语言集体教学活动中的阅读目标

阅读目标		年龄阶段		
		3—4岁	4—5岁	5—6岁
阅读兴趣		喜欢跟读韵律感强的儿歌、童谣；爱护图书，不乱撕、乱扔	喜欢把听过的故事或看过的图书讲给别人听	专注地阅读图书；喜欢与他人一起谈论图书的内容；对图书中的文字符号感兴趣，知道文字表示一定的意义
阅读方法		拿书姿势正确，能按照从上到下、从左到右的顺序阅读	能按照页码顺序从前往后翻阅图书；能将文字与图片、标识等相联系	能默读简短的阅读材料；能正确对阅读材料做标记
理解能力	欣赏	在教师指导下愿意欣赏图书	反复看自己喜欢的图书	能感受图书中各种题材作品的美，能初步感受语言文字的美
	读图	会看画面，能根据画面说出有什么、发生了什么事等	能根据连续画面提供的信息，大致说出故事的情节	能根据故事的部分情节或图书画面的线索猜想故事情节的发展，或续编、创编故事
	理解	能理解图书上的文字是和画面对应的，是用来表达画面意义的	能随着作品的展开产生喜悦、担忧等相应的情绪反应，体会作品所表达的情绪情感	能说出所阅读的幼儿文学作品的主要内容；对看过的图书、听过的故事能说出自己的看法

二、阅读活动的内容选择

幼儿阅读活动是指幼儿通过视觉识别文字符号、标识、图画等材料，理解、内化阅读内容的过程。本书中的"阅读"与广义的"阅读"有所区别，是指"看"材料，并按照材料类别将阅读活动内容划分为图画书、卡片或挂图、标识或文字符号三类。

（一）图画书

我国学者朱自强认为，图画书是文本，是图画，是综合性美术设计。图画书是大量生产的一种产品，是商品。图画书是社会、文化、历史的记录。在多种属性中，首要的是，图画书是给儿童带来某种体验的作品。作为一种艺术形式，图画书的构造由以下三个方面决定：图画和语言相互补足、融合；同时展示对开的两个页面；通过翻页营造戏剧性变化。[①] 根据以上定义，朱自强认为图画书具有它的独特价值：培养良好的"图像"读者，给儿童以身体阅读的乐趣，是最能够与读者对话、互动的书。他将图画书以描述性方式划分为无字图画书、设置"机关"图画书、故事图画书（民间故事、幻想故事、写实故事、动物故事）、科学

---

① 朱自强.朱自强学术文集3：儿童文学概论［M］.南昌：二十一世纪出版社集团，2015：438.

知识图画书、婴幼儿图画书五种类型。

幼儿园的教育对象为3—6岁的幼儿，所以本书中的图画书是指适合幼儿阅读的图画书，根据以上对图画书的定义和价值定位，本书将图画书按照内容划分为三类：知识类图画书、故事类图画书和诗歌类图画书。

1. 知识类图画书

知识类图画书通常是关于某个主题的图画书。图画风格以写实为主，有时也使用照片；文字风格与说明文相似，使用规范准确的说明性语言，其中包含科学术语；主题通常可以通过书名识别，如《动物小百科》《生活小百科》《农场小百科》（图7-1）等。知识类图画书在幼儿的生活中起着重要作用，它们使幼儿有机会接触、学习科学术语。

图 7-1 知识类图画书

2. 故事类图画书

故事类图画书是以讲述故事为目的的图画书，内容一般取材于社会现实生活，以叙述事件为主，具有主题明确、内容浅显、情节与人物形象鲜明生动、富有儿童情趣等特点，能够寓教于乐，使幼儿在理解、欣赏之后受到感染和教育。故事类图画书是图画书的主体，属于儿童文学范畴，包括民间故事图画书、幻想故事图画书、写实故事图画书和动物故事图画书四种类型。

（1）民间故事图画书

民间故事图画书是指民间故事被以图画书的形式整理、改编。民间故事是民俗的载体，因此优秀的民间故事图画书总是有着浓郁的民族特色。如俄罗斯民间故事《拔萝卜》、我国民间故事《梁山伯与祝英台》《田螺姑娘》等。

（2）幻想故事图画书

图画书是在有限的篇幅以文图结合的形式展开故事，所以，图画书的幻想故事与纯粹文字的幻想故事的构想和表现有所不同。图画书的绘画是具象的，要把幻想世界呈现出来，如《糟糕！身上长条纹了》《卡夫卡变虫记》（图7-2）等。

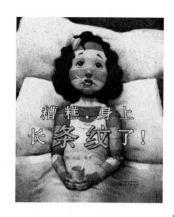

图 7-2　幻想故事图画书

（3）写实故事图画书

写实故事是与幻想故事相对的概念。写实故事图画书表现的主要是幼儿的日常生活，所以，呈现幼儿的心理表现是写实图画书的着眼点。

（4）动物故事图画书

动物故事图画书比较常见，主要描绘一些动物的生活习性和内在心理。如《给小鸭子让路》《淘气的小猫》等。

3. 诗歌类图画书

诗歌在语言形式上分行分节，有明显韵律，并采用一定的语言表现手法来抒发感情，便于吟唱，是低年龄段幼儿开展阅读活动的良好载体。诗歌类图画书分为现代儿童诗和古诗两大类。现代儿童诗一般包括游戏歌、绕口令、数数歌、字头歌、问答歌等，如现代诗《如果说出的话能看见》《纸船》等。

☞ 教育部推荐
的幼儿图画
书（2021 年）

（二）卡片或图片

卡片或图片是幼儿最早接触到的阅读材料，如婴儿期的黑白闪卡、低幼期的家用挂图。卡片或图片具有易读、易获得的特点。一般卡片的内容比较单一，每张卡片代表一种物品，比较适合作为低幼儿童的阅读材料；图片一般以写实物品为主，还会在图片旁边配上文字，便于幼儿将文字与实物建立联系。

（三）标识与文字符号

标识和文字符号已经深入幼儿的生活，幼儿需要掌握常用的标识所代表的具体事物以及文字符号所代表的含义。

标识是指日常生活中常见的具有代表含义的图示，标识一般没有文字。标识可以代表一个场所，如医院、学校、消防队的标识；标识可以代表一种规则，如商场的指示牌、马路的交通标识；标识可以代表一种功能，如门把手的推拉标识、垃圾桶的分类标识。这些生活中常见的标识是幼儿阅读的重要材料。文字符号即文字、由文字组成的句子或段落，用来说明、解释，常见于食品包装、玩具说明书等。常见的文字符号幼儿通常只认识其中只言片语，一般通过读图来对应

☞ 童谣

其中的文字符号。

三、阅读活动的实施

（一）生活活动中阅读活动的实施

生活活动中不仅包含许多阅读契机，同时又能促进阅读活动的发生，将阅读活动融入生活活动，既能更好地激发幼儿的参与性，又能让幼儿通过对生活活动中阅读活动的自主建构来实现自身的主动和全面发展。在生活活动中可以开展众多阅读活动，如表7-5、图7-3所示。

表7-5　生活活动中的阅读内容

生活活动		阅读内容
入园活动	晨检	晨检四部曲（一摸、二看、三问、四查）
	整理衣物	整理流程
	喝水	喝水常规
	自主阅读	图书或故事
	入园打卡签到	签到牌（用符号或文字打卡或签到）
	点名	点到自己名字答到
离园活动	离园整理	离园流程
	排队等候	图画书或童谣、故事 班牌或生活环境中的文字符号
	其他	一日生活回顾
照料自己的活动	喝水	喝水常规
	如厕	如厕流程或示意图 如厕儿歌、童谣
	盥洗	盥洗流程或盥洗示意图（如七步洗手法） 盥洗儿歌、童谣
	进餐	进餐常规 食谱营养介绍 餐后儿歌、童谣、故事
	午睡	睡前阅读安抚图画书或童谣、故事 午睡常规
照顾环境的活动	照顾动植物	照顾动植物的书籍 照顾动植物的方法、图示
	园地种植	照顾蔬菜的书籍 制作蔬菜照顾牌 植物的名称、外形特征、生长变化、习性与生存环境的适应关系等图示或说明

续表

生活活动		阅读内容
照顾环境的活动	值日生工作	值日生分工牌 值日生手册 天气预报员的天气预报图示 领操员的整队指令 安全员对上下楼梯的安全提示信息
学习社交礼仪行为		社交礼仪图画书 社交礼仪规范要求或图示 社交礼仪儿歌、童谣或故事
过渡环节的活动		图画书、故事 生活中常见的标识、符号 对读过的图画书或听过的故事的描述或讨论 即兴创编的故事

1. 照顾植物图示

2. 餐后自主阅读图画书

3. 用餐礼仪

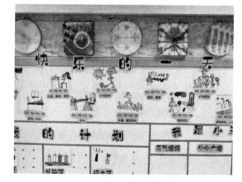

4. 一日生活流程图

图 7-3 生活活动中可选择的阅读内容

　　幼儿的学习以直接经验为基础，一日生活中的亲身体验与探究可以帮助幼儿更好地获得身体、情感、认知和行为等方面的有效和可持续发展。由表 7-5 和图 7-3 可知，生活活动中可开展诸多丰富多彩的阅读活动，教师该如何在生活活动中培养幼儿的阅读兴趣和阅读习惯，增强幼儿的阅读理解能力？

1. 在生活活动中培养幼儿的阅读兴趣、阅读习惯

（1）创设支持性的阅读环境

在生活活动中，教师可在潜移默化中为幼儿创设支持性的物质环境和心理环境。物质环境的支持包括在班级创设开放性阅读角，根据班级幼儿的年龄特点、班级开展的主题活动、幼儿最近感兴趣的话题等，投放相应的图书，幼儿在入园、餐后、照顾动植物等生活活动中可自由借阅，教师无须过多干预。心理环境的创设包括在班级营造宽松、自由、和谐的环境和氛围，通过为幼儿播放轻音乐，鼓励幼儿在入园、餐后等环节通过自主阅读、同伴共读及教师带读的方式阅读图书等，为幼儿阅读营造良好的阅读环境。

（2）依据时长选择适宜的组织形式

生活活动包括若干环节，教师要依据不同生活活动节点的时长及特点等，采取不同的组织形式。若生活活动达 10 分钟以上，教师就可开展有组织的图书阅读活动，教师可带领幼儿共读一本书，并在共读中进行互动、提问；也可鼓励幼儿在这一环节进行沉浸式自主阅读或同伴共读，培养幼儿良好的阅读习惯。若是不足 10 分钟的零散环节，如盥洗、排队等，教师可采用“即时开始、及时停止”的灵活组织形式，如念儿歌、童谣等进行过渡性阅读。

（3）引导幼儿表达与交流

虽然由于时间的限制，教师在生活活动中大多无法进行完整的阅读活动，但零散的阅读活动却为幼儿提供了更好的表达与交流的机会。在幼儿阅读图书后，教师要鼓励、引导幼儿进行表达与交流，如与幼儿进行互动、提问，帮助幼儿厘清关键人物及故事线索，鼓励幼儿与同伴共读，归纳故事情节，交流故事内容等。

2. 在生活活动中增强幼儿的阅读理解能力

幼儿文字符号意识的发展对其读写能力以及终身学习都有着重要的影响。无论是幼儿对阅读符号（如标识、文字符号），还是卡片、挂图、图画书等的认知与解读，都属于阅读理解的范畴。教师在生活活动中可以从以下几个方面促进幼儿阅读理解能力发展。

（1）创设认读环境

环境是幼儿学习的隐形教师，幼儿身心发展水平及特有的年龄阶段的学习特征使环境对其学习与发展有着十分重要的意义，教师要充分利用一切机会，让幼儿感受身边的阅读符号和书面语言，使幼儿在潜移默化中接受各种文字符号信息。因此，教师在班级环境创设中，要有意识地加入文字符号，使班级的文字环境渗透在生活活动的各个方面。一方面，教师可有意识地做好物品标记，用“物体的名称 ＋ 归属者姓名”的形式呈现幼儿书包柜、床、口杯、毛巾、值日生牌子以及进区姓名牌等文字符号标签，既具有归属、分类标识的作用，又

具有文字渗透的功能；另一方面，教师可注重生活中的提示语、指示语的创设，如幼儿一日生活流程图、入离园流程图、盥洗室的七步洗手法提示语、随手冲厕提示语等，这些都在无意中为幼儿提供了认读及阅读理解的环境与机会；此外，教师可在生活活动中提供适合幼儿阅读的图书，如在幼儿触手可及的地方为其提供过渡环节的多种类型的阅读图书，使幼儿在潜移默化中养成阅读的习惯。

（2）激发幼儿的认读兴趣

在生活活动中，教师要有意识地引导幼儿认读生活中的文字符号，教师可通过提问、创设有趣的情境等激发幼儿的认读兴趣。教师在日常生活中可多问一问幼儿"这是什么字？""这幅图或这句话表示什么意思？"等等，激发幼儿探究的兴趣，让幼儿主动留意生活中的文字符号、标识。如餐后散步在种植园遇到新品种的花卉标识牌，教师可通过提问激发幼儿的兴趣，引发其猜想，再告诉幼儿花卉的名字，加深其印象。再如，幼儿在餐后或其他生活活动中阅读绘本《猜猜我有多爱你》时，教师可以提问，这段关于"爱"的故事发生在谁身上呢？她们谁爱谁更多一点呢？以激发幼儿对认读及阅读理解的兴趣。

（3）及时为幼儿解读意义

在幼儿初步阅读之后，教师可以和幼儿一起阅读，要求幼儿注意倾听教师所讲述的画面、符号、挂图或书面语言的文字说明，帮助幼儿理解其语言信息，在幼儿基本理解其内容后，教师可以再范读，幼儿跟随教师用手指着画面、符号、挂图或书面语言等的文字说明，逐步建立口头语言和文字间的转换关系，最后教师归纳阅读内容，帮助幼儿认读相关的符号、字词等。值得注意的是，在生活活动中培养幼儿的阅读理解能力，不同于专门性的阅读活动有明确要达成的学习目标，这里需要教师更加关注幼儿阅读兴趣和阅读习惯的培养。

（4）鼓励幼儿用自己的方式交流、演绎

语言是幼儿思维的重要方式。如果幼儿能用自己的语言将所看到的图画书、卡片或挂图、标识及文字符号讲述给教师或同伴听，能分享精彩的故事情节，能说出自己的看法，能与同伴通过创编、表演等方式演绎故事，能讲述标识及文字符号的意义，甚至是交流自己不理解、不明白的地方，就代表着幼儿的阅读理解能力和水平又向前跨越了一步。因此，在生活活动中，教师要有意识地鼓励和引导幼儿用自己的方式进行交流和演绎，大胆讲述和表达自己的想法，促进幼儿阅读能力的提升。

3. 生活活动各环节实施阅读活动的具体方法

生活活动分为入园活动、离园活动、照料自己的活动、照顾环境的活动、学习社交礼仪行为和过渡环节的活动，这也是幼儿在生活活动中进行阅读活动的主要学习途径，掌握各环节实施阅读活动的具体方法及路径，有助于教师更好地把握生活活动中阅读活动的实施，也为教师在生活活动中多元化实施阅读活动提供参考。

（1）入园活动

晨检：晨检活动时，教师或保健医生可在晨检车旁创设晨检四部曲（一摸、二看、三问、四查）的标识或展板，幼儿在晨检时阅读晨检的流程及注意事项，可以促进读图、识字及阅读理解能力的提升。教师在创设标识或展板时，要注意图文对应，标识清晰，要张贴在幼儿的视线高度，用较大的字体打印，以达到便于幼儿阅读的目的。

（2）离园活动

排队等候：离园时的排队等候，时间往往不会太久。这一时段，教师主要采用灵活的形式组织阅读，如在幼儿排队等候时可带领幼儿诵读儿歌、童谣、故事，旨在培养幼儿阅读的兴趣。此外，教师可在等候环节，带幼儿认读周边环境中的标识、文字符号等，如认识自己班级的班牌，培养幼儿的阅读意识，知道文字符号代表一定的意义，以达到提升幼儿阅读理解能力的目的。

（3）照料自己的活动

进餐：进餐环节的阅读活动可从餐前和餐后两个节点实施。

餐前，教师可以通过餐前活动展示进餐常规和营养食谱，如餐前播放或展示进餐常规图文（安静进餐，坐姿良好）、节约粮食图示以及当天食谱图文等。进餐常规图文通常由师幼共同创制完成。

餐后，教师可组织幼儿进行自主阅读或同伴共读。教师可设置"餐后阅读角"，在阅读角投放数量充足、种类丰富的图书，用餐完毕的幼儿可以在餐后阅读角自由选择喜爱的图书进行自主阅读或同伴共读，教师也可酌情与幼儿共读或提问交流。这一环节教师要关注每个幼儿的阅读状态，发现某些幼儿的特殊阅读需要，为其提供恰当的帮助，要使每个幼儿都能随心所欲地看想看的图书，能通过图片或文字了解书中的内容，巩固或增长有关书面语言的知识，如能认读一些学过的词，认识几个新的词、语句，习得正确的阅读方法，掌握自我纠正和自我调适的阅读技巧。

（4）照顾环境的活动

园地种植：教师在这一环节主要关注幼儿是否能理解园地种植（如蔬菜种植）图书中的图文意思，如植物的名称、外形特征、生长变化、习性与生存环境的适应关系等图示或说明；是否能根据书面文字或图示习得园地种植的方法或步骤，指导幼儿通过照顾牌解读植物养护的方法或步骤。若幼儿对图书或照顾牌的养护图示和文字符号不理解或理解有误，教师可以启发幼儿自主探索、同伴讨论，直至幼儿理解并知道如何进行相应的操作为止。这一环节在培养幼儿阅读兴趣的同时，也有助于锻炼幼儿对图文对应关系的理解，提升阅读理解能力，使幼儿知道通过阅读的方式解决生活中的问题。

（5）学习社交礼仪行为

教师可为幼儿提供社交礼仪儿歌、童谣或绘本故事，通过阅读引导幼儿理解其表达的意思，如教师为引导幼儿以礼待人，在图书推荐区投放绘本《你别想让河马走开》，通过幼儿自主阅读和师幼共读等，引导幼儿明白礼貌待人将让自己拥有更大的力量。教师也可以在班级公共环境中展示社交礼仪规范要求或图示（如"争做礼仪小天使""礼仪小达人""文明礼貌用语"等），使幼儿能根据连续画面或文字解读正确的社交礼仪行为，并鼓励幼儿与教师和同伴讨论要求或图示相关内容，加深对社交礼仪行为的认识和理解，促进幼儿读图能力和阅读理解能力的发展。

（6）过渡环节的活动

过渡环节的活动时间较为零散，教师对过渡环节幼儿自主发现的标识、文字符号要给予积极回应，鼓励幼儿主动探索、发现生活中的文字符号，并保持浓厚的兴趣。当幼儿对标识、文字符号缺少关注或未留意时，教师要积极引导、提示。如排队时引导幼儿关注"读书月"的新书推荐展板，鼓励幼儿认读展板上自己学过的字词，知道展板上图画与文字的对应关系，引导幼儿对感兴趣的展板内容进行交流讨论。此外，在过渡环节教师要鼓励幼儿对自己感兴趣的阅读内容进行交流或者即兴创编故事等，为幼儿创设轻松的阅读氛围和环境，使幼儿对阅读具有浓厚的兴趣。

（二）游戏活动中阅读活动的实施

游戏是幼儿园的基本活动，是幼儿主动、自发的活动，游戏的基本精神是自由、自主、愉悦、创造。游戏是幼儿一日生活中不可缺少的活动，游戏本身是没有目的的，在游戏活动中开展阅读活动自然也不应该是目的驱使，这从本质上决定了游戏活动中的阅读是幼儿自愿发生的，但这并不代表成人可以完全放手，教师要关注幼儿在游戏中的心理状态、行为表现，依据具体情况进行适当干预和指导。需要说明的是，在游戏活动中开展阅读并不等于在游戏活动中识字，而是要培养幼儿的自主阅读能力以及阅读习惯，游戏可以被定义为发展幼儿阅读能力的载体，但游戏依然保持其注重过程和愉悦体验的本质。

幼儿在游戏活动中发展阅读能力的内涵可以从两个方面理解：一方面是将阅读当作游戏，游戏是阅读的载体，借助幼儿对游戏的热爱来激发幼儿的阅读兴趣，让幼儿在游戏中自发地产生阅读的愿望；另一方面是通过为幼儿的游戏环境提供丰富的语言文字资料，引导幼儿在游戏中学习阅读。有关幼儿早期阅读能力发展的研究表明，游戏是成功的早期阅读教育不可或缺的因素之一。

1. 创造性游戏中的阅读

创造性游戏在幼儿园出现频率较高，包括角色游戏、结构游戏和表演游戏三类，创造性游戏中的阅读内容如表 7-6 所示。

表 7-6　创造性游戏中的阅读内容

游戏活动	阅读内容
角色游戏	游戏中不同场景出现的阅读符号，如牌匾、菜单、标签、英文、指示牌、宣传海报等
结构游戏	材料上的标识或图示 游戏规则：使用方法和玩法（文字或图片指引）；按照所选材料开始游戏活动（按照图片指示步骤操作）；收拾整理材料，按照指示图标归位 游戏流程：游戏材料标识符号、指示性符号等
表演游戏	童话或故事中的角色的语言、动作、行为等（读图） 游戏过程中的场景蕴含的文字、图片、图标等

（1）角色游戏

角色游戏中发生阅读活动的概率是比较大的，但是阅读的内容往往隐含在游戏过程中，教师不要单独将阅读内容与游戏活动分割开来，而应潜移默化地渗透在其中。幼儿在游戏材料中获取的信息远远超越材料本身，如奶粉盒上不仅有品牌标识，还有奶粉名称、配料表、注意事项、保质期等。在阅读兴趣方面，教师应引导幼儿关注游戏区域中的阅读符号，如指示牌、宣传海报等。在阅读方法方面，教师应引导幼儿掌握阅读方法，如牌匾、菜单、标签、英文等符号、组合类的图片一般都是从上到下、从左到右阅读。在阅读理解能力方面，教师应引导幼儿对扮演角色和日常生活进行合理的假想，能用具有相似特征的物品进行以物代物。如用木棒当拐杖、用树叶当蔬菜等。教师可以在角色游戏开始前，以文字或图片的形式向幼儿介绍游戏角色和情节，使幼儿能够将游戏与已有经验联系起来；在布置角色游戏场景时，适当地设置文字符号、图片来帮助幼儿推动游戏的情节发展；设置一些图片或指示牌代替语言和行为指导，目的在于让幼儿能够掌握生活中文字符号的阅读方式；在角色游戏结束后，教师鼓励幼儿将自己的游戏过程或某些情节画出来，加深幼儿印象，帮助幼儿发展阅读理解、表达能力。

【案例 7-1】

又到了每周三的大班角色区开放日了，琳琳惊喜地发现角色区新开了一家酸奶店，高兴地跳起来说："我最爱喝酸奶啦！我要去酸奶店喝酸奶！"走到店门口，琳琳看到海报上画着酸奶，酸奶下面还写着三个大字，就念起来："多—爱—可，咦？什么是多爱可啊？"刘老师恰好经过，有些责怪地说了一句："那是可爱多！不是多爱可，念反啦！"琳琳一听，小脸立马变得通红，低下头，没有回应，也没有进入酸奶店玩。

评析：

琳琳能够读出"多、爱、可"三个常见的汉字，可见，她已经具备一定的前阅读基础，但是当她面对游戏情境中的文字组合时，尚未了解一般汉字的阅读顺序是从左至右，将"可爱多"，念成了"多爱可"。刘老师直接纠正了琳琳的错误读法，导致琳琳有些羞愧，有可能以后不敢开口念陌生情境的文字了。正确的做法应该是，当幼儿在游戏情境中遇到了跟阅读相关的困扰或阻碍时，教师要提供适当的引导，为幼儿营造一个轻松、愉悦的氛围。如刘老师可以告诉琳琳正确的读文字的方式，而不是直接生硬地指出琳琳的错误。

（2）结构游戏

在结构游戏中，幼儿一般利用积木、纸盒等材料进行搭建，幼儿通过绘本、故事会了解房子、城堡、桥梁等的图像和建构模型，但是往往不了解其中涉及的物理知识，如力的作用、材料特点等。教师可以在结构游戏区域张贴一个图表，分别说明每种材料的材质、大小、适用场景等，帮助幼儿理解每种材料的功用。室内结构游戏区域一般有小型的积木、积塑、插片等，室外结构游戏区域还有大型的木板、轮胎或滚筒等。教师除了要将每种游戏材料标记清楚外，还应该在每种材料适合开展的区域进行标记，小班、中班可采用图片的形式，大班可采用文字的形式，这样幼儿能迅速找到每种材料的活动区域，并且能够顺利地"送玩具回家"。教师要引导幼儿喜欢并愿意探索结构游戏材料，能够仔细观察材料上的标识或图示。在游戏中，能够逐渐读懂并理解游戏规则；认识不同游戏材料标识和文字符号；看懂游戏区布置的指示性符号以及游戏流程图等。

【案例7-2】

小班的活动区设置了消防站、超市和烧烤店，刘老师给它们贴上文字，还在文字旁边配上对应的图案。在活动区内一些重要提示点也都设置了文字和图案双重标识。一个月下来，刘老师惊奇地发现，班级大部分幼儿在阅读绘本时能够将活动区里出现的文字认出来。例如，平时喜欢去"消防站"玩的骁骁，在阅读角看绘本时，认出了消防站的"消"字。刘老师还发现，骁骁看到班级环境中其他文字也尝试着去读，虽然有时候会把"雾"念成"雪"，把"天"念成"大"，但是还是愿意去认读，骁骁去阅读角的次数也变多了起来。

评析：

案例中的刘老师并没有刻意进行识字教学，而是利用小班幼儿的认知特点进行环境创设。在游戏过程中，幼儿将无意注意转化有意注意，并且成为长时记忆，随之产生了认知的迁移。这一做法使班级幼儿对喜欢的游戏场景中的文字产生了浓厚的兴趣，同时还增强了幼儿阅读的兴趣。

（3）表演游戏

表演游戏是指幼儿根据故事或者童话等文学作品的内容和情节，通过扮演角色，运用语言、动作和表情再现文学作品的一种游戏形式。表演游戏的主题和内容来源于文学作品，游戏过程也按照文学作品中的情节展开。教师在日常生活中带领幼儿阅读童话或故事；鼓励幼儿模仿童话或故事中的角色的语言、动作、行为等。在幼儿理解童话或故事的基础上，支持幼儿进行个性化的创意表演。游戏开始前，教师要带领幼儿熟悉文学作品，反复多次地阅读，直到幼儿能够复述出整个故事，或者是能够了解表演角色的台词、动作和任务。在游戏过程中，教师设置必要的道具帮助幼儿发展阅读能力，如自制的留言条、信件、指示牌、地图等；在游戏结束后，教师请幼儿回看录像或照片，促进幼儿对游戏情节的回忆，设置类似情境，鼓励幼儿进行经验迁移，促进阅读理解能力的发展。

2. 规则性游戏中的阅读

规则性游戏也是幼儿园常见的游戏类型，规则性游戏包括体育游戏、智力游戏、语言游戏和音乐游戏。幼儿园中的规则性游戏单独出现的机会较少，一般教师喜欢在集体教学活动中穿插一些规则性游戏，例如，用语言游戏进行语言活动的导入，用音乐游戏作为过渡环节活动，以智力游戏的方式开展科学活动。规则性游戏中的阅读内容如表7-7所示。

表7-7 规则性游戏中的阅读内容

游戏类型	阅读内容
体育游戏	常见的标识、跳格子中的数字、运动场的指示箭头、循环跑的路线图等
智力游戏	游戏规则的文字和图标、表格、颜色分区等
语言游戏	闪卡、图片、文字、数字等
音乐游戏	音符、节奏卡片、歌词（代表歌词的图）、旋律线等

规则性游戏中阅读活动的实施一般会有载体，以闪卡、图片或标识为主。进行体育游戏前，教师需要带领幼儿一起认识这些标识，说清楚每个标识的含义，并且请幼儿复述游戏的流程和规则，便于游戏的顺利开展。一般幼儿园常见的智力游戏有拼图、迷宫图、七巧板、各种棋类游戏等，教师同样要带领幼儿认识这些符号，并讲清楚游戏规则，如大富翁游戏中的骰子，点数表示步数，但是前进还是后退，取决于地图中骰子所在位置的指令。玩的次数多了以后，教师可以不再重复规则，但是要强调游戏的秩序，如在墙上设置安静、轮流玩的示意图等。语言游戏出现的频率较高，通常在各个过渡环节自然发生，可以借助闪卡、图片，也可以口头表述。音乐游戏的阅读内容一般是指音符、节奏、歌词等，有的是以文字形式出现，但是幼儿园阶段大多是以图片的形式出现，尤其是小班幼儿，教师可以用双手的图片代表拍手，腿的图片代表拍腿，圆圈代表空拍等，图片标识浅显易懂，符合幼儿具体形象思维的特点。

（三）语言集体教学活动中阅读活动的实施

语言集体教学活动中阅读活动的开展是提升幼儿阅读能力的关键。教师在阅读活动中应侧重对幼儿阅读兴趣、阅读习惯、阅读技能等的培养，实现幼儿阅读经验的积累。在幼儿园中，通常以图画书为主要载体来展开集体阅读活动，主要有以下几个环节。

1. 幼儿自主阅读，教师进行必要指导

在阅读活动中，教师应该为幼儿创设自主阅读的机会，但需要注意的是，强调幼儿的自主阅读，并不意味着教师完全放手不管。《纲要》指出，"教师应成为幼儿学习活动的支持者、引导者、合作者"，因此，教师要巧妙地发挥引导作用，支持幼儿的自主阅读。

教师的阅读指导可以分为两个阶段：第一阶段，幼儿自主阅读前的指导。此阶段，教师应该提示幼儿阅读的重点，需要他们解决的问题是什么，也就是说让幼儿带着目的去阅读。第二阶段，幼儿自主阅读过程中的指导。教师要注意观察每个幼儿的阅读表现，纠正幼儿一些不良的阅读习惯和行为，同时引导幼儿掌握正确的阅读技能（如用食指和大拇指夹住纸张，按页、从前往后翻书）。

2. 师幼共读，集中解决阅读中的重难点问题

幼儿通过自主阅读对故事内容有了初步的理解后，教师就可以组织幼儿一起阅读图书，通过对故事主角、情节的分析，使幼儿初步掌握猜想、假设、比较、归纳总结等阅读策略。教师可以利用观察、提问等策略对幼儿进行指导，解决阅读中的重难点问题。

要想实现幼儿对故事内容的深入理解，教师应当引导幼儿通过观察识别故事发生的时间、地点，出现的人物、情节等基本要素。如在绘本故事《会动的房子》中，教师可以先引导幼儿对故事封面中包括哪些人物，他们在做什么事情等基本细节进行观察并提问。此外，教师还可以针对故事的主题或情节提问，例如，绘本故事《城里来了大恐龙》，教师可以通过提问引导幼儿对故事情节进行大胆想象，如"假如有一天，大恐龙来到我们生活的城市，你觉得将会发生什么事呢？"幼儿阅读之后，再进行比较和验证，判断自己的预期猜想正确与否，从而获得不同的阅读策略和对读物的多角度认识。

3. 归纳阅读内容，进行表达与分享

虽然语言可以分为书面语言和口头语言两种类型，但语言的学习却是整体的。当幼儿对故事内容有深入的理解后，教师应鼓励幼儿叙述故事内容，进行总结归纳，最好引导幼儿进行情感迁移，形成自己的判断与理解，达到帮助幼儿初步认识书面语言和口头语言的对应关系，懂得书面语言学习重要性的目的。

对故事内容进行叙述、归纳强调幼儿可以准确、完整地将故事的基本要素（故事发生的时间、地点，出现的人物、情节）讲述出来。归纳的形式一般可分为一句话归纳法、一段话归纳法和图书命名法三种。教师可以根据幼儿的年龄阶段，选择不同的归纳方法。一段话归纳法比较容易，一般适合小班幼儿。一句话归纳法和图书命名法的难度稍大，对幼儿的要求比较高，适合中大班的幼儿。

进行情感迁移，形成自己的理解和判断主要强调在幼儿完成阅读之后，能结合自身的生活经验，展现出相应的移情反应。能够表达自己对主角或主要人物特征的理解和喜好，并有意识地根据故事中主角的行为来调节自己的行为。如绘本故事《我爸爸》，在画面处理上，教师应先引导幼儿观察故事的主人公——爸爸身着黄色睡袍和拖鞋的形象，这种典型的家居形象能迅速调动幼儿的生活经验。在阅读过程中，幼儿可以根据绘本中的爸爸所具有的各种能力和品德，与自己的爸爸进行比较。当幼儿完成阅读后，教师可以引导幼儿描述自己爸爸的优点，并为能有这样的爸爸而感到自豪。这样的叙述、表达与分享，可以帮助幼儿深入地了解故事的内容与主旨。

四、阅读活动实施的建议

（一）生活活动中阅读活动实施的建议

在生活活动中实施阅读活动是一种渗透式的教育，教师要为幼儿创设长期有效的阅读环境，把握教育契机，充分利用生活活动开展阅读活动，优化幼儿生活活动的内容设置，让阅读活动在潜移默化中成为幼儿生活的一部分。

1. 把握教育契机，充分利用生活活动开展阅读活动

生活活动作为幼儿园教育实施的重要一环，教师能否运用教育智慧，把握教育契机，充分利用生活活动开展阅读活动，对幼儿阅读能力的发展至关重要。在这里，教师的教育智慧包括两个方面：第一，发现生活活动中的阅读点；第二，渗透生活活动阅读点的策略。在生活活动中，教师可采取灵活多样的方式开展阅读活动，如在过渡环节讲解绘本故事，既丰富过渡环节的内容，减少消极等待；又能提升幼儿的阅读兴趣。在午休前的过渡环节，教师可以选择一些温馨、情节平缓的童话故事帮助幼儿平复情绪，为午休做准备。

【案例 7-3】

上学期，中班谢老师开始有意识地利用生活活动来培养幼儿的阅读兴趣和阅读能力，每天都会在餐后活动区为幼儿提供自选图画书，并引导幼儿在餐后进行阅读活动。铭航是个安静内向的孩子，很少与同伴交流。一天中午，铭航吃完午饭，从谢老师准备的自选图画书中选了《猜猜我有多爱你》后坐下来认真阅读，并用手指指着封面上的书名和图画书里的文字，谢老师看了会心一笑，拿出手机悄悄地进行视频录制。第二天餐前活动时，谢老师把铭航餐后认真阅读的视频播放给其他幼儿观看，表扬铭航能一页一页地翻看图画书，认真地阅读图画书内容，铭航露出开心的笑容。吃饭时，平时吃饭速度较慢的铭航，早早地吃完饭，挑选了《月亮的味道》在餐后活动区又认真地阅读起来。他像上次一样，指读着文字，不同的是，这一次旁边坐了几名小朋友，侧着头在听铭航读书。

评析：

案例中的铭航是一名话不多的孩子，平时较少在集体面前表现自己。谢老师有意识地在生活活动中创设阅读的环境，潜移默化地培养幼儿的阅读兴趣和阅读能力。此外，谢老师能运用教育智慧，挖掘生活活动中的阅读点，并通过录制视频的形式，对铭航和班级幼儿在生活活动中的阅读行为进行强化，既增强了铭航与同伴交流的信心，又营造了班级幼儿爱阅读的氛围。

2. 激发参与兴趣，优化生活活动的内容设置

对于成人而言，生活活动可能只是满足其生理或者心理需要的一种手段，但幼儿不同，幼儿身心发展还不完备，教师应该以发展的眼光来看待生活活动的教育价值，要从幼儿的身心发展水平和规律出发，精心选择生活活动的内容，把握好不同生活内容之间的结构及其与幼儿发展之间的连接，不断引导幼儿拓展生活活动的范围。

《纲要》提出，应科学、合理地安排和组织一日生活，让幼儿在园的每一段时间都能有意义地度过。一日生活时间安排应有相对的稳定性与灵活性，尽量减少不必要的集体行动和过渡环节；《指南》也提出，要合理安排一日生活，最大限度地支持和满足幼儿通过直接感知、实际操作和亲身体验获取经验的需要。但是在幼儿园实际一日生活安排中，往往存在着活动环节过多（如一个上午就包含了十多个环节），各个活动环节时间较短且活动节奏较快，过渡环节时间被隐形浪费等问题，导致教师的高度控制和幼儿自主能动性的丧失。因此教师在利用生活活动开展阅读活动时，无论是幼儿自主结伴发起活动还是教师组织活动，都应遵循"玩中学"的教育原则，教师需要从材料提供、内容选择、玩伴选择三个方面入手，赋予阅读活动或隐或显的趣味性，让幼儿感受到其带来的乐趣。此外，教师要优化一日生活活动的内容设置，合理安排生活活动，避免过多不必要的生活转换环节，为幼儿主动在生活活动中参与阅读活动预留足够的时间与空间，丰富阅读的方式。

3. 树立保教融合理念，加强生活活动中阅读活动的延展性

教师树立保教融合的理念，将会给予幼儿"生活"与"学习"更加立体化的关注，有助于实现幼儿的整体发展，如幼儿在集体活动中未完成的阅读活动依旧可以延伸到生活活动中进行。基于此，教师在生活活动中开展阅读活动时，一方面应树立整体教育观，不要将生活活动的阅读活动与其他阅读活动割裂开来，教师可综合统筹生活活动、游戏活动、专门的阅读活动，将其连贯起来，最大限度地发挥生活活动中的阅读活动的价值；另一方面，生活活动中的阅读活动往往因时间限制无法完全满足幼儿的阅读需求，教师可发挥教育智慧，将其延伸至区域活动或专门的分享、谈话活动中，加强生活活动中的阅读活动的延展性。

（二）游戏活动中阅读活动实施的建议

1. 创设游戏阅读环境

在游戏中实施阅读活动，环境的创设是重点，不仅包括物质环境，还包括心理环境。物质环境的创设是影响阅读活动在游戏中开展的关键因素，将阅读材料置于游戏场景内，不但可以增加幼儿的阅读行为，还能够将阅读与游戏融为一体。如在角色游戏中，按照情境安置指示牌、标语、海报、票据等，这些材料会与游戏情境产生互动，让幼儿产生和游戏有关的阅读行为。心理环境的创设需要教师深入了解班级幼儿的年龄特点和个体特点，结合班级幼儿的发展水平进行指导，并且营造一个轻松愉悦的环境，有利于幼儿与环境中的阅读材料发生互动。

2. 提供游戏阅读途径

在游戏中，教师可以通过以下途径促进幼儿阅读行为的发生：

首先，提供和图画书有关的游戏场景，这里说的游戏场景可以是区域活动，也可以是过渡环节中的自主游戏，目的是建立游戏场景与阅读材料之间的联系，将幼儿对游戏场景的经验迁移到图画书阅读中。

其次，鼓励幼儿以游戏的方式对阅读内容加以回应。当阅读活动引起幼儿强烈的情感共鸣，角色扮演或身体动作就成了幼儿对图画书内容加以回应的一种表现方式，这种多感官参与的表现方式为幼儿理解故事内容或故事中的角色提供了帮助。在游戏中幼儿可以"放慢"故事阅读的进程，可以"重游"自己在故事阅读时有疑问的地方，还可以借此了解其他人对阅读内容的理解。

最后，鼓励幼儿把阅读内容以合适的形式表现出来。戏剧表现、故事续编、仿编和创编、讲故事、玩棋盘游戏等，都有助于幼儿的阅读，因为这种游戏互动更容易吸引幼儿的参与，在游戏情境中，幼儿可以运用各种技能，这也正是阅读所需要的。

（三）语言集体教学活动中阅读活动实施的建议

1. 为幼儿创设平等、自由的互动阅读环境

教师要有激情、有亲和力、有感染力，能调动幼儿的积极性，为幼儿营造一个和谐、平等、自由的语言氛围，让幼儿敢于表达。教师与幼儿之间的互动，有利于获得最佳的阅读效果。幼儿在集体活动中可以与同伴分享阅读的快乐，从而提高他们阅读的积极性。在集体教学活动中，教师应该及时发现个别幼儿的阅读需要，为幼儿提供恰当的帮助。因此，在集体阅读活动中，建议教师采用师幼共读、师幼交流、同伴交流的方式，激发幼儿的阅读兴趣，发展幼儿的阅读能力。

另外，幼儿的阅读兴趣与教师的角色表现也有很大的关系。教师应该以朋友的身份参与阅读，轻松愉快、精神饱满地与幼儿交流，共同猜测故事、诗歌中人物的动作、情节、语言等，不仅如此，教师还应注重非语言的交流，如抚摸、微笑、竖大拇指等，让幼儿体验到教师在阅读过程中的关爱、鼓励，从而产生对阅

读的兴趣。

2. 重视幼儿在阅读活动中的中心地位

在阅读活动开始前要丰富幼儿的阅读体验，例如，教师可以创设幼儿自己阅读的机会，让幼儿自由地"接近"本次活动的学习内容，以幼儿为中心构建与图画书的联系。在幼儿结束自主阅读活动后，教师以提问的方式检查幼儿的阅读效果，同时，简单地串联幼儿获得的信息，构建故事的逻辑框架。在集体阅读活动中运用这种教学方法，一方面可以充分发挥幼儿的想象力；另一方面可以为幼儿提供更多讲述的机会，使幼儿的语言表达能力得到发展，同时，为幼儿提供展示自我的机会，培养幼儿的自信心。

当然，为幼儿提供自己阅读的机会，并不意味着教师可以完全放手。恰恰相反，在幼儿自己阅读的过程中，教师要起到引导作用，应适时地进行巡回指导并与个别幼儿进行交流，对幼儿的阅读效果进行简单了解。同时，提醒阅读方法不正确的幼儿改正，帮助幼儿养成良好的阅读习惯。

3. 将游戏精神充分融入集体阅读活动

《纲要》指出：游戏是幼儿的主要活动形式，以幼儿兴趣为前提，以游戏为手段，在轻松愉快的氛围中进行。教师在设计游戏的时候要突出一个"巧"字，即将游戏与阅读环境、阅读内容、阅读形式巧妙地结合起来，将教学的目的隐藏在游戏中，起到潜移默化的作用。例如，将游戏情境贯穿阅读活动；将游戏中的自由、愉悦、自主等游戏精神渗透到具体的阅读活动的各环节。另外，每次阅读活动结束后，教师也可以继续为幼儿创造多种活动情境或条件，如为幼儿提供表演的头饰、道具、绘画的纸笔等，将这些材料投放到语言区，供幼儿自由选择材料进行游戏，进一步加深对阅读内容的理解。

【走进幼儿园】

扫描二维码，请根据本节所学内容，述评二维码中呈现的幼儿园阅读活动案例。

☞幼儿园阅读
活动案例

任务二　幼儿园书写活动的设计

【任务目标】

1. 掌握各年龄阶段书写活动的目标、内容。

2. 创设适宜的书写环境，满足幼儿自由涂画的需要。

3. 鼓励幼儿的书写行为，能提供合适的支持。

幼儿园书写活动是幼儿借助各种书写材料，如铅笔、彩笔、颜料等，进行涂鸦、绘画及有意识书写的活动。幼儿阅读与书写能力的发展并不是依次进行的，幼儿在阅读前就已经在书写，如日常涂鸦与绘画，教师要根据不同年龄阶段幼儿的发展水平，激发幼儿的书写兴趣，为幼儿书写提供支持，促进幼儿书写能力的发展。

一、书写活动的目标确定

幼儿的书写与"真正的书写"不同，经常是随意的线条和无法识别的文字，一般称之为前书写。"前书写"也被称为"书写萌发"，在成人看来，幼儿的书写形式很不规范，但早期阶段的这种尝试，是读写技能的重要组成部分，为未来的读写发展奠定了基础。幼儿会采用涂鸦、图画的形式表达自己的想法，在涂鸦、画画的过程中，逐渐萌发了对书写的认识，如书写习惯、书写目的、文字结构等，其中也包含对规范书写的认识。

（一）书写活动的总目标

幼儿的书写活动不等同于一般的写字。关于书写活动的总目标，《指南》中针对幼儿早期书写行为的要求为"具有书面表达的愿望和初步技能"。教师只有正确把握书写活动的总目标，才能保证书写活动开展的科学性。

（二）书写活动的年龄阶段目标

书写活动的开展是一个循序渐进、螺旋上升的过程。幼儿的发展也具有阶段性特点，因此，教师要制订不同年龄阶段幼儿的书写活动教育目标。表7-8列出了《指南》中提出的不同年龄阶段幼儿在书写方面的要求。

表7-8　书写活动的年龄阶段目标

书写目标	年龄阶段		
	3—4岁	4—5岁	5—6岁
书写的态度、方式与内容	喜欢用涂涂画画表达一定的意思 基本能控制书写工具	愿意用图画和符号表达自己的愿望和想法 初步掌握书写规则，能按照图示描画	愿意用图画和符号表现事物和故事 会正确书写自己的名字 能较好地使用、控制书写工具
书写姿势	掌握基本的握笔姿势	在成人提醒下，写写画画时姿势正确	写画时握笔姿势、书写姿势正确

（三）书写活动的具体目标

书写活动的目标最终要通过一个个具体的书写活动来实现。因此，具体的书写活动目标应体现可操作性。本书将书写活动分为生活活动中的书写活动、游戏中的书写活动和语言集体教学活动中的书写活动三种类型。基于此，具体的书写活动目标将根据以上三种类型来呈现。

1. 生活活动中的书写目标

生活活动的每个环节都包含着开展书写活动的契机，教师应发挥教育机智，深入挖掘幼儿在生活活动中的书写机会，制订切实可行的生活活动中的书写目标，帮助幼儿在生活中积累书写经验。如表7-9所示。

表7-9 生活活动中的书写目标

书写目标	年龄阶段		
	3—4岁	4—5岁	5—6岁
书写的态度、方式与内容	喜欢在生活中探索多种书写材料和工具；喜欢用涂涂画画表达一定的意思 如用简单的涂鸦记录植物照顾情况	愿意在生活中书写标签，愿意用图画和符号表达自己的愿望和想法 如愿意用符号及记录的方式进行饮水统计	喜欢用不同的物品随手涂鸦；喜欢用图画和符号的方式表现、记录日常生活中的事物和故事
书写姿势	掌握基本的握笔姿势	在成人提醒下，写画画时姿势正确	写画时握笔姿势、书写姿势正确

2. 游戏活动中的书写目标

《指南》中强调要在绘画和游戏中做必要的书写准备，促进幼儿手眼协调，在游戏活动中的书写目标如表7-10所示。

表7-10 游戏活动中的书写目标

书写目标	年龄阶段		
	3—4岁	4—5岁	5—6岁
书写的态度、方式与内容	愿意参与游戏中的涂涂画画 能利用游戏材料充当书写工具	愿意用图画和符号表达自己的愿望和想法，如愿意参加结构游戏，对绘制"图纸"感兴趣	愿意用图画和符号表现事物和故事，如能利用书写工具，相应的图形或符号绘制"图纸" 会正确书写自己的名字
书写姿势	掌握基本的握笔姿势	在成人提醒下，写画画时姿势正确	写画时姿势正确

3. 语言集体教学活动中的书写目标

幼儿园阶段的书写活动不同于小学阶段的书写活动。根据《指南》的要求，语言集体教学活动中的书写目标如表7-11所示。

表7-11 语言集体教学活动中的书写目标

书写目标	年龄阶段		
	3—4岁	4—5岁	5—6岁
书写的态度、方式与内容	喜欢用涂涂画画表达一定的意思	愿意用图画和符号表达自己的愿望和想法	愿意用图画、符号、文字表现事物和自己的看法 会正确书写自己的名字
书写姿势	掌握基本的握笔姿势	在成人提醒下，写画画时姿势正确	写画时握笔姿势、书写姿势正确

二、书写活动的内容选择

书写活动是幼儿使用画笔、树枝、石块等在纸、沙地、地面、墙面等各种介质上进行绘画、书写等的全部活动。

（一）绘画

幼儿的早期书写经验主要集中在绘画上，这是因为绘画比书写更得心应手，更容易控制。初学书写的幼儿经常在书面文字中夹杂着图画来表达思想。就幼儿阶段而言，绘画是书写活动的重要内容之一，小班甚至更小的幼儿最初的绘画是以涂鸦的形式体现的。涂鸦是一种形象的书面语言，对幼儿而言，涂涂画画是一种游戏，是一个表达自我情绪的过程，幼儿往往能在涂鸦过程中体验到快乐。大多数幼儿在 18 个月时就能拿起笔在纸上乱写、乱涂、乱画，两岁左右开始有意识地涂画，并且能够为自己的"作品"命名，这一时期的书写活动以涂鸦为主。小班幼儿最初的涂鸦作品具有随机性，在成人看来是缺乏"美感"，无"构图"可言的作品，这恰好反映出幼儿缺乏良好的手眼协调和自我控制能力，随着年龄的增长，幼儿手眼协调和自我控制能力逐渐发展，幼儿可以写画形状和图案，如线条、点和圆圈等（图7-4）。

图 7-4　小班幼儿涂鸦作品

在小班，教师会设计添画活动，一般是根据幼儿的特点，设计添加点、线或简单的形状等单一元素的添画活动；中班幼儿的手眼协调能力较小班幼儿有所增强，可以进行临摹、分区域涂色等多元素的绘画活动（图7-5）；大班幼儿逐渐可以独自创作，可以创作出具有情节的简笔画或者主题式涂色画等作品。

（二）文字

在幼儿的书写活动中，文字内容所占比重随着年龄的增长逐渐增大，大班幼儿会书写一些简单的文字，如"大、小、工、少"等独体字，幼儿对合体字的认识一般取决于文字的偏旁部首。书写文字是幼儿有意识书写的标志，这一过程经历了由开始的胡乱书写到有意识地模仿书写两个阶段，如幼儿经常看见成人写东

图 7-5 中班幼儿绘画作品《做早操》

西，自己便开始模仿。幼儿从涂鸦到有意识地书写文字的年龄取决于他们对书写语言的运用，以及成人或同伴对其"作品"的反应。成人或同伴对其"作品"显示出兴趣的时间越早，幼儿开始有意识书写的年龄就会越早。随着幼儿年龄的增长，幼儿逐渐可以感知汉字方块字的结构特点，认识到文字和图画是两个不同的体系，可以表达不同的功能（图 7-6）。

图 7-6 大班幼儿自制绘本"蛀牙小王子"（部分）

（三）符号与数字

符号与数字同样也是幼儿书写内容中的重要组成部分，符号与数字由于结构简单，便于书写，在生活环境中出现的频率也较高，自然成为幼儿的书写内容之一（图 7-7）。

三、书写活动的实施

（一）生活活动中书写活动的实施

"一日生活皆课程"，教师需要有目的地依据各生活活动中隐含的教育价值，

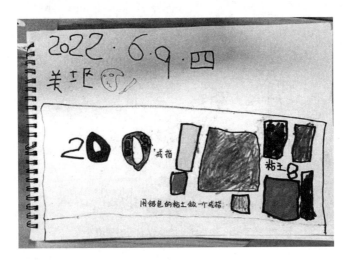

图 7-7　中班幼儿的"区域计划"

结合本班幼儿的生活经验、书写经验及能力，选择适宜的书写内容，激发幼儿的书写兴趣，提升书写能力。生活活动中的书写内容如表 7-12、图 7-8 所示。

表 7-12　生活活动中的书写内容

生活活动		书写内容
入园活动	入园打卡签到	签到牌打卡（用符号或文字打卡或签到）
	自主游戏	游戏规则 游戏记录
	选择区域	当天的区域规划
	晨间谈话	师幼谈话内容记录
离园活动	整理环节	一日生活记录
照料自己的活动	如厕	如厕记录表
	午睡	组织个别不午睡的幼儿进行涂鸦或书写
	进餐	餐后涂鸦活动 餐后自主绘画
	喝水	喝水统计表
照顾环境的活动	照顾动植物	动植物观察记录表
	园地种植	园地介绍 蔬菜介绍牌、照顾牌 蔬菜生长记录表
	值日生工作	值日生分工牌 值日生手册
学习社交礼仪行为		自制社交礼仪绘本 社交礼仪涂鸦或绘画
其他		日常生活调查表/观察表

1. 入园后自主做区域规划

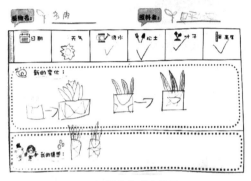

2. 植物角观察记录

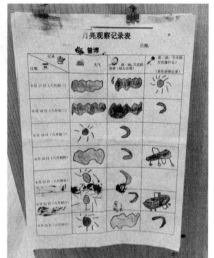

3. 生活观察表

图 7-8 生活活动中的书写活动案例

1. 生活活动中书写活动的实施途径

陶行知先生提倡生活教育，从生活中来到生活中去，日常生活是很好的教育途径，也是幼儿进行书写活动的重要环节。在幼儿园的生活活动中包含许多书写的机会，且都发生在真实的书写情境中。在生活活动中，教师可从以下几种途径入手实施书写活动。

（1）创设适宜的书写环境

教师要有意识地在生活活动中为幼儿创设书写环境，如在盥洗室呈现"七步洗手法"图文标识，在植物角设置"植物观察记录表"等，使幼儿沉浸在书写的环境中，帮助幼儿积累书写经验。教师还要注重生活活动环境的丰富性，创造宽松、和谐的书写环境，激发幼儿的书写欲望（图 7-9）。

此外，在生活活动中，教师要为幼儿提供多样的书写材料。书写材料是将幼儿早期读写意识转变成实际读写行为的媒介，是支持、激发幼儿早期读写行为的工具。生活活动中蕴藏着丰富的书写机会，教师除了为幼儿提供纸、笔等材料外，还可充分利用自然资源，如沙地、树枝等自然材料，让幼儿"画"或者"拼""摆"文字，以满足幼儿涂涂画画的需要，增加书写的趣味性。

图 7-9 教师鼓励幼儿观察和记录仓鼠的习性

（2）提供正确的书写示范

教师通过书写示范，可以帮助幼儿理解书面语言与口头语言的对应关系，感知口头语言转化为书面语言的过程，帮助幼儿获得书写的初始经验。在生活活动中，教师要把握机会对幼儿进行正确的书写示范。教师可以用语言描述自己书写的内容，如晨间谈话时，教师可以边记录幼儿的语言边告诉幼儿自己正在书写的语句内容或汉字笔画；教师可以示范并鼓励幼儿正确用笔写字、画画，掌握正确的握笔姿势；在幼儿书写时，教师要告诉幼儿保持"身正、肩平、臂开、腰直、足安"的书写姿势。

【案例 7-4】

中三班的幼儿在餐后散步时发现，大班的哥哥姐姐们在小菜地里挂了一块"芥菜"的蔬菜牌。他们叽叽喳喳兴奋地讨论个不停，教师见幼儿们对此非常感兴趣，就教他们"芥菜"的正确读音，并带着他们边说字的结构边在地上临摹笔画。通过教师的临摹示范，幼儿牢牢记住了芥菜的读音和写法。在第二天的区域活动中，教师发现有的幼儿将这块"芥菜"的蔬菜牌画在了自己的画中，上面有模有样地写着"芥菜"。

评析：

中三班的幼儿在生活活动中发现了新的蔬菜种植牌，并对上面的文字产生了浓厚的兴趣。教师捕捉到了幼儿的兴趣点，通过看似不经意地书写示范，既保持了幼儿对"芥菜"这两个汉字的认读兴趣，又在潜移默化中为幼儿的书写奠定基础。

（3）鼓励幼儿的多元化表征

在幼儿具有书写与表达的欲望，习得正确的书写姿势后，教师要把握生活活动的丰富性，鼓励幼儿将一日生活中发生的人、事、物及自己的情感等进行多元化表征。幼儿的多元化表征包括图画、似字非字的文字、符号、图形、数字等，如图7-10所示，幼儿可记录在观察角照顾植物的工作、回忆和表征户外活动的游戏情节、制作家长会邀请函、在分餐台制作儿童营养金字塔、向教师表达自己的情感等，既让幼儿感受到书写在生活活动中的实际作用，又不断促进幼儿书写能力的提升。

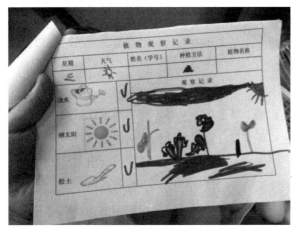

1. 植物观察记录表

2. 体育器械申请书

3. 家长会邀请函

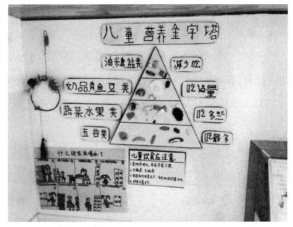

4. 儿童营养金字塔

图7-10 幼儿的多元化表征图例

2. 在生活活动各环节实施书写活动的具体方法

生活活动为幼儿书写提供了真实的情境，幼儿通过在生活活动各环节的自主探索或教师引导，形成积极的书写态度，掌握正确的书写姿势和执笔方式，教师通过在各环节实施书写活动的具体方法，更好地为幼儿在生活活动中开展书写活动提供支持。

（1）入园活动

入园打卡签到：幼儿晨间入园后，教师可设置打卡签到牌或签到表，让幼儿通过涂鸦或涂写自己名字的方式打卡签到。这一环节，教师要关注幼儿的书写兴趣，要依据幼儿现有发展水平和已有经验，让幼儿用自己喜欢的方式进行记录，如小班幼儿控笔能力较弱，入园打卡签到可以以简单线条画为主，教师引导幼儿用简单线条图如△、○、☆等进行记录。中大班幼儿控笔能力和书写、涂鸦能力都有了一定程度的提升，教师可让幼儿用自己喜欢的符号或喜欢的画笔，书写自己的名字或涂画今天的心情进行打卡签到。在幼儿涂鸦或书写的过程中，教师还要引导幼儿用正确的姿势执笔，对幼儿在书写中遇到的困难及时给予帮助和正确的示范，培养幼儿良好的书写习惯。

（2）离园活动

整理环节：教师可引导幼儿回顾一日生活，并对一日生活进行记录，如写下今天最高兴的一件事。教师在这一环节要注意引导幼儿利用图画和符号表达自己的想法，或把有趣的事物、自己经历过的事情用图画、符号表现出来，如中班幼儿可利用图画和简单的词汇记录今天的餐后活动。此外，教师还要注意在幼儿记录时对其进行观察、鼓励、指导，若幼儿在记录过程中遇到困难，如遇到不会写的词，教师可以为幼儿提供示范或帮助幼儿记录，并指导幼儿用正确的姿势进行书写。

（3）照料自己的活动

进餐：教师可组织幼儿进行餐后涂鸦活动或书写活动。教师应为幼儿提供丰富的涂鸦和书写材料，如涂鸦板、多元化的涂鸦和书写工具（水粉、记号笔、彩笔等），激发幼儿涂鸦、书写的兴趣，并掌握正确执笔方式和书写姿势。

（4）照顾环境的活动

照顾动植物：教师可在动植物角设置动植物观察记录表，幼儿在照顾动植物后可通过图画或文字进行观察记录，如养护动植物的日期、天气、动植物名称、养护的方式（浇水、除草、喂食、换水）等。教师要引导幼儿自主记录，养成记录的习惯，培养书写的兴趣。此外，教师还要注意依据年龄段设计观察记录表，如小班、中班幼儿在基本信息部分（日期、天气、动植物名称）可采取打钩或涂鸦的方式，大班幼儿可鼓励其用文字或图画自主记录。幼儿记录的内容教师可不做标准性评价，即不评价文字是否工整、图画是否好看，要以培养幼儿的书写兴趣，使幼儿学会利用图画、文字工具进行记录为主。

（5）学习社交礼仪行为

教师可让幼儿自制社交礼仪图画书或进行礼仪小天使打卡活动，为幼儿提供书写契机，使幼儿学会写自己的名字，能用涂鸦或文字书写的方式记录或创编故事。在这一过程中，教师要鼓励幼儿敢于用涂鸦或文字方式将要记录的内容书写出来，以达到培养幼儿正确的书写态度的目的。

（二）游戏活动中书写活动的实施

《指南》在"阅读与书写准备"部分指出：幼儿应当具有书面表达的愿望和初步技能。这就明确了书写活动是幼儿语言发展的重要组成部分，幼儿园应通过各种途径提升幼儿的书写核心经验。根据《指南》中对书写活动的实施建议，连线游戏等是开展幼儿书写活动的途径之一，可见，游戏活动在发展幼儿的书写能力方面具有不可替代的作用。

1. 创造性游戏中的书写

创造性游戏中发生的书写活动大部分是幼儿自发的，书写活动是依附于游戏活动而存在的，是根据游戏情节发展而产生的。在这样的情境中发生的书写活动，需要教师提前做好预设，并依据幼儿的兴趣提供支持。例如，哪些游戏环节会涉及书写、需要做哪些书写准备、书写内容大概是什么、书写的途径、如何保存书写成果等，如表7-13所示。

表7-13　创造性游戏中的书写内容

游戏类型	书写内容
角色游戏	预约卡、留言板、菜单、信件等
结构游戏	图纸、作品命名、用途说明、记录表、姓名等
表演游戏	自制道具、地图、头饰、装饰服装等

（1）角色游戏

一般的区域活动实行"预约制"，角色游戏也不例外，教师提前将预约卡放在每个区域的显眼位置，供幼儿选择：小班幼儿画圆圈，中班幼儿写代号，大班幼儿写名字。每个幼儿每周一张记录表，记录自己进角色区的次数。角色游戏如娃娃家中可投放铅笔、签字笔、水彩笔、写字板等书写工具，便于幼儿在游戏情节中记录菜谱、记录电话留言或写购物清单等。教师可以在幼儿视线范围内设置一面留言墙，将幼儿的书写作品固定在墙上。

（2）结构游戏

在建构区中教师可提供白纸、卡片、水彩笔、胶带、剪刀等，方便幼儿绘制自己的"图纸"，或在搭建完成后将作品描绘下来。此外，教师还可鼓励幼儿以设计师的身份，为自己搭建的作品命名，制作标牌，这不仅有利于搭建作品的保留，也方便后面来建构区的幼儿根据标牌，了解该作品的相关内容，并在此基础上"添砖加瓦"或举一反三。

（3）表演游戏

表演游戏中用到的道具，如信件、地图等，教师尽可能鼓励幼儿自制，在推动游戏情节的过程中潜移默化地发展幼儿的书写能力。

2. 规则性游戏中的书写

规则性游戏中最常见的书写活动是幼儿参与游戏时的无意识书写，如表 7-14 所示。

表 7-14 规则性游戏中的书写内容

游戏类型	书写内容
体育游戏	游戏说明（标记、指示、路线等）
智力游戏	计分（数字或图形）、路线图、游戏步骤等
语言游戏	游戏规则（自制规约）
音乐游戏	节奏或音符标识等

在体育游戏中幼儿可以采用绘画、书写的方式去标记位置、方位。如抛球游戏，幼儿可以用树枝在地上标记符号，分别代表不同的抛球距离。

在智力游戏中，幼儿可以自行记录游戏过程或游戏分数，如棋类游戏，幼儿可以用数字记录胜负，可以用图像表示不同的队伍。教师鼓励幼儿用书写的方式绘制棋盘，用画笔完成五子棋游戏等。

在语言游戏中，游戏说明可以是图文结合的；教师可根据幼儿个体发展情况开展不同的活动，如用图表示日期、自制绘本等。

在音乐游戏中，教师可以通过音乐节拍锻炼幼儿对音乐的感受力，同时，请幼儿用合适的图画表达出来，例如，让幼儿将儿歌《下雨了》的歌词以图画形式画出来，以便于幼儿识记和演唱。

【案例 7-5】

户外活动结束，王老师带领中班幼儿在操场做完放松活动后准备回班里。这时，王老师发现琳琳蹲在树下，她走过去，发现琳琳正拿着在地上捡的树枝，按照树叶映照在地上的影子"临摹"叶子，将树叶映到地上的斑驳的影子画了出来。王老师问："琳琳，你在做什么？"琳琳回答："我在帮小蚂蚁回家！"原来，琳琳发现小蚂蚁喜欢在树叶下的阴影里活动，她沿着树叶下的阴影画成小蚂蚁回家的路线图。

评析：

书写活动可以发生在任何游戏环境中，在琳琳看来，这是她在和小蚂蚁做游戏，而琳琳的行为恰好是书写活动的重要组成部分，为她积累了书写经验，也增加了琳琳在不同介质（土地、纸）上书写的不同体验。

【案例 7-6】

冬天的一个早上，活动室的落地窗被一层薄雾笼罩，冬冬路过时，衣袖不小心擦了一下玻璃，在落地窗上留下了一道痕迹。袁老师看到后，叫住冬冬说：冬冬，你看老师给你变个魔术！说完就把手攥成拳头，将手掌外侧拓印在了玻璃窗上，手拿开后，还在上面点了五个小点点，一个栩栩如生的小脚丫呈现出来。冬冬兴奋地大叫："脚丫！脚丫！"他的喊声吸引来了许多幼儿，他们纷纷开始在玻璃窗上"大展身手"。

评析：

幼儿园为了避免小学化倾向，不设置专门的书写活动，但是不代表不发生书写行为。案例中的袁老师发现了书写行为产生的契机，引导幼儿自己"创作"，使幼儿处于游戏的状态，发生着真实的"书写行为"。

除了以上专门的游戏之外，区域活动也可以开展书写活动。例如，在科学区投放记录单、彩笔、白纸等，鼓励幼儿及时记录自己的观察和实验发现，如泡沫和硬币同时放进水里会发生什么变化？哪些物体会被磁铁吸住？大蒜放在水里多久能发芽？幼儿记录实验过程，不但需要写清楚实验的时间（数字），还要记录实验过程（文字＋图画），记录实验操作者（名字）。教师要关注每一个区域的活动究竟适合什么样的书写类型，而不是简单地将纸和笔摆放在区域中。

（三）语言集体教学活动中书写活动的实施

当前幼儿园书写活动的开展途径比较单一，偏重书写技能的训练。教师必须清楚地认识到，幼儿园专门的书写活动不等同于纯粹的写字活动。正确、熟练地书写汉字绝不是幼儿阶段开展书写活动的终极目标。幼儿之间具有个体差异性，当教师面对不同年龄阶段以及不同书写水平的幼儿时，其所关注的书写经验也应有所区别。本部分主要以大班幼儿为对象，以书写活动"树懒送来的邀请函"为例子，来阐释实施专门书写活动的基本环节。

1. 借助故事，创设书写情境

早期阅读活动的目标包含着培养幼儿书写能力的目标，如幼儿对文字感兴趣；在阅读过程中初步了解汉字的由来和简单的汉字认读规律；喜欢描画图形，尝试用有趣的方式练习汉字的基本笔画；积极学认常见字，并能注意在生活中运用已获得的书面语言等。因此，教师开展专门的书写活动，可以从阅读图画书故事入手，根据故事内容，创设书写情境，为幼儿提供书写契机。

幼儿存在情感表达的需求，如表示歉意、感谢等。图画书故事《树懒送来的邀请函》中包含这样的故事情节：春天来了，小树懒给长颈鹿老师发来邀请函，邀请长颈鹿老师和班级小朋友一起去友好幼儿园游玩。大班下学期临近毕业，幼儿园往往会为大班幼儿准备毕业典礼。因此，教师可以借助图画书故事《树懒送来的邀请函》，讲解邀请函的格式和内容，鼓励幼儿自己用书面表达的方式设计邀请函。

2. 提问互动，积累书写经验

教师在指导幼儿阅读图画书故事《树懒送来的邀请函》的过程中，可以根据故事情节进行提问，如"写一封邀请函应该包括哪些内容呢？"等，经过师生讨论，大家可以达成共识，"写邀请函"要有一定的格式，要将时间、地点、邀请人等内容都写入自己的邀请函中。这样可以培养幼儿书写的兴趣，逐步掌握书写技能。

3. 操作练习，巩固书写经验

幼儿学到基本的书写经验后，教师应为幼儿提供操作练习的机会，以达到巩固的效果。在书写活动"树懒送来的邀请函"中，在幼儿理解树懒送邀请函的原因后，教师让幼儿自己制作邀请函。在幼儿制作邀请函的过程中，教师应关注幼儿是否已经掌握了邀请函的书写经验，能否按照正确的格式书写邀请函。

4. 表达交流，体验书写的快乐

幼儿完成邀请函的制作后，教师可以请幼儿到前面讲解自己的书写作品，潜移默化地引导幼儿认识口头语言和书面语言的对应关系，并知道可以用各种方式表达自己的想法，体验用书写表达的快乐。

四、书写活动实施的建议

（一）生活活动中书写活动实施的建议

1. 提供丰富多样的书写材料

书写材料是将幼儿早期读写意识转变成实际读写行为的媒介，是支持、激发幼儿早期读写行为的工具。生活活动蕴藏着丰富的书写机会，教师除了为幼儿提供纸、笔等材料外，还可充分利用自然资源，如沙地、树枝等自然材料让幼儿"画"或者"拼""摆"文字，以满足幼儿涂涂画画的需要，增加书写的趣味性。

2. 支持多种形式的书写萌发

教师要支持幼儿每一次的书写尝试，培养幼儿书写的兴趣，不刻意纠正幼儿书写内容的对错，但可以通过正确的书写示范为幼儿提供支持。

3. 创造多种书写的机会

生活活动中蕴藏着大量的书写契机，教师要有意识地为幼儿挖掘和创造多种书写机会。如在动植物角配备动植物观察记录表，幼儿在进行动植物观察时可随时记录；鼓励幼儿在收集树叶、种子后，自己进行分类表征记录等。

（二）游戏活动中书写活动实施的建议

1. 营造书写的游戏环境，激发幼儿书写的兴趣

让幼儿在富有情境性、趣味性的游戏环境中，自主地进行绘画或书写，不仅能激发幼儿书写的兴趣，而且能促进幼儿书写技能的发展。游戏中的书写活动不一定发生在固定的地点、固定的时间以及使用固定的书写工具。树枝、积

木、玩具、石头、树叶甚至幼儿的手指，都可以成为书写工具。同样，书写介质也不局限于纸、黑板、沙地等，幼儿园的室内外环境都可以成为幼儿书写的场所。

2. 挖掘幼儿游戏中的兴趣点，丰富幼儿书写的经验

幼儿会用符号、文字、图画来表达自己的经验。为此，教师有必要深入挖掘幼儿游戏中的兴趣点，给予有效的支持与引导，进一步丰富幼儿的书写经验，让幼儿不再为书写而书写，而是为需要而书写。

3. 满足幼儿游戏中的情感需求，促进幼儿书写的创意表达

教师可以鼓励幼儿进行创意表达，通过幼儿的书写来了解幼儿的内心世界，关注幼儿的情感需求。例如，在区域游戏后，教师请幼儿用文字加图画的形式将过程记录下来，既完成了记录表，也丰富了幼儿的书写经验，并形成图文并茂的创意记录表。

（三）语言集体教学活动中书写活动实施的建议

《指南》明确规定，书写活动的目标是使幼儿具有书面表达的愿望和初步技能，强调培养幼儿的书写兴趣，进行必要的书写准备。

1. 注重丰富书写活动的开展形式，激发幼儿书面表达的愿望

语言本身是音义结合的符号系统，幼儿语言的学习是综合化的过程。集体书写活动的开展不应是孤立的书写技能的训练，而应该是在有意义的环境中，利用多种组织形式，侧重为幼儿提供丰富的书面语言的学习机会。全语言教育观指出语言活动的开展形式应该是全面的。对幼儿书面语言认知能力与兴趣的培养完全可以借助其口头语言的发展。因此，集体书写活动可以建立在早期阅读活动的基础上，使幼儿有机会接触书面语言，帮助幼儿初步认识书面语言和口头语言的对应关系，引导他们逐渐产生对汉字的敏感性，丰富书写经验。如教师在开展阅读活动"老鼠太太请客"时，在对故事情节讨论的过程中，幼儿对"请客"产生了兴趣。于是教师抓住这一教育契机，让幼儿制作邀请函（图7-11），将原本的阅读活动延伸到了书写活动。

图7-11 幼儿书写：邀请函

2. 依托幼儿的书写经验，关注幼儿必要的书写准备

幼儿书写的核心经验包括：建立书写行为习惯的经验、感知理解汉字结构的经验和学习创意书写表达的经验。不同水平的幼儿在各个阶段的发展与表现是不同的。因此，教师应根据不同年龄阶段幼儿书写经验的特点，重点关注书写准备，有针对性地对幼儿的书写活动进行科学指导。

（1）关注幼儿的书写姿势

无论幼儿处于书写经验的哪个阶段，书写姿势的指导都应成为教师在开展书写活动时关注的重点。幼儿最初自发的书写姿势往往是不正确的。在握笔上，他们往往会握在离笔尖很近的地方，从而阻碍视线，不仅导致视力出现问题，也会造成不良坐姿，进而对幼儿脊柱的发展产生不利影响。因此，教师应针对幼儿的书写姿势进行指导，可以利用朗朗上口的儿歌，帮助幼儿养成正确的坐姿和握笔姿势，做好幼儿的书写准备工作。

附：书写姿势儿歌

小朋友，应谨记，

书写姿势要端正，

书写时，身坐正，

不歪头，脚放平，

手离笔尖一寸远，

身离桌子一拳远，

书写姿势做正确，

健康成长没影响。

（2）关注幼儿的书写习惯

建立书写习惯，是幼儿积累书写经验的第一阶段。在此阶段，幼儿通过日常的观察与模仿，能对一些笔画和结构简单的汉字字形产生基本的概念。但由于幼儿的空间知觉和方位知觉的发展尚未成熟，导致幼儿在汉字的构型和书写规范上出现各种各样的问题。如大小比例失调，汉字的间隔不统一，笔画的长短、顺序出现问题等。因此，在集体书写活动中，教师应侧重幼儿正确书写习惯的培养，如可以通过简单的描画游戏，帮助幼儿了解起笔和落笔，既掌握了笔画的顺序，又进一步提高了注意力及手眼协调能力。

幼儿时期主要是前书写阶段。该阶段，幼儿通过与纸笔的互动，产生初步的书写意愿。因此，集体书写活动的开展绝不是让幼儿用大量的时间反复练习书写汉字，这并不是正确的书写活动准备，反而会伤害幼儿身心的可持续发展。

【走进幼儿园】

某幼儿园为即将步入小学的大班幼儿开设了幼小衔接课程。为了让幼儿尽快书写汉字，提升书写速度，该幼儿园每天安排了大量的时间让幼儿进行书写练习。同时为了培养幼儿书写的规范性，让幼儿的书写更加美观，幼儿园还专门从园外聘请了书法老师训练幼儿书写。

针对上述现象，请谈一谈你的看法并说明理由。

项目
小结

本项目主要介绍了幼儿园阅读活动与书写活动的目标确定、内容选择以及实施。其中，在实施方面，有针对性地分别从生活活动、游戏活动以及语言集体教学活动三个维度阐述阅读活动与书写活动的实施要点，为幼儿园阅读活动与书写活动的开展提供具体可操作的教育建议。

思考与
实训

怎样让幼儿图书阅读更有效果

开学以来，大一班越来越多的幼儿选择阅读图书，但李老师发现幼儿大多选择自己熟悉内容的图书，对内容生疏的图书要么请教师讲，要么随便翻翻就放回书架。于是，李老师决定组织一次集体阅读活动。她先选择了科学童话书《绿色王国吃大王》，并摆在图书架上。活动开始时，她先介绍书名，并提出问题：《绿色王国吃大王》中的吃大王是谁？为什么说它是吃大王？然后请幼儿选择自己看或者两人合看，去寻找答案，并把看不懂的地方用画画的方式记录下来。在阅读了二十分钟后，幼儿们基本看完了手中的书，在接下来的集体讨论中，幼儿纷纷提出问题，没等李老师说话，其他幼儿就争着回答，当起了"小老师"。阅读活动结束了，幼儿们还意犹未尽。接下来的日子，李老师陆续投放了新书《快乐宝宝》《逃家小兔》，幼儿们阅读新书的热情空前高涨。（选自 2021 年全国职业技能大赛　学前教育专业题库）

请分析案例中李老师指导幼儿阅读图书的策略。结合案例，谈谈你对幼儿早期阅读活动的认识。

推荐
阅读

林泳海. 幼儿教育心理学 [M]. 北京：商务印书馆，2006.

该书根据国外的研究，将幼儿书写发展的特点概括为以下几点：

幼儿通常都很主动地学习写字；幼儿必须在有意义的环境中使用语言和文字才能学习写字；幼儿学习写字是假设、尝试和逐渐了解有关语言运用与书写系统

☞推荐阅读资料包

的规则而学会正确的写字方式；幼儿能使用正确的写字方式，通常并非直接教学的立即结果，而是逐渐理解学习的过程；幼儿在学习写字时，必须有机会配合自身不同的需要和目的，有意识地发挥语言文字的功能；书写是很复杂的，没有人能完全地描述和说明其规则和内涵，因此无法给予幼儿十分明确的说明和解释，而主要靠幼儿运用自己的力量学习。

项目八 幼儿园语言教育评价

📖 内容导读

教育评价是针对教育活动作出科学的价值判断的过程，既是教育活动的重要组成部分，又是检验和提高教育活动质量的主要途径。幼儿园语言教育评价是依据一定的客观标准，对幼儿语言发展状况和幼儿园语言教育活动的过程、内容、方法、效果等，作出客观衡量和科学判定的过程。我国幼儿园语言教育评价强调把语言教育作为一个整体进行评价，包括从幼儿语言发展的状况评价教育效果、从语言教育实体的各部分及其相互关系评价教育活动过程的实际运行状况，同时需要对语言教育活动本身作出判断，对教师教和幼儿学的过程与结果作出评价。本项目主要阐述幼儿园语言教育评价的内涵、作用、原则、类型、方法和内容，幼儿园语言教育活动的评价以及幼儿语言学习与发展的评价。

🧠 思维导图

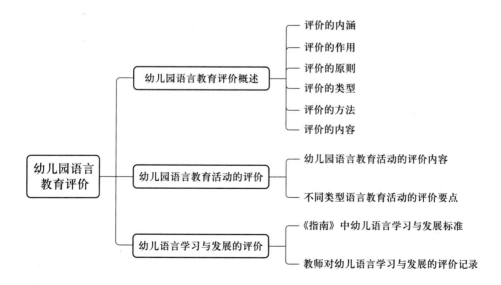

项目目标

1. 了解幼儿园语言教育评价的内涵、作用、原则和类型。
2. 掌握幼儿园语言教育评价的方法和内容。
3. 能够对幼儿园语言教育活动和幼儿语言学习与发展进行科学有效的评价。

情境导入

"你好，冰墩墩"是一个大班谈话活动，主要围绕 2022 年北京冬奥会吉祥物冰墩墩展开，引导幼儿通过认识冬奥会吉祥物，了解冬奥会吉祥物的寓意，进而萌发他们对冰雪运动的向往和热爱。在谈话过程中，有些幼儿对冬奥会有了一定的了解，对该话题十分感兴趣，能够积极踊跃地发言；有些幼儿不了解冬奥会，也不知道什么是吉祥物，无法参与该话题而精神游离。活动结束后，教师进行相关评价，她认为只要班级里有幼儿能够积极参与谈话就可以了，该语言教育活动的目标就达到了。

讨论：你认同该教师的做法吗？为什么？

任务一　幼儿园语言教育评价概述

【任务目标】

1. 了解幼儿园语言教育评价的内涵、作用、原则和类型。

2. 掌握幼儿园语言教育评价的方法和内容。

3. 能够遵循评价的基本原则，选择合适的方法对幼儿园语言教育展开评价。

幼儿园语言教育评价是幼儿园语言教育整体中不可或缺的重要组成部分，其主要目的在于利用评价的反馈、诊断、促进等功能，有效地改进幼儿园语言教育的过程，进一步提高幼儿园语言教育的效果和质量。

一、幼儿园语言教育评价的内涵

（一）评价和教育评价

评价是主体对客体意义的一种观念性的把握，是主体对客体有无价值以及价值大小所作出的价值判断。就本质而言，评价是为判断事物的价值而系统地收集资料、分析资料的过程。人类有目的的活动往往伴随着评价，教育作为有目的的活动，同样包含评价。[①]

1929年，美国教育家泰勒（Ralph W. Tyler）提出"教育评价"这一概念，旨在根据教育目标评价教育结果。随着时代的发展，教育评价的内涵不断丰富。当前，关于教育评价主要有以下几种观点：

1. 教育评价是以教育为对象，对其效用作出的价值判断。

2. 教育评价是利用所有可行的评价技术，评价教育所预期的一切效果。

3. 教育评价是依据教育目标，对由于教育行为而产生的变化所进行的价值判断。

4. 教育评价是人们按照一定社会的教育性质、教育方针和政策所确定的教育目标，对教育活动效果包括幼儿的发展水平作出的科学判断。

5. 教育评价是有计划、有步骤地从数量上测量或从性质上描述幼儿的学习过程与结果，并据此判断教育是否达到所期望的教育目标的一种手段。

因此，教育评价往往又被理解为教育评估，其本质是对教育价值的判断。教育评价的对象是一切教育现象或活动，对教育评价作出判断要建立在对教育现象的科学分析基础上。可以说，只有科学地对教育现象进行分析，才能作出有实践

---

① 王坚红.学前教育评价［M］.北京：人民教育出版社，2011：2.

意义的评价。

（二）幼儿园语言教育评价的定义

幼儿园语言教育评价是学前教育评价的一部分，专指对与幼儿园语言教育活动有关的各个方面进行科学的价值判断的过程。具体来说，幼儿园语言教育评价是依据一定的客观标准对语言教育活动及其效果作出客观衡量和科学判定的过程，包括对幼儿园语言教育目标、内容、组织形式、实施等的评价，对幼儿语言学习的评价以及教师和他相关人员的评价。

幼儿园语言教育评价是幼儿园语言教育活动实施过程中不可缺少的环节，通过幼儿园语言教育评价教师可以获得相应的反馈信息，检验语言教育目标是否达成，及时捕捉语言教育中的问题，有效调节和改善语言教育过程，提高自我教育评价和改进教育工作的能力，保持幼儿园语言教育过程的连续性和一致性。

二、幼儿园语言教育评价的作用

（一）反馈作用

反馈作用是指通过评价将语言教育的实施效果等相关信息反馈给教师，帮助教师调整语言教育活动的进程。

语言教育评价的反馈，可以确认教师的教学成果和幼儿的学习成果是否有效，可以及时发现教育过程中出现的问题，根据反馈结果调整活动内容，优化教育过程，进而提高语言教育质量。语言教育评价的反馈，可以指出教师语言教育活动的不足之处，激发教师不断改进教学行为，不断提高教学水平。与此同时，教师在语言教育过程中对幼儿的语言学习进行评价，可以使教师更好地了解幼儿现有语言发展水平，帮助教师设计、实施适合幼儿发展水平的语言教育活动，最终促进幼儿语言能力的发展。

（二）诊断作用

教师通过评价可以诊断幼儿在语言教育整体运行中的语言发展状况，判断幼儿在语言学习过程中知识和能力方面的准备程度，由此来决定语言教育活动的目标和内容；可以诊断幼儿经过语言教育后是否达到了预设教育目标的要求，由此判断语言教育活动的有效性。通过幼儿园语言教育评价，教师还可以对教育过程和教学成果进行反思，发现存在的缺点和不足，并找出教育过程中所出现的问题及其背后原因。总之，教师通过幼儿园语言教育评价能够了解幼儿的发展状况和个别差异，及时调整教育目标和内容，使其与幼儿发展水平相契合。

三、幼儿园语言教育评价的原则

（一）参照性原则

参照性原则是指制订的评价标准要有依据。首先，依据国家相关政策文件，这些文件是确定语言教育评价的重要依据。其次，依据幼儿语言发展的基本规律。评价者应根据幼儿在每个年龄阶段应有的发展水平作出相应的判断，不可任意提高或降低标准。再次，依据幼儿园语言教育活动的目标，目标既是语言教育活动的出发点又是语言教育活动的归宿。在评价过程中，只有结合幼儿园语言教育活动目标进行的评价才是符合参照性原则的科学有效的评价。

（二）客观性原则

客观性原则是一切教育评价都必须遵循的基本原则。客观性原则是指在进行语言教育活动评价时，教师、教育管理层等相关教育评价者必须采取客观公正、实事求是的态度，科学地确定和使用评价标准，尽量减少主观臆断和个人情感因素的影响，客观实施教育评价。在评价开始前，评价者做好充分的准备，认真思考评价目的、评价对象、评价内容、评价依据与手段；在评价过程中，评价方法和手段要具有科学化标准，便于评价者合理操作和实施，评价标准一经形成就不能根据评价者的意愿随意更改。在评价过程中随意增加或减少标准、提高或降低标准的做法都是不符合客观性原则的。评价者要以客观公正的态度对待每个评价对象，不能因个人好恶影响评价结果。

（三）全面性原则

首先，收集幼儿园语言教育信息的途径要多样。评价者可以通过观察、记录、访谈等多种方式获得信息，不能根据少数信息就进行片面的评价。其次，评价的内容要全面，评价者既要对幼儿语言学习与发展情况进行评价，又要对教师的教学能力以及教师语言艺术进行评价；既要对幼儿是否达到教育目标进行评价，又要对教育内容是否符合幼儿的身心发展水平进行评价；既要对静态的活动要素进行评价，又要对动态的活动过程进行评价。最后，评价主体应该具有多样性，评价应该是教师、幼儿、家庭、社区等多方主体共同参与合作的过程。

（四）可行性原则

可行性原则是指评价标准、评价指标体系和评价方法都要简明清晰、可测量、可比较，既适合专业人员使用，又便于一线教师自评。幼儿园语言教育评价的方法需要简便易行，有较强的实践性和可操作性，能够帮助教师自我反思，改进教育活动。在评价过程中要遵循可行性原则，评价者可以采取多种办法。例如，选取有权威性并简便易测的指标体系，保证评价指标的一致性和普遍性；选择的评价标准细致清晰，便于评判，保证评价的科学性；采取简单容易的评价方法，保证评价的可操作性等。

（五）参与性原则

《纲要》明确提出："幼儿园教育工作评价实行以教师自评为主，园长以及有关管理人员、其他教师和家长等参与评价的制度。"参与性原则是指幼儿园语言教育评价要以教师自身评价为主，在评价过程中，教师不仅要参与幼儿园语言教育评价标准的制订，还要参与具体的评价过程。在幼儿园语言教育评价中遵循参与性原则，可以帮助教师及时发现语言教育活动设计和组织实施过程中的不足，反思自己的不足并加以改进。同时，教师与其他评价者如幼儿园管理层和教育研究者相比，更加了解本班幼儿的发展状况和水平，据此做出的评价也具有较高的参考价值。

四、幼儿园语言教育评价的类型

幼儿园语言教育评价按照不同的维度可以划分为不同的类型，在实际评价时需要根据评价目的，选择不同类型的评价。事实上，不同的评价类型之间通常是相互交叉、综合运用的。

（一）自我评价和他人评价

根据评价主体的不同，评价可以分为自我评价和他人评价。

自我评价是指被评价者参照一定的评价标准对自身所做的评价，又称为内部评价。在幼儿园语言教育评价中，自我评价主要是指教师通过自我认识与剖析，并依据一定的评价标准对自己进行价值评判的过程。自我评价是帮助教师进行自我反思的重要途径，自我反思可以提高教师的专业素养和能力，有效地促进教师的专业成长。

他人评价是指由被评价者之外的其他组织或个人对其进行的评价，又称为外部评价。在幼儿园语言教育评价中，他人评价主要是指教育研究者、幼儿园管理者、其他教师、家长等评价者对幼儿园语言教育活动的设计、组织实施、幼儿行为表现等进行评价。通过他人评价，以第三方视角更好地帮助教师提高专业水平，促进幼儿语言的学习与发展。

（二）个体评价和整体评价

根据评价对象的范围不同，评价可以分为个体评价和整体评价。

在幼儿园语言教育评价中，个体评价是指对参与幼儿园语言教育的幼儿个体进行的评价，主要对幼儿在语言教育活动中所表现出的兴趣爱好、个性特征、参与态度、学习品质以及所展现出的语言能力等方面进行评价。通过对幼儿的个体评价，教师可以更全面细致地了解幼儿的发展状况和个性差异，有针对性地进行语言教育，进而促进幼儿在倾听、表达、前阅读、前书写等方面的发展。

在幼儿园语言教育评价中，整体评价是指对参与幼儿园语言教育的幼儿群体进行的综合性评价。整体评价能够帮助教师从宏观角度了解本班幼儿的认知特点和学习品质，对班级幼儿的语言发展水平做出整体性和一般性的评价，进而有针对性地设计语言教育活动目标和内容，使活动更有利于本班幼儿语言能力的整体发展。

（三）正式评价和非正式评价

根据评价是否具有计划性，评价可以分为正式评价和非正式评价。

正式评价通常是指上级行政部门或幼儿园管理层根据一定的语言教育目的和计划开展的评价，一般采用量化、等级或分数式的评价表，评价表通常含有明确的评价标准和细则。

非正式评价通常是指对幼儿在语言教育活动中的言行举止或事件的观察、评定。通过非正式评价，教师可以更准确地掌握幼儿的语言发展现状和兴趣需要，有利于教师结合幼儿的兴趣点进行语言教育活动设计，提高幼儿语言活动参与的积极性。

（四）诊断性评价、形成性评价和终结性评价

按照评价目的与评价进行时间的不同，评价可以分为诊断性评价、形成性评价和终结性评价。

诊断性评价是在幼儿园语言教育开始之前进行的预测性评价。诊断性评价包括对幼儿倾听、表达、前阅读和前书写能力的诊断。教师根据诊断性评价可以了解幼儿语言能力的基本发展水平，设计出契合幼儿"最近发展区"的语言教育活动。

形成性评价是在幼儿园语言教育过程中进行的评价。通过形成性评价，教师可以了解语言教育活动的教学效果以及幼儿的学习效果，进而及时调整语言教育活动的目标和环节。形成性评价贯穿语言教育活动始终，教师在教学过程中应该及时发现问题，并针对问题改进活动实施策略，进而提高幼儿学习效果。2022年，教育部印发的《幼儿园保育教育质量评估指南》明确提出幼儿园保教质量评估要注重过程性评估，重点关注保教过程质量。因此，形成性评价对语言教育活动质量的提升具有重要的价值。

终结性评价是在幼儿园语言教育结束后进行的评价。终结性评价能够帮助教师全面了解该阶段语言教育活动中幼儿的学习效果以及教师的教学效果，并对教育目标的达成程度进行评价，掌握该阶段的整体语言教学效果，为后续语言教育活动的设计、组织实施奠定坚实的基础。

五、幼儿园语言教育评价的方法

幼儿园语言教育评价有多种方法，根据幼儿园语言教育的特点，一般采用观察法、谈话法、档案袋法、综合等级评定法等进行评价。在评价过程中，教师可以综合运用多种方法对语言教育活动进行全方位评价。

（一）观察法

观察法是指教师或其他评价者运用感官观察或仪器设备观察等方式，对幼儿的语言和行为进行有目的、有计划、系统的观察和记录，并对观察结果进行评

定，从而了解幼儿发展现状和水平的一种方法。观察法的应用范围非常广泛，评价者通过观察可以获得大量信息作为参考依据。教师通过观察加之评价的反馈作用，可以了解语言教育活动的组织与实施效果，如语言活动开展时的氛围、幼儿是否积极参与活动、幼儿感兴趣程度、活动目标达成程度、活动内容是否符合幼儿的"最近发展区"等。教师据此及时调整语言教育活动的目标、内容、方法和组织形式，从而使语言教育活动达到更好的效果。观察法主要包括自然观察法和情境观察法。

☞ 日记描述法

自然观察法是指在自然状态下，教师有目的、有计划地对幼儿的语言、行为进行直接的观察记录，从而了解幼儿语言学习与发展的状况。通过自然观察，教师能够了解幼儿在一日生活、游戏活动、教学活动中最真实、最典型的语言和行为。

情境观察法是指在教育教学的情境下，教师按照一定的研究目的控制和改变某些环境因素，将幼儿置于与现实生活场景类似的情境中，由教师或其他评价者观察处在该特定情境下的幼儿的语言和行为。对一些无法在日常生活中观察到的幼儿语言和行为，教师可以使用情境观察法，结合主题活动或单元活动为幼儿设置相应的语言情境，评价幼儿是否掌握了相应的倾听、表达、前阅读、前书写技能，更好地促进幼儿语言能力的提高。

（二）谈话法

谈话法是根据评价需要，评价者有目的、有计划地与幼儿通过面对面交谈收集评价信息的方法。谈话法可分为直接问答的谈话、选择答案的谈话、自由回答的谈话、自然谈话等多种方式。在幼儿园语言教育过程中，幼儿的一些语言能力很难被直接观察到，因此可以采用谈话法进行评价。

教师或其他评价者在运用谈话法进行评价时需要记录谈话内容，谈话结束后进行整理分析。教师可以采用录音录像或文字的方式记录谈话内容，将其提供给幼儿和家长，使家长了解孩子语言能力的发展现状。此外，教师在采用谈话法时事先要有明确的谈话目的，使用幼儿能够听懂的话；语气要柔和，不要营造出紧张的气氛或者给幼儿施加太大的压力，以免造成谈话的不真实性。

谈话法简单易行，可以快速及时地获得信息。教师不仅可以对语言教育活动目标、内容、方法、组织形式、环境材料等静态因素加以评价，还可以对幼儿在谈话中的具体表现、语词发音清晰程度、常用语使用情况等动态因素进行评价，帮助教师综合全面地掌握幼儿园语言教育活动的开展情况以及幼儿语言学习与发展的情况。

（三）档案袋法

档案袋法又称成长记录法，是教师有目的、有计划、系统地收集各类能够反映幼儿在一段时间内语言学习与发展状况的原始材料，在了解幼儿真实的发展情况后，进行全面分析与诊断的一种形成性评价方法。档案袋法主要包括作品呈现、描述记录、声像资料等方式。

作品呈现主要呈现幼儿的朗诵作品、歌唱作品等，也包括幼儿的图画、文字、记录等作品。描述记录既可以是教师观察幼儿在一日生活中表现其倾听和表达、阅读和书写等方面的有价值的言语行为，用文字记录下来；又可以是教师在语言教育活动过程中发现或与幼儿交流后所了解到的幼儿的兴趣需要，并将其记录下来。声像资料主要指照片或用录像、录音等形式记录的资料，如幼儿在语言活动时认真倾听其他幼儿讲话的照片、幼儿进行语言游戏的录像等。教师在采用档案袋法时要特别注意，所选的材料要具有代表性，能够反映幼儿语言学习与发展的真实状况。

（四）综合等级评定法

综合等级评定法是指从纵向、横向两个维度确定评价的指标，既可以对幼儿园语言教育活动中的各种因素进行分析，又可以对幼儿园语言教育活动中的各种状态进行评价，以获得更加全面的信息资料，得出不同等级的评价结果。

综合等级评定法的纵向维度包括活动目标、活动内容与方法、活动组织形式、幼儿参与程度、材料利用程度、师生互动等构成语言教育活动的各种因素，横向维度包括幼儿园语言教育活动的各因素在实施过程中的状态及其等级，如活动目标达成程度、活动内容及形式适合程度、活动因素等内容。教师在进行评价时只需在根据纵横两个维度制成的综合等级评定表（见表8-1）上打"√"即可，操作方便，还可以获得语言教育活动不同维度的宏观信息。

表8-1 综合等级评定表

目标达成分析	目标	完全达到	基本达到	未达到
	目标1			
	目标2			
	目标3			
适合程度分析	内容	完全适合	部分适合	不适合
	形式			
活动因素分析	参与程度	主动积极	一般参与	未参与
	材料利用	充分利用	一般利用	未利用
	师幼关系	积极互动	一般配合	消极被动

六、幼儿园语言教育评价的内容

幼儿园语言教育评价的内容主要包括对语言教育活动的评价、对幼儿的评价和对教师的评价三个方面。

（一）对语言教育活动的评价

对语言教育活动的评价是幼儿园语言教育评价不可或缺的一部分。通过对语言教育活动目标、活动内容、活动准备、活动过程等方面进行评价来调整整个语言教育活动流程，使之达到预期的教育目的，最终促进幼儿语言的学习与发展（详见本项目任务二）。

（二）对幼儿的评价

幼儿是语言教育活动的主体，对幼儿的评价主要包括对其语言发展状况的评价和参与活动程度的评价。

1. 对幼儿语言发展状况的评价

《指南》中的语言领域目标分别对3—4岁、4—5岁、5—6岁三个年龄段幼儿在语言方面应该知道什么、能做什么、大致可以达到什么发展水平提出了合理期望，指明了幼儿学习与发展的方向。教师可以根据《指南》的要求评价幼儿的语言发展状况，并及时给予适当的指导与教育（详见本项目任务三）。

2. 对幼儿参与活动程度的评价

除了评价幼儿语言领域的发展情况外，教师还可以对幼儿参与活动的程度进行评价。教师可运用日记描述法、样本描述法、轶事记录法、事件取样法、时间取样法、等级量表等方式记录和评价幼儿在活动中的表现。根据幼儿的参与程度不同，活动参与可分为积极参与、一般参与和消极参与三个等级。

（三）对教师的评价

教师是幼儿的支持者、合作者和引导者，教师自身的语言素养以及与幼儿的互动情况是对教师评价的一项重要内容。对教师进行评价一方面可以促进教师自我反思和成长，提高自身素质和专业能力；另一方面能够改进语言教育活动，促进幼儿语言的学习与发展。

1. 教师的语言素养

教师的语言素养体现了教师的教育教学能力，对语言教育活动的实施效果有着重要的影响，更对幼儿的语言学习与发展产生深远的影响。教师的语言素养包括有流畅的语言表达能力，能有意识地进行示范性表达，创编故事、儿歌、散文等；对幼儿语言发展水平和能力的了解程度较高，能够帮助幼儿提高语言发展水平；善于用语音语调营造积极的活动氛围，调动幼儿积极的情绪和内驱力，有意识地培养幼儿的创造性人格；自身教态良好、精神饱满。

2. 教师与幼儿的互动情况

教师作为促进幼儿发展的重要中介，与幼儿的语言互动质量直接影响幼儿的语言学习与发展情况。因此，在对教师进行评价时，对教师与幼儿的互动情况进行评价至关重要，主要包括教师在与幼儿语言交流的过程中是否发挥了主导作用；是否为幼儿创设有利于语言学习与语言技能发展的活动氛围和环境，激发幼儿学习兴趣，促进幼儿主动学习；是否在语言教育活动过程中注意幼儿的兴趣爱好以及个性差异，培养幼儿良好的学习品质；是否充分挖掘教育契机，把握教育机会，引导幼儿在语言教育活动中积极主动地深度学习。

【案例 8-1】

宋老师在完成讲故事的主题活动后，对班级里每位幼儿的语言学习与发展状况进行了评价，并记录在档案袋里反馈给幼儿家长。月月平时乖巧听话，深得宋老师喜爱，就是比较胆小害羞，不愿意与其他幼儿主动沟通交流，讲故事的时候也吞吞吐吐，语言发展较缓慢。为了不打击月月的自信心，宋老师在评价时明显降低了对月月的要求，使月月档案袋里的评价结果看起来与其他幼儿没有太大差距。

评析：

宋老师的做法没有遵循幼儿园语言教育评价的客观性原则，客观性原则要求评价者尽量减少主观臆断和个人情感因素的影响，客观地实施教育评价。一方面，案例中宋老师在评价时随意为月月降低评价标准，将自己的个人喜好带入评价中，影响了评价结果的客观性。另一方面，对月月降低评价标准，造成了月月语言学习与发展情况没有得到有效诊断和反馈。这不仅不利于月月语言的学习与发展，对于其他幼儿来说，也是一种不公正的体现。教师在评价幼儿时要严格遵循评价的基本原则，采取客观公正、实事求是的态度，科学地确定和使用评价标准。当然，评价不仅仅客观地反映幼儿语言发展情况就行了，教师应根据客观的评价结果，分析其原因，以便提供有针对性的教育措施，促进幼儿语言不断发展。

【走进幼儿园】

幼儿的身心发展具有差异性，在幼儿园中常遇到这种现象：同一个班级的幼儿面对同样的语言教育活动，每名幼儿都会有不一样的想法和不同程度的语言表达方式，有些幼儿能够清晰流畅地表达自己的想法；有些幼儿积极主动但不能连贯地表达自己的想法；有些幼儿只能被动参与，甚至不愿意与大家分享自己的想法。面对幼儿不同的语言表现，教师进行针对性的评价就显得尤为重要。

如果你是幼儿园教师，在活动中对幼儿语言发展表现会如何进行评价？为什么？

任务二 幼儿园语言教育活动的评价

【任务目标】

1. 了解幼儿园语言教育活动的评价内容。

2. 掌握不同类型语言教育活动的评价要点。

3. 能够对不同类型的语言教育活动进行科学有效的评价。

对幼儿园语言教育活动的评价是针对语言教育活动本身所作出的评价，主要通过了解幼儿园语言教育活动的评价内容、掌握不同类型语言教育活动的评价要点来实现。

一、幼儿园语言教育活动的评价内容

幼儿园语言教育活动评价是对语言教育活动各个要素，即活动目标、活动内容、活动准备、活动过程、活动延伸、活动效果等方面所作出的评价。

（一）活动目标

语言教育活动目标评价可以从以下几个维度进行：

（1）活动目标的提出是否符合本年龄阶段幼儿的身心发展特点。

（2）活动目标的表述是否体现幼儿的主体地位，从幼儿的角度提出。

（3）活动目标的选择是否体现语言领域活动的特征。

（4）活动目标的制订是否明确具体，具有可操作性。

（5）活动目标的维度是否有机整合情感、态度、能力、知识技能等方面的发展要求。

以中班语言教育活动"山丘上的约会"为例，其活动目标为：①理解故事情节以及重点词语"写信""笔友""约会""邀请卡"；②能够用图画的方式书写邀请卡；③表演故事情节，尝试给笔友写邀请卡。在这个例子中，三个目标都是从幼儿的角度表述，"理解……""能够……""尝试……"，体现了以幼儿为主体的教育理念，并且从认知、情感和能力等维度制订具体可操作的教育活动目标。

（二）活动内容

教育活动内容的选择要紧紧围绕实现教育活动目标，语言教育活动内容评价可以从以下几个维度进行：

（1）活动内容的选择是否能达到活动目标。

（2）活动内容是否符合本年龄阶段幼儿的身心发展水平，贴近幼儿已有的生活经验。

（3）活动内容是否重点突出，体现科学性和教育价值。

（4）活动内容是否积极正向，激发幼儿参与的兴趣和主动性。

以小班语言教育活动"好吃的水果"为例，其活动目标为：①了解常见水果的特征；②能将水果和切面进行配对；③能大胆地说出自己喜欢吃的水果的名称和味道。活动以绘本《好吃的水果》为内容，教师引导幼儿通过阅读绘本认识各种常见的水果，并介绍自己喜欢吃的水果。该活动内容选择的故事能达成活动目标；水果是幼儿生活中常见的食物，符合并贴近幼儿已有的生活经验。但活动方法比较单一，仅通过绘本阅读丰富幼儿的知识经验，在活动过程中教师还可以为幼儿提供几种常见水果的实物，为幼儿提供亲身体验的机会，通过直接触摸、品尝，全面感知各种常见水果的形状、触感、味道等特征，为幼儿之后的大胆表达提供丰富的知识经验。

（三）活动准备

活动准备可分为幼儿经验准备和物质材料准备，在语言教育活动中，教师需要结合幼儿的已有经验，选取一些有助于幼儿理解和表达的材料。语言教育活动准备评价可以从以下几个维度进行：

（1）幼儿在活动前是否具备了相关经验和知识储备。

（2）教师是否根据活动目标和内容，确定场地、设施设备，选择教具和学具（操作材料）。

（3）操作材料是否符合幼儿的兴趣，能够反映幼儿不同层次的要求。

（4）操作材料是否有利于教育活动展开，便于幼儿的操作和探究。

以大班语言教育活动"花园里有什么"为例，其活动目标为：①熟悉汉字"看""听""闻""摸"，了解其相对应的语义；②用"我看到了……""我闻到了……"等句式讲述自己的发现。为了保证活动目标的达成和活动的顺利进行，本次活动教师从四个方面做了活动准备：①带幼儿到花园中观察、游玩；②准备字卡"看""听""闻""摸"；③准备感官图片"耳朵""鼻子""眼睛""手"；④准备句卡"我看到了……""我闻到了……"等句式。本次活动的准备既包括幼儿的知识和经验准备，同时紧紧围绕教育活动目标，准备了丰富的材料，能够帮助幼儿理解和掌握汉字和句式。

（四）活动过程

语言教育活动过程的评价包括过程的完整性、师幼互动等方面，可以从以下几个维度进行：

（1）活动过程是否能够围绕目标进行。

（2）活动组织是否思路清晰，环节分明，衔接自然、张弛有度。

（3）教师是否教态亲切自然，语言生动规范，富有启发性和感染力。

（4）教师是否恰当运用多元化的教育方法和手段展开教育活动。

（5）教师是否采用适宜的指导策略，形成有效的师幼互动，引发幼儿与环境、材料的积极互动。

（6）教师是否为幼儿提供充分的活动时间。

（7）教师是否关注幼儿在语言活动中的表现和反应，灵活调整活动进程与指导策略。

（8）教师是否注意引导幼儿感知、体验、发现、探究，为幼儿留下思考的余地。

（9）教师是否注重培养幼儿的学习品质、学习习惯和学习能力。

（10）幼儿是否对活动内容感兴趣，能否积极主动、专注投入地参与倾听、讨论、表达等活动流程。

以小班语言教育活动"变色龙捉迷藏"为例，其活动目标为：①根据变色龙会变色的已有经验，尝试制订游戏规则，并探索各种躲避"老鹰"的游戏玩法；②学说"我藏在×××，我变成了×××"的句式，能够自觉遵守游戏规则，清楚地表达自己的想法；③积极参与变色龙的游戏，体验成功躲避危险带来的快乐。为了保证活动顺利进行，教师以游戏的形式展开此次活动，具体来说，教师通过创设游戏情境，激发幼儿对游戏的兴趣；师幼共同进行游戏，尝试表达躲藏地点和颜色的变化并遵守游戏规则；增加游戏难度，用穿"隐身衣"的躲避方式进行游戏，并完整说出躲避"老鹰"的咒语，遵守游戏规则。该语言教育活动的实施过程能够紧紧围绕目标展开，思路清晰，环节分明，形成了高质量的师幼互动，幼儿积极参与其中，活动目标的达成度也较高。

（五）活动延伸

活动延伸是教师在完成既定目标和内容后，为巩固幼儿所学知识设计的一系列活动，具体包括延伸到下一个活动、延伸到区角和生活活动、延伸到家庭和社会活动等。语言教育活动延伸评价可以从以下几个维度进行：

（1）活动设计时是否有延伸环节，教师是否依据活动效果，有意识进行延伸。

（2）活动延伸是否围绕相关主题展开，有针对性地拓展。

（3）活动延伸是否巩固了幼儿所学内容，丰富了幼儿相关经验。

以小班语言教育活动"变色龙捉迷藏"为例，其活动延伸为：①询问幼儿活动参与后的感受，如"小变色龙们今天和变色龙妈妈一起玩游戏开心吗？"；②拓展活动场地，展开后续内容，如现在我们就走出活动室去幼儿园其他地方看看，还能变出哪些漂亮的颜色。该语言教育活动的延伸环节，教师能够依据活动紧扣相关主题，有针对性地进行拓展；延伸形式较为丰富，巩固了幼儿所学的内容，丰富了幼儿的相关经验。

（六）活动效果

语言教育活动效果的评价包括活动目标达成度、幼儿参与程度等方面，可以从以下几个维度进行：

（1）活动预期目标是否全部达成，多数幼儿是否能够完成学习任务，并在原有基础上都能有所提高。

（2）幼儿是否情绪饱满，学习兴趣浓厚，始终保持专注状态。

（3）幼儿是否能够主动参与活动，表现出积极性、主动性和创造性。

（4）幼儿是否思维活跃、想象力丰富，喜欢用语言进行表达与交流。

二、幼儿园不同类型语言教育活动的评价要点

幼儿园语言教育活动分为倾听活动、表达活动、阅读活动、书写活动四种基本类型。不同类型语言教育活动的特点和教育目标各不相同，因此，应依据不同语言教育活动的特点以及各类活动的教育目标进行有针对性的评价。

（一）倾听活动的评价要点

倾听是幼儿感知和理解语言的行为表现，是幼儿语言能力发展的基础。倾听活动发生于幼儿一日生活当中的各个环节，旨在发展幼儿的倾听能力，帮助幼儿养成良好的倾听习惯。

1. 倾听活动的特点

（1）融于幼儿的日常语言活动中

语言活动贯穿在幼儿园一日活动中，日常语言活动是幼儿倾听能力培养的重要渠道，因此，教师要善用生活中的各个环节，随机灵活地开展倾听活动。例如，重视创设良好的语言倾听环境，设立"倾听角""聊天室""小广播站"等活动区，在生活活动中渗透倾听内容，利用幼儿来园、离园、午餐时、午睡前的时间，播放儿歌、小故事、轻音乐，这既能使幼儿时刻关注周围生活，又能够引导幼儿养成注意倾听他人讲述的好习惯，为幼儿提供不同的声音体验。

（2）以多元形式开展

倾听活动内容丰富，且无固定模式，幼儿园丰富多彩的活动，如谈话、交流、讲述、听说游戏、早期阅读等都对幼儿倾听能力的培养有着不同作用，都能涵盖倾听活动的教育目标及内容。此外，幼儿园各个主题活动都离不开语言的参与，幼儿在倾听同伴讲述、自我表达时，既是一种良好倾听习惯养成的过程，又是一种创造性运用语言的机会，能有效地促进语言交流行为的发展。

2. 倾听活动的教育目标及评价要点

（1）在讲述活动中，各年龄段幼儿在倾听方面的具体目标及评价要点

小班：能在集体中安静地听同伴说话，不随便打断别人。

中班：能耐心地在集体中倾听他人的讲述。

大班：能在集体中专注、长时间地听人讲述，并记下倾听的内容。

（2）在谈话活动中，各年龄段幼儿在倾听方面的具体目标及评价要点

小班：注意安静地倾听别人说话，并能做出积极、简短的回答；喜欢听各种声音，喜欢听教师和同伴讲话，喜欢听别人说话。

中班：能认真地倾听别人说话，并针对对方的话表述自己的看法或主张；在谈话活动中能区分普通话和方言。

大班：认真、有礼貌地倾听别人讲话；能在倾听中把握谈话的关键信息，并针对谈话主题和他人的发言提出自己的见解或意见。

（二）表达活动的评价要点

表达活动的形式包括谈话活动和讲述活动，幼儿表达能力（尤其是讲述能力）是语言综合能力水平的反映，与未来读写能力和综合素养的培养密切相关。

1. 表达活动的特点

（1）表达活动需要有一定的凭借物或围绕一个中心话题展开

凭借物是幼儿在活动中讲述的对象，决定了幼儿讲述的内容范围和指向，包括教师为幼儿准备的或幼儿自己参与准备的图片、实物等。不同的年龄段表达活动的凭借物有所区别：小班主要进行实物讲述或简单的图片讲述，幼儿只要清楚、完整地描述实物或图片的主要特征即可；中班、大班幼儿不但要针对实物、图片或情境进行充分讲述，还要学习如何利用凭借物进行创造性的讲述，也就是编出凭借物自身没有反映的内容，如人物的心情、对话、动机等。表达活动的话题一般是幼儿熟悉且感兴趣的内容，与幼儿已有的知识经验相适应，能够充分调动幼儿参与活动的兴趣，引导幼儿有针对性地进行交流，在过程中也可带有一定的讨论性质。

（2）表达活动的语言可以是幼儿的独白语言，也可以是多方互动交流的语言

独白是说话人独自思考并表达对内容的认识的过程，需要幼儿用完整、连贯的语言将内心的感受和体验准确无误地表达出来，并能得到他人的理解；而互动交流的内容多来自日常生活，可以是幼儿与同伴交谈、与教师交谈，也可以是幼儿独自在集体面前讲述。

（3）表达活动的语言情境较为多元

谈话活动的氛围相对随意、宽松自由，幼儿可以围绕中心话题发表自己的观点，说出自己的真实感受。谈话活动没有统一的答案和看法，也没有一致的讲述经验和思路，教师应鼓励幼儿积极参与活动，大胆表达。而讲述活动的氛围相对正式，幼儿不仅要在小组中发表自己的见解和看法，还要在集体面前用规范的语言大胆地表达自己的想法。说话时不能有太多的随意性，应该经过较完善的构思后说出一段完整的话。

（4）表达活动需要调动幼儿的多种能力

幼儿在讲述活动中还需要综合运用其他能力，如观察力、想象力、记忆力、逻辑能力等。例如，幼儿根据图片讲述："冬天来了，外面下起了雪，树上、地上、楼上都有一层厚厚的雪，美极了。大雪像给小树穿上了一件白色的外套，我好像看到小树高兴地笑了！"在这一段看图讲述中，如果幼儿没有运用观察，就不会看到树上、地上、楼上有厚厚的雪；如果幼儿没有运用想象，就不会想象到小树穿上"外套"后高兴地笑了。

2. 表达活动的教育目标及评价要点

（1）各年龄段幼儿在感知、理解方面的具体目标及评价要点

小班：能听懂并按照要求理解内容简单的实物、图片等。

中班、大班：能理解较为复杂的讲述对象。主要内容包括：表面内容，如图片中的人物动作、事件、背景等；深层次的内容，包括人物的对话、内心的活动等。

（2）各年龄段幼儿在表述方面的具体目标及评价要点

小班：基本会说本民族或本地区的语言；愿意表达自己的需要和想法，必要时能配以手势动作；能口齿清楚地说儿歌、童谣或复述简短的故事。

中班：会说本民族或本地区的语言，基本会说普通话；少数民族聚居地区幼儿会用普通话进行日常会话；能基本完整地讲述自己的所见所闻和经历的事情；讲述比较连贯。

大班：会说本民族或本地区的语言和普通话，发音正确清晰；少数民族聚居地区幼儿基本会说普通话；能有序、连贯、清楚地讲述一件事情；讲述时能使用常见的形容词、同义词等，语言比较生动。

（3）各年龄段幼儿在语言交往方面的具体目标及评价要点

小班：喜欢与老师、同伴交谈；知道别人说话时不能插嘴，不抢着说话；知道在不同的场合用恰当的音量说话，不打扰别人；能围绕一定的话题用简短的语言表达自己的请求或愿望。

中班：学习各种交往词语的内容和用途；能积极、愉快地运用交往词语与别人交谈，不随便打断别人的话；学习用不同的说话方式与不同的人交谈，大胆表达自己的意见、请求、愿望、情感等；能用连贯的语言在集体面前说话，对别人的话做出回应，并学习他人的讲述经验；能用轮换的方式与别人交谈。

大班：熟悉各种交往词语的内容、类别和用途；能就某个话题主动地与别人交谈，并能较完整地表达自己的看法或见解；能认真、主动、有礼貌地与别人交流，知道在不同场合用不同的音量、语句与人交谈或讨论；能在交谈中对自己的看法进行补充或修改，或对他人的意见提出问题等。

（三）阅读活动的评价要点

阅读活动以激发幼儿的阅读兴趣，培养幼儿良好的阅读习惯为根本目的。幼儿早期阅读素养与学习品质显著相关，良好的阅读品质有利于塑造幼儿积极的学习品质。

1. 阅读活动的特点

（1）阅读活动需要丰富的阅读环境

营造有效的阅读环境对幼儿阅读能力的培养具有举足轻重的作用。在阅读活动中，安静舒适的环境、轻松愉快的氛围、丰富多样的材料，是激发幼儿的阅读兴趣，培养幼儿的阅读习惯，促使幼儿自主阅读的有效保障。

（2）阅读活动与讲述活动紧密相连

幼儿在阅读过程中，不仅要理解图书的主要内容，还要将图书的主要内容以口头表达的形式表现出来。这是阅读活动的一个主要目标。因此，教师应将阅读活动与讲述活动紧密结合在一起，使幼儿可以边看边说，也可以在看完之后把图书的大意讲述出来。

（3）阅读活动具有整合性的特点

阅读是一种整合性教育，渗透于各种活动中，应与语言教育活动、其他领域教育活动紧密结合。阅读活动的整合性还体现在书面语言与口头语言的结合。阅读活动能促进幼儿口头语言表达能力的发展。同时，幼儿在阅读中会认识一些文字，了解书面语言的特点，并获得有关书面语言的初步知识。

2. 阅读活动的教育目标及评价要点

（1）各年龄段幼儿在阅读态度和习惯方面的具体目标及评价要点

小班：喜欢阅读简单的图书；不颠倒拿书，不撕书，不折书；了解简单的标识符号，并能用语言说出简单图画的含义。

中班：懂得爱护图书，知道整理图书；能理解较复杂的标识符号。

大班：能主动、认真地阅读图书；了解图书的用途，并理解简单的文字符号。

（2）各年龄段幼儿在阅读方法和技能方面的具体目标及评价要点

小班：能理解单页单幅画面的主要内容；能用一段话说出一幅画的主要意思；知道从前往后一页页地翻看图书。

中班：能根据角色的表情、动作及角色间的关系理解较复杂的单页多幅画面的主要内容；能用一段话将图书的主要内容归纳出来。

大班：能观察到画面的细微变化，并根据自己对画面的理解预测故事情节的发展；能理解多页多幅画面的主要内容，并用一句话将图书的主要内容归纳出来。

（四）书写活动的评价要点

书写活动是发展幼儿用文字符号表达自己感情和想法的一种语言教育方式，教师有目的、有计划地引导和组织幼儿以游戏的形式感知、涂画、涂写、模拟运用文字或符号等，培养幼儿的前书写技能以及与书写有关的态度、期望、情感、行为技能等，获得初步的读写规则，养成早期的书写行为习惯，为进入小学做好充分的书写准备。

1. 书写活动的特点

（1）融合于幼儿园各领域教育中

在早期阅读背景下开展幼儿书写活动符合幼儿语言发展规律；通过制作图画书可以提高幼儿关于书写的构思水平，促进幼儿书写活动有效开展。中班幼儿书写活动可从整体感知文字与涂画文字两方面进行，大班幼儿书写活动可从涂写、模拟与运用文字三方面进行。

（2）需要丰富、多元的教育环境

在幼儿园的一日生活中蕴含了许多书写活动的机会，书写活动的开展离不开一个丰富、生动及有趣的书写环境，教师应为幼儿提供接触和探索文字的环境和机会，着重幼儿的主动学习，积累书写经验，避免进入"幼儿书写活动小学化"的误区。

2. 书写活动的教育目标及评价要点

从幼儿园到小学，正是儿童从口头语言的使用向书面语言的使用转化的时期。从口头语言转化到书面语言的关键是读写能力的提升。掌握书写的姿势，培养幼儿书写的兴趣和能力是幼小衔接的重要内容，幼儿园书写活动通常在中班、大班开展。

（1）中班幼儿在书写活动方面的具体目标及评价要点

中班幼儿的肌肉控制能力、协调能力，运笔能力和对文字的敏感性等还比较弱，因此，中班幼儿书写教育活动的目标主要是培养幼儿整体感知文字、涂画文字的能力，激发幼儿对文字的一种美好的情感。具体包括：对涂涂画画感兴趣；在触摸、摆弄文字的过程中感知文字；尝试用不同的材料装饰文字，在装饰的过程中感知文字，萌发对文字的美好情感；学习正确的书写姿势，养成正确的书写习惯。

（2）大班幼儿在书写活动方面的具体目标及评价要点

大班幼儿在肌肉控制能力、协调能力和运笔能力等方面已经有了很大的提高。大班幼儿书写教育活动的目标主要是培养幼儿涂写文字、模拟临摹文字和运用文字的能力，激发幼儿涂写文字、运用文字的兴趣。具体包括：尝试涂写文字，整体感知文字的结构和笔画顺序；认识田字格，学会在田字格中摆放图形和文字；简单了解汉字发生、发展和演变的过程，萌发对书写汉字的兴趣；学会涂写、临摹文字；掌握正确的握笔和书写姿势；初步学习用图形和文字表达自己的情感。

【案例 8-2】

我的出行我做主（大班语言教育活动）

一、活动目标

1. 能大胆、清楚地表达自己的观点和理由。

2. 能够坚定自己的观点，初步掌握辩论的方法。

3. 愿意耐心倾听别人讲话，积极参与辩论话题，体验辩论的乐趣。

二、活动准备

1. 经验准备：看过或进行过辩论赛。

2. 物质材料准备：桌签 4 个、贴纸若干、教学课件。

三、活动过程

1. 提问导入，引出话题

教师：小朋友们，老师想问你们一个问题，你们通常乘坐什么交通工具来幼儿园？

教师：好多小朋友都是坐车来幼儿园的，你觉得坐车好还是不好？为什么？既然我们的观点都不一样，那我们来一场辩论赛吧。谁知道什么叫辩论赛？（幼儿自由讨论。）

总结：辩论赛就是在比赛中分为正、反两方，对同一件事情有不同的观点，在辩论中要说明自己的观点、理由并反驳对方的观点、理由。

2. 选择自己的观点，并说明理由

（1）自主选择正方、反方，出示正方、反方的桌牌标识。

教师：今天辩论赛的主题是坐车出行好还是不好。请你想一想你要支持哪个观点，觉得坐车比较好的小朋友可以坐到这边（手势示意），觉得坐车不好的小朋友坐在这边（手势示意）。如果没想好可以暂时坐在中间观看辩论。

（2）将幼儿分为正方、反方，与同伴讨论本方观点。

教师：正方你们的观点是什么？反方你们的观点是什么？

3. 正方、反方自由辩论，说明理由

（1）第一轮：你听我说

教师：本次辩论赛一共有 3 轮，第一轮比赛为你说我听，双方都有 1 分钟的时间说出自己的理由，说出的理由越多得到的贴纸越多，最后比比看谁获得的贴纸最多。现在可以和旁边的小朋友讨论一下你们的理由，当我的掌声响起，讨论结束。

教师：请正方先说明观点和理由，计时开始。

教师：反方你们的理由是什么？1分钟计时开始。

总结：第一轮比赛结束，教师宣布比赛结果。

（2）第二轮：你说我反驳

教师：我们来看第二轮的比赛，你说我反驳，由正方说出自己的观点和新的理由，反方针对这个理由进行反驳，说出理由和反驳的小朋友都可以获得图形。现在请你跟旁边小朋友一起讨论一下。

教师：讨论结束，现在请正方开始说出理由，反方谁来反驳？我们来换一换，反方先说自己的理由，正方准备反驳。正方小朋友可以说出自己新的理由，反方反驳；反方还有新的理由吗？

总结：第二轮比赛结束，教师宣布比赛结果。

（3）第三轮：连续反驳

教师：第三轮的比赛为连续反驳，你知道什么叫连续反驳吗？正方小朋友说出新的理由，反方小朋友可以进行反驳，正方小朋友可以对这个理由继续反驳，说出理由和反驳的可以各得一个图形，有点难度哦，你们敢挑战吗？好，现在跟旁边小朋友讨论一下新的理由。

教师：讨论结束，请正方小朋友先说出理由。

总结：我们来看一看最终的结果，恭喜×方赢得了今天的胜利。其实汽车只是一种交通工具，没有好坏之分，小朋友们要根据时间、天气、距离、地点选择适合自己的出行方式。

四、活动延伸

区角活动：讨论一下还有哪些交通工具，以及如何使用这些交通工具。

评析：

案例中的活动目标都是从幼儿的角度进行表述，但更侧重能力方面的目标，建议增加认知维度的目标表述。例如，了解辩论的基本流程或初步掌握辩论的技巧。活动内容的选择贴近幼儿的日常生活，采取辩论的形式进行，能够充分调动幼儿参与活动的兴趣。活动准备的部分较为全面，既包括经验准备，又包括物质准备。其中，经验准备是让幼儿提前看辩论赛或者参与辩论赛，以便调动幼儿相关的认知经验；物质准备是提供辩论赛所需的桌贴、贴纸、教学课件等材料。在活动过程中，能够进行一定的师幼互动，但教师的指导语言过于烦琐，对幼儿辩论理由的启发提问方式较单一，缺少针对性。活动延伸部分充分利用区角活动，让幼儿讨论交通工具，进一步拓展该活动主题。活动效果没有明确体现，教师需要在活动结束后对目标达成度、幼儿参与效果进行评价。

【走进幼儿园】

教师对幼儿园语言教育活动进行评价能够提升教育质量、促进自身专业成长，但在教学实践中，评价却常常不被重视。教师通常在一节语言教育活动结束后，直接组织幼儿进入过渡环节，没有及时对语言教育活动进行评价。在轮休时间内，教师也多进行备课或环境创设等工作，留给教育活动评价和自我反思的时间并不多。在对语言教育活动进行评价时，在找到存在的问题后，也往往会因专业能力不足，无法找到改进的方法，使评价无法达到应有的效果。

如果你是幼儿园教师，该如何及时对语言教育活动进行评价？如何针对性地进行个人教学反思？

任务三　幼儿语言学习与发展的评价

【任务目标】

1. 了解不同年龄段幼儿语言学习与发展标准。

2. 掌握幼儿语言学习与发展的评价记录方法。

3. 能够对不同年龄段幼儿语言发展水平进行评价。

对幼儿语言学习与发展的评价是幼儿园语言教育评价的重要内容，主要通过《指南》中幼儿语言学习与发展标准以及教师对幼儿语言学习与发展的评价记录等来实现。

一、《指南》中幼儿语言学习与发展标准

《指南》中语言领域目标从口头语言"倾听与表达"和书面语言"阅读与书写准备"两个子领域，分别对 3—4 岁、4—5 岁、5—6 岁三个年龄段幼儿语言能力的发展水平提出了合理期望。教师可参照《指南》，结合评价原则和方法，对幼儿的语言发展水平进行评价，同时给予针对性的指导。

（一）倾听与表达

口语交流能力是幼儿语言学习与发展的重中之重，口语交流经验为幼儿语言符号系统的建立奠定了重要基础。

1. 认真听并能听懂常用语言

"认真听并能听懂常用语言"目标主要分为"倾听"和"理解"两个方面。倾听能力是幼儿感知语言的行为表现，是重要的理解语言的途径。对幼儿倾听理解能力的评价，不应局限在教育活动当中，更多是在幼儿一日生活的各个环节中进行。教师可以观察记录幼儿在师幼交流、幼幼交流中的具体行为表现，重点从幼儿"是否有注意倾听的行为""能否对他人的交流给予恰当的回应""能否准确

理解交流内容"三个方面来进行评价，如表8-2所示。

表8-2　不同年龄段幼儿"认真听并能听懂常用语言"的目标

3—4岁	4—5岁	5—6岁
子目标1：别人对自己说话时能注意听并做出回应 子目标2：能听懂日常会话	子目标1：在群体中能有意识地听与自己有关的信息 子目标2：能结合情境感受到不同语气、语调所表达的不同意思 子目标3：方言地区和少数民族幼儿能基本听懂普通话	子目标1：在集体中能注意听老师或其他人讲话 子目标2：听不懂或有疑问时能主动提问 子目标3：能结合情境理解一些表示因果、假设等相对复杂的句子

2. 愿意讲话并能清楚地表达

"愿意讲话并能清楚地表达"目标重点在于语言表达能力。语言表达能力是幼儿语言学习与发展的主要表现之一。对幼儿语言表达能力的评价，教师可以在集体语言教育活动中进行，重点观察幼儿在"是否有与他人交流的意愿""是否能够清晰地表达自己想法"两个方面的行为表现，依此评价幼儿语言表达能力的发展水平，如表8-3所示。

表8-3　不同年龄段幼儿"愿意讲话并能清楚地表达"的目标

3—4岁	4—5岁	5—6岁
子目标1：愿意在熟悉的人面前说话，能大方地与人打招呼 子目标2：基本会说本民族或本地区的语言 子目标3：愿意表达自己的需要和想法，必要时能配以手势动作 子目标4：能口齿清楚地说儿歌、童谣或复述简短的故事	子目标1：愿意与他人交谈，喜欢谈论自己感兴趣的话题 子目标2：会说本民族或本地区的语言，基本会说普通话。少数民族聚居地区幼儿会用普通话进行日常会话 子目标3：能基本完整地讲述自己的所见所闻和经历的事情 子目标4：讲述比较连贯	子目标1：愿意与他人讨论问题，敢在众人面前说话 子目标2：会说本民族或本地区的语言和普通话，发音正确清晰。少数民族聚居地区幼儿基本会说普通话 子目标3：能有序、连贯、清楚地讲述一件事情 子目标4：讲述时能使用常见的形容词、同义词等，语言比较生动

3. 具有文明的语言习惯

"具有文明的语言习惯"是幼儿语言运用能力的重要体现，大致可以从内容交谈礼仪、语气语调、礼貌用语三个方面来进行评价。良好的语言行为习惯是语言交往获得成功的前提，根据交流场合和对象使用文明的语言进行交往，是幼儿需要获得的重要语言经验。对幼儿文明语言习惯的评价，可以结合倾听与表达两个方面的行为表现进行，通过观察幼儿"是否能够有礼貌地倾听""能否掌握基本的社会交往礼仪""能否恰当地表达自己的想法"，对幼儿文明语言习惯的养成进行评价，如表8-4所示。

表8-4　不同年龄段幼儿"具有文明的语言习惯"的目标

3—4岁	4—5岁	5—6岁
子目标1：与别人讲话时知道眼睛要看着对方 子目标2：说话自然，声音大小适中 子目标3：能在成人的提醒下使用恰当的礼貌用语	子目标1：别人对自己讲话时能回应 子目标2：能根据场合调节自己说话声音的大小 子目标3：能主动使用礼貌用语，不说脏话、粗话	子目标1：别人讲话时能积极主动地回应 子目标2：能根据谈话对象和需要，调整说话的语气 子目标3：懂得按次序轮流讲话，不随意打断别人 子目标4：能依据所处情境使用恰当的语言。如在别人难过时会用恰当的语言表示安慰

（二）阅读与书写准备

1. 喜欢听故事，看图书

"喜欢听故事，看图书"这一目标分别从阅读行为、文字意识两个方面来评价幼儿阅读能力的发展。图画书是发展幼儿阅读能力最主要的材料，通过听故事、看图书养成良好的阅读兴趣和习惯，是幼儿获得早期书面语言学习经验的重要途径。对幼儿阅读能力的评价可在专门的阅读活动中或区域活动中进行，重点关注幼儿"是否有阅读的兴趣""是否对生活中的书面语言感兴趣""是否养成了良好的阅读习惯"三个方面，如表8-5所示。

表8-5　不同年龄段幼儿"喜欢听故事，看图书"的目标

3—4岁	4—5岁	5—6岁
子目标1：主动要求成人讲故事、读图书 子目标2：喜欢跟读韵律感强的儿歌、童谣 子目标3：爱护图书，不乱撕、乱扔	子目标1：反复看自己喜欢的图书 子目标2：喜欢把听过的故事或看过的图书讲给别人听 子目标3：对生活中常见的标识、符号感兴趣，知道它们表示一定的意义	子目标1：专注地阅读图书 子目标2：喜欢与他人一起谈论图书和故事的有关内容 子目标3：对图书和生活情境中的文字符号感兴趣，知道文字表示一定的意义

2. 具有初步的阅读理解能力

幼儿的早期阅读方式主要包括两种类型：一是幼儿在成人引导下的共同阅读，二是幼儿的自主阅读。在这一目标下，幼儿的阅读理解能力可以分为理解能力和表达能力两个方面。幼儿通过阅读图画书初步建立起图画与文字符号的联系，用口头语言表达对阅读内容的理解，获得口头语言和书面语言对应关系的认知，形成初步的阅读理解能力。在评价的过程中，教师可以有目的地与幼儿围绕某一本图画书进行交流，观察幼儿"对图画书内容的理解程度""是否能够用自己的语言讲述故事内容""是否能够根据故事内容进行创编、续编"，据此评价幼儿阅读理解能力的发展水平，如表8-6所示。

表 8-6　不同年龄段幼儿"具有初步的阅读理解能力"的目标

3—4 岁	4—5 岁	5—6 岁
子目标1：能听懂短小的儿歌或故事 子目标2：会看画面，能根据画面说出图中有什么，发生了什么事等 子目标3：能理解图书上的文字是和画面对应的，是用来表达画面意义的	子目标1：能大体讲出所听故事的主要内容 子目标2：能根据连续画面提供的信息，大致说出故事的情节 子目标3：能随着作品的展开产生喜悦、担忧等相应的情绪反应，体会作品所表达的情绪情感	子目标1：能说出所阅读的幼儿文学作品的主要内容 子目标2：能根据故事的部分情节或图书画面的线索猜想故事情节的发展，或续编、创编故事 子目标3：对看过的图书、听过的故事能说出自己的看法 子目标4：能初步感受文学语言的美

3. 具有书面表达的愿望和初步技能

"具有书面表达的愿望和初步技能"这一目标从书写形式、书写内容和书写姿势三个层面对幼儿的书写技能进行了细致的分析。幼儿通过观察周围环境中的文字信息，逐步积累初步的书面语言知识，掌握握笔、涂画和书写的基本方法。对幼儿书面表达愿望和初步技能的评价，教师可以综合五大领域的教育活动内容进行，重点观察幼儿"对周围语言信息的理解反应能力""手部小肌肉动作的发展水平""是否掌握正确的书写姿势"三个方面，如表 8-7 所示。

表 8-7　不同年龄段幼儿"具有书面表达的愿望和初步技能"的目标

3—4 岁	4—5 岁	5—6 岁
子目标：喜欢用涂涂画画表达一定的意思	子目标1：愿意用图画和符号表达自己的愿望和想法 子目标2：在成人提醒下，写写画画时姿势正确	子目标1：愿意用图画和符号表现事物或故事 子目标2：会正确书写自己的名字 子目标3：写画时姿势正确

二、教师对幼儿语言学习与发展的评价记录

准确地对幼儿语言学习与发展进行评价是促进幼儿语言发展、提高语言教育活动质量的关键一环。当前，我国对幼儿语言学习与发展的评价既要依据《指南》的精神与要求，又离不开教师对具体评价方法的运用。美国高瞻（High Scope）课程中的学前儿童观察记录系统（Preschool Child Observation Record, COR）是一个科学的用于评估学前儿童发展水平的工具，被研究证明具有良好的信度和效度。在其评估指标中的"语言、读写和交流"项目中，将儿童语言发展的评价划分为：表达、倾听与理解、语音意识、拼音知识、阅读、书籍享受与知识、写作 7 个维度，[①] 这与《指南》中"倾听与表达"和"阅读与书写准备"

---

① 霍力岩，陈雅川，周彬.美国学前儿童观察记录系统的评价内容、实施方法与借鉴意义［J］.中国特殊教育，2015（1）：63-67.

两个子领域的划分如出一辙。因此，教师可以运用学前儿童观察记录系统对幼儿的语言发展进行科学的评价。

教师可以依据幼儿语言发展标准体系，对其在自然情境下的行为进行观察记录，并以此评估和了解幼儿在各领域的发展水平。在高瞻课程中，教师通过记录幼儿在语言教育活动或一日生活中某一时刻的表现，描述他们在说什么和做什么，以了解他们语言发展的实际水平。其中，轶事记录法主要关注幼儿一日生活中的某些瞬间，教师能够在较短时间内快速完成对简短片段的描述。除轶事记录外，幼儿档案（包括幼儿涂鸦、绘画、书写等所有作品，以及幼儿活动时的相片、录音带、摄像带）同样也是学前儿童观察记录系统的重要数据来源。具体来说，轶事记录表（表8-8）需要教师记录幼儿何时、何地，与谁在做什么，要求记录语言尽可能简明扼要，但也要保证特定细节，最后对行为结果进行解释。教师在记录幼儿语言的过程中，要特别注意记录幼儿的语气、表达等具体的行为表现。

表8-8 高瞻课程模式学前儿童观察的轶事记录表

幼儿姓名：＿＿＿＿＿＿＿＿＿＿	观察时间：＿＿＿＿＿＿＿＿＿＿
观察者：＿＿＿＿＿＿＿＿＿＿	观察场景：＿＿＿＿＿＿＿＿＿＿
其他信息：＿＿＿＿＿＿＿＿＿＿	
幼儿说/做了什么：	
＿＿＿＿＿＿＿＿＿＿＿＿＿＿＿＿＿＿＿＿＿＿＿＿＿＿＿＿＿＿＿＿＿＿＿＿＿＿	
发展/学习领域：	
＿＿＿＿＿＿＿＿＿＿＿＿＿＿＿＿＿＿＿＿＿＿＿＿＿＿＿＿＿＿＿＿＿＿＿＿＿＿	
教师评价（包括幼儿积极参与/一般参与/消极参与）：	
＿＿＿＿＿＿＿＿＿＿＿＿＿＿＿＿＿＿＿＿＿＿＿＿＿＿＿＿＿＿＿＿＿＿＿＿＿＿	

【案例8-3】

安老师通常在语言集体教学活动结束后，对幼儿的语言表现进行评价。班级幼儿较多，她在幼儿记录表上的评语，多数都是"语言表达流畅/生涩""能/否大胆讲故事""能/否主动交流"这样重复单一的表述。安老师认为自己对班级幼儿语言各方面的发展情况都了然于心，无须都记录在表上。

评析：

案例中的安老师没有正确认识到评价对幼儿语言发展的重要性，对幼儿语言发展没有进行客观、翔实的记录，缺少对幼儿差异性的观察和个性化的评价表述，对幼儿语言发展评价的表述过于单一。此外，安老师对幼儿语言发展的评价也缺乏足够的重视，导致对幼儿语言发展的评价内容没有循序渐进的发展性，无法从评语中看到幼儿语言的发展和变化。

【走进幼儿园】

☞语言发育迟缓幼儿的评价筛查

同一班级的幼儿虽处于同一年龄段，但其语言发展水平存在差异。有的幼儿因性格原因，不善于表达；有的幼儿因语言发展水平有限，不擅长表达；还有的幼儿因生理或家庭原因，说话口吃。

如果你是幼儿园教师，当班级中有这种语言能力发展缓慢或异常的幼儿，你如何设计一个幼儿语言发展评价表，有针对性地进行评价？

项目小结

本项目主要介绍了幼儿园语言教育评价的内涵、作用、原则、类型、方法以及内容，并分别对幼儿园语言教育活动和幼儿语言学习与发展的评价进行阐述，为幼儿园不同类型的语言教育活动评价提供了指导和建议，介绍了幼儿语言学习与发展的评价记录方法。

思考与实训

一、选择题

在教学过程中，王老师随时观察和评价幼儿的行为表现，并以此为依据调整指导策略，王老师采用的评价方式是（　　　）。

A. 诊断性评价　　　　　　　　B. 标准化评价

C. 终结性评价　　　　　　　　D. 形成性评价

二、案例分析题

幼儿园中班开展了"七色花"语言教育活动。请根据本项目所学的语言教育活动评价的相关内容，从活动目标的达成程度、活动内容和形式的适合程度、活动效果等方面分析该案例。

七 色 花

一、活动目标

1. 认真听故事，理解故事的基本内容和主要情节。

2. 主动参与表演，在过程中体验故事表演的乐趣。

3. 学习丑小花的善良，愿意主动帮助身边有困难的人。

二、活动准备

1. 手工小花 4 种、猫头鹰玩偶 1 只。

2. 轻音乐、教学课件。

三、活动过程

（一）进入情境

（教师和幼儿一起进入创设的花园场景）

教师：小朋友们，你们看这里漂亮吗？

幼儿（齐声）：漂亮！

教师（出示七色花）：小朋友，你看这是什么？它以前不是这个样子的。（出示另外一朵花）为什么会变成这样呢？这里面有一个秘密，让我们一起探索吧！

（二）欣赏故事

1. 教师讲述第一遍故事

（配乐讲述故事《七色花》。）

教师：小朋友，我的故事讲完了，你知道这个故事是什么题目吗？

幼儿：丑小花！

教师：刚才已经说过了，这个故事是《七色花》。你们听完这个故事有什么感受呢？

幼儿：很伤心！

教师：为什么会伤心呢？

（大部分幼儿说不出原因。）

2. 教师讲述第二遍故事，并开始表演

教师：猫头鹰它怎么样呀？

幼儿：一直在叹气！

教师：请几个小朋友来试一试。

（几个幼儿表演猫头鹰叹气的动作。）

教师：我们想一想，它为什么会叹气呢？

3. 理解故事

教师：到了晚上，猫头鹰怎么样了？

幼儿：它晚上也想看五颜六色的花！

教师：那猫头鹰为什么要叹气？

幼儿：因为晚上花都睡觉了，猫头鹰什么也看不到。

教师：听了猫头鹰这么说，丑小花是怎么做的？它请谁来帮忙？它们又是怎么做的呢？

幼儿：丑小花去叫最漂亮的玫瑰、牡丹开花。

教师：但是没有花愿意在晚上开，丑小花怎么做的呢？

幼儿：她自己开花了！

教师：猫头鹰看到开放的花说什么了？

幼儿：多么美的花，还是七色的！

教师：丑小花听了猫头鹰的话怎么样了？

幼儿：很开心！

教师：那你们知道为什么丑小花变成七色花了吗？老师告诉你们吧！

4. 教师讲述第三遍故事

教师展示教学课件，讲述第三遍故事。

（三）表演故事

教师：如果我们分角色来表演这个故事，那就更有趣啦！

（幼儿自由讨论角色分工，进行表演。）

（1）教师请个别语言表达能力强的幼儿进行表演，其他幼儿做裁判，比一比谁演得最好，为什么？

（2）幼儿自由选择一种花，集体表演，教师讲述故事。

教师：虽然丑小花很丑，但它有一颗善良的心，愿意帮助别人，所以我们都喜欢它。接下来，让我们再欣赏一遍《七色花》的故事吧。

（四）故事拓展

教师：这个故事真感人，我们再看一遍大屏幕。看完故事，你最喜欢故事里面的谁？

幼儿：玫瑰花、牡丹花、丑小花（很多幼儿选择玫瑰花、牡丹花。）

教师：为什么呢？

幼儿：因为玫瑰花最漂亮！我家就有牡丹花，我天天给它浇水。

教师：如果你是一朵丑小花，你会怎么样呢？

幼儿：帮助别人！

教师：非常好，你们都是善良的好孩子，你们喜欢帮助别人，你们的丑小花最终也会变成七色花的！

教师在音乐中结束活动，引导幼儿帮助身边有困难的人。

四、活动延伸

请幼儿回家后向爸爸妈妈讲述故事《七色花》，并主动帮助他们做一件事。

评析：

_____

_____

_____

李云淑，周悦.学习故事评价法运用过程解析［J］.上海教育科研,2021（9）:70-74，15.

☞ 推荐阅读资料包

幼儿园课程的本质是"活动"，是"经验"，这已成为共识，因而主要应采用适宜活动课程的质性评价范式。一些学者也认识到幼儿园课程评价应体现"促发展""重过程""多主体"等特点，或认为学前儿童学习与发展评价应以发展性、真实性、整体性和"看得见"为指导思想，这些理念也正体现了《纲要》和《指南》的精神要求。但是这些理念如何落实到实践中一直是个难题。当新西兰的学习故事面世时，它就被迅速介绍到我国，且风靡一时。但我国的学习故事实践出现了诸多问题。如错位运用，把学校故事评价法运用于学科课程和集体教学评价；把学习故事评价法的运用等同于教师一个人"写学习故事"，而忽视通过讨论保障学习故事的有效性；把注意—识别—回应的非正式过程当成正式评价的过程；等等。问题的根源在于我们并没有真正理解学习故事评价法背后的理论基础及运用过程。

主要参考文献

著作：

［1］索绪尔.普通语言学教程［M］.张绍杰，译注.南京：江苏教育出版社，2002.

［2］周兢，余珍有.幼儿园语言教育［M］.北京：人民教育出版社，2004.

［3］张明红.学前儿童语言教育［M］.上海：华东师范大学出版社，2001.

［4］陈瑶.学前儿童语言教育［M］.北京：北京师范大学出版社，2014.

［5］何俊芳.语言人类学教程［M］.北京：中央民族大学出版社，2005.

［6］唐思群，屠荣生.师生沟通的艺术［M］，北京：教育科学出版社，2001.

［7］冯婉桢.学前儿童语言教育［M］.郑州：郑州大学出版社，2013.

［8］林崇德.发展心理学［M］.北京：人民教育出版社，1995.

［9］田金长，马晓琴，赵燕.学前儿童语言教育［M］.上海：华东师范大学出版社，2018.

［10］刘兴策.语言规范精要［M］.武汉：华中师范大学出版社，1999.

［11］姚伟.学前教育学［M］.北京：中国人民大学出版社，2018.

［12］张明红.学前儿童语言教育活动与指导［M］.上海：华东师范大学出版社，2001.

［13］王萍.幼儿园语言教育活动及设计［M］.2版.长春：东北师范大学出版社，2021.

［14］王坚红.学前教育评价［M］.北京：人民教育出版社，2011.

期刊：

［1］申小龙.索绪尔"语言"和"言语"概念研究［J］.中国海洋大学学报（社会科学版），2004（6）.

［2］秦春秀，祝婷，赵捧未，等.自然语言语义分析研究进展［J］.图书情报工作，2014，58（22）.

［3］徐宝良，李凤英．学前儿童汉语普通话语音意识发展特点及影响因素［J］．学前教育研究，2007（4）．

［4］魏锦虹．低龄儿童词义理解的策略［J］．修辞学习，2005（2）．

［5］官群．儿童早期语言天赋：来自国际研究前沿的证据［J］．学前教育研究，2016（8）．

［6］洪意婷，郑刚．学前儿童语言学习的影响因素探析：基于人类发展生态学理论［J］．河南教育（幼教），2020（6）．

［7］何丽莉．动画片对幼儿语言发展的影响［J］．吉林教育，2016（C1）．

［8］彭红霞．试析动画片对幼儿语言发展的积极影响［J］．教育导刊（下），2012（3）．

［9］王丹．论幼小衔接视角下的家庭语言教育［J］．教育科学，2020（1）．

［10］周兢，张义宾．基于汉语儿童语料库构建的儿童语言发展测评系统［J］．学前教育研究，2020（6）．

［11］张梅．课堂教学中幼儿话语权的失落与回归［J］．学前教育研究，2008（7）．

［12］白晓琳，陈闻晋．幼儿教师教学语言艺术特征研究［J］．教师教育论坛，2015（8）．

［13］谭秀鸾．浅谈幼儿教师的语言艺术［J］．基础教育研究，2012（6）．

［14］李文艺，王明晖．关于幼儿园前书写教育：另一种观点［J］．学前教育研究，2003（C1）．

［15］霍力岩，陈雅川，周彬．美国学前儿童观察记录系统的评价内容、实施方法与借鉴意义［J］．中国特殊教育，2015（1）．

郑重声明

高等教育出版社依法对本书享有专有出版权。任何未经许可的复制、销售行为均违反《中华人民共和国著作权法》，其行为人将承担相应的民事责任和行政责任；构成犯罪的，将被依法追究刑事责任。为了维护市场秩序，保护读者的合法权益，避免读者误用盗版书造成不良后果，我社将配合行政执法部门和司法机关对违法犯罪的单位和个人进行严厉打击。社会各界人士如发现上述侵权行为，希望及时举报，我社将奖励举报有功人员。

反盗版举报电话　　（010）58581999　58582371

反盗版举报邮箱　　dd@hep.com.cn

通信地址　　北京市西城区德外大街 4 号　高等教育出版社法律事务部

邮政编码　　100120

读者意见反馈

为收集对教材的意见建议，进一步完善教材编写并做好服务工作，读者可将对本教材的意见建议通过如下渠道反馈至我社。

咨询电话　　400-810-0598

反馈邮箱　　gjdzfwb@pub.hep.cn

通信地址　　北京市朝阳区惠新东街 4 号富盛大厦 1 座

　　　　　　高等教育出版社总编辑办公室

邮政编码　　100029